卫生高等职业教育校院合作“双元”教材

供护理、助产专业用

护理伦理与法律法规

主　编　秦晓慧　邱大石

副主编　郑玉萍　张振霞　郑文玲

编　委（按姓名汉语拼音排序）

黄　鑫（潍坊护理职业学院）
贾珍珍（潍坊护理职业学院）
姜小燕（潍坊护理职业学院）
刘瑾凤（潍坊护理职业学院）
秦晓慧（潍坊护理职业学院）
邱大石（潍坊护理职业学院）
田婷婷（潍坊护理职业学院）
王　杰（潍坊护理职业学院）
许桂春（潍坊护理职业学院）
张倩倩（阳光融和医院）
张秋冬（潍坊护理职业学院）
张振霞（潍坊护理职业学院）
郑　硕（潍坊护理职业学院）
郑文玲（潍坊市中医院）
郑玉萍（潍坊护理职业学院）

北京大学医学出版社

HULI LUNLI YU FALÜ FAGUI

图书在版编目（CIP）数据

护理伦理与法律法规 / 秦晓慧，邱大石主编．—北京：北京大学医学出版社，2019.7（2025.1 重印）

ISBN 978-7-5659-2009-7

Ⅰ．①护… Ⅱ．①秦… ②邱… Ⅲ．①护理伦理学 - 高等职业教育 - 教材 ②卫生法 - 中国 - 高等职业教育 - 教材 Ⅳ．① R47-05 ② D922.16

中国版本图书馆 CIP 数据核字（2019）第 132167 号

护理伦理与法律法规

主 编：秦晓慧 邱大石
出版发行：北京大学医学出版社
地 址：（100191）北京市海淀区学院路 38 号 北京大学医学部院内
电 话：发行部 010-82802230；图书邮购 010-82802495
网 址：http：//www.pumpress.com.cn
E-mail：booksale@bjmu.edu.cn
印 刷：北京溢漾印刷有限公司
经 销：新华书店
责任编辑：安 林 **责任校对：**靳新强 **责任印制：**李 啸
开 本：850 mm × 1168 mm 1/16 **印张：**11.25 **字数：**321 千字
版 次：2019 年 7 月第 1 版 2025 年 1 月第 9 次印刷
书 号：ISBN 978-7-5659-2009-7
定 价：28.00 元

卫生高等职业教育校院合作
“双元”教材评审委员会

前 言

本教材立足于新时代护理专业人才伦理修养的培养目标，以伦理学的基本原理为指导，按照护理伦理学的知识体系，以“案例导入—提出问题—引发思考—理论阐释—引申巩固—提升素质”为编写主线，注重基础，突出重点，力求理论与实践紧密结合，遵循“必需、够用”原则编写而成。

教材包括十三章内容，比较系统和全面地介绍了护理伦理学的基础理论、基本知识和伦理道德要求。可以从三部分来把握教材内容，第一部分护理伦理学的基本理论；第二部分护理伦理实践；第三部分与护理活动相关的法律法规。教材内容和重点主要根据高职高专护理、助产专业的教学大纲，结合护士执业资格考试大纲要求而编写，主要供高职高专护理专业及助产专业教学使用。

高职高专学生正处在价值观形成和确立的重要时期，处于走向社会的准备期，面对职业社会发展的要求，护理伦理学作为护理专业的必修课，不仅要给学生提供护理伦理的基本理论知识，更要注重学生综合素质和职业能力的提高。本着满足学科需要、教学需要、社会需要的原则，本教材编写在秉承思想性、科学性的基础上，突出了以下几个特点：一是实用性。教材每章章首有学习目标，章节中有知识链接，章末有小结，学生学习有针对性，易于抓住重点，突出了内容的可操作性。二是实践性。每节都有生动的案例作为引导，既有利于案例教学，又可培养学生的综合分析及解决实际问题的能力，并激发学生学习的兴趣，增强了教材的针对性、实效性和可读性。三是创新性。教材在编写过程中汲取了学界最新成果，在思想内容和学科体系上均有突破。四是突出“工学结合”。教材编写人员既有护理学专业教师、护理伦理学教师，又有临床一线的护理工作者，教材从教学内容到教育理念都体现了工学结合、学以致用的特点。

北京大学医学出版社及各位编者所在单位对教材的编写提供了大力支持，在编写过程中，各位编者为确保教材质量付出了辛勤的劳动，并参考了有关学者的著作、学术论文和教材，在此一并致谢！由于水平有限，书中难免有不妥之处，恳请广大同仁及使用本教材的师生给予批评指正。

目　录

第一章 绪 论

学习目标

识记：

1．说出伦理与法律法规、护理伦理与卫生法律法规的基本概念。

2．列举中外护理伦理与卫生法律法规发展史中的典范和观点。

理解：

1．解释护理伦理与卫生法律法规的相互关系。

2．分析护理伦理与卫生法律法规的产生和发展规律。

应用：

认识到学习护理伦理与卫生法律法规的意义并制订学习计划。

第一节 概 述

案例 1-1

林巧稚，北京协和医院第一位中国籍妇产科主任，首届中国科学院院士中唯一的女院士，享有很高的声誉。她到底高明在哪儿？

一位初孕妇女，怀孕后出现了一些症状，到各医院检查均诊断可能是宫颈癌的前期病变，所有医生作了同一个决定：必须尽快切除子宫。但该妇女不甘心，于是找到林巧稚。在当时的医学水平下，林巧稚也作出相同诊断，但是她却作出了不同的决策：考虑到该妇女初孕、她的愿望、她家人的期望，林巧稚决定“跟踪检查”，希望孩子能安全降生，并在孩子降生时或降生后再进行相关手术。在患者的配合与林巧稚的观测治疗下，病情没有进一步恶化，孩子最终安全降生。非常意外的是，孩子出生后病灶开始自动消退，患者也最后痊愈。于是林巧稚深入研究了该病例，发现并非宫颈癌。数年后这个罕见病例被国际医学界确认为可随着妊娠过程而自动消失的蜕膜瘤。

思考：林巧稚高明在哪里？

医乃仁术，德为医本。在人类漫长的历史长河中，法律和道德始终相伴而行，它们在调整人们的社会行为方面起着最基本的作用，其目的都是实现人的生命健康利益的最优化、最大化。护理是一项崇高的职业，以救死扶伤为宗旨。护理人员以患者为服务对象，为患者提供人性化的技术服务与心理疏导服务。在此过程中，可能会遇到护理人际关系困扰及医疗法律问题，这就要求护理工作者须具备良好的职业道德修养和法律素质。护理伦理和法律法规对医疗卫生服务中产生的社会关系进行着双重调整，保障实现现代社会个人生命健康利益的最佳满意状态，这也是护理伦理和法律法规的必然价值取向。在现代医学模式指导下的护理人员，应该努力学习和深刻体会伦理与法律中所蕴含的公平正义的价值意义，充分尊重人的价值和尊严，自觉培养高尚的护理道德情感和品格，这正是护理伦理与法律法规课程所肩负的神圣职责。

一、伦理与法律法规

（一）伦理

1．伦理的概念 在西方，伦理（ethics）一词来源于希腊文，原意为公共场所和驻地，后引申为性格、品行、习俗等。在我国古代，“伦”和“理”二字最早是分开使用的，“伦”指人与人之间的关系，“理”指道理、规则和秩序。“伦理”一词最早见于《礼记·乐记》：“乐者，通伦理者也。”虽然这一合用并未使其具备现代意义的伦理的含义，但伦理概念的出现及伦理思想的积淀，反映了人类对道德生活的理性思考。现在，伦理是指调节和规范人与人之间、人与社会之间关系的行为规范的总和。

2．道德的概念 “道德”一词在中国古代既包含道德规范，也包含个人品性修养之义，所谓道德是指以善恶为标准，通过社会舆论、内心信念和传统习惯来调整人与人之间、个人与社会之间相互关系的行为规范的总和。道德由一定的社会经济基础所决定，并为一定的社会经济基础服务。道德往往代表着社会的正面价值取向，起到判断行为正当与否的作用。道德是人们长期社会实践的产物。道德同政治、法律、文化、宗教等一样，同属上层建筑，因而都是由经济基础决定的，这是道德的一般本质。道德的基本问题就是个人利益与他人、集体、社会利益的关系问题。

3．伦理与道德的关系 在现实生活中，有时人们将二者互换使用，有时又严格区分，这说明伦理与道德存在细微差异。伦理与道德既相互联系又相互区别。首先，伦理与道德是相互联系的，主要表现在：①它们都是以人与人之间的关系为研究对象；②它们都是探讨人的行为的善恶标准；③它们都是用来规范人的行为的准则。其次，伦理与道德又是相互区别的，主要表现在：①历史阶段不同。道德的产生历史悠久，它是伴随人类劳动和社会分工的出现而产生的，而伦理是近代工业革命以来，伴随社会矛盾和道德冲突的出现而产生的；②理论层次不同。道德是具体的、个别的、特殊的，伦理是抽象的、共性的、普遍的；③内容规定不同。道德主要是指人们的行为规范、相互责任与义务，如规章制度、守则公约、作风纪律、标语口号等，而伦理主要探讨社会实践领域中的道德悖论和道德冲突，即人们所面临的价值观念冲突，或对现有道德规范的两难选择。

总之，伦理与道德在本质上是相通的，道德是伦理的基础，伦理是对道德的抽象，道德更多地强调义务、责任，重视主观、内在与个人状况；而伦理更多地强调价值、冲突、立场，注重客观、外在与社会状况。

4．伦理学 伦理学作为一个学科，最早创设于公元前4世纪的西方。古希腊哲学家亚里士多德命名了“伦理学”这个学科，并在雅典的学园里系统讲授伦理学，留下了《尼各马可伦理学》等三部著作。不过西方关于伦理学内容的研究，在比亚里士多德更早的时期就已见端倪。中国的伦理学研究，早在先秦诸子百家时就已展开。尽管伦理学的历史悠久，但人们关于伦理学的研究对象的定义却因时代和认识的差异而形成各种不同的看法。有的学者认为，德性是伦理学的研究对象；有的学者认为，伦理学的研究对象是“善”或“正当”等基本道德价值；有的学者认为，伦理学的研究对象是人类的道德行为；还有学者认为，伦理学的研究对象是人的自由、幸福或人生目的。这些观点从不同的角度阐明了各个流派对伦理学研究对象的不同认识，但都存在界说过偏或以偏概全的问题。综合这些观点不难看出，伦理学界总体上还是把伦理学理解为研究道德的学问。综上所述，伦理学是以道德现象作为研究对象的科学，即研究道德的起源、本质、作用及其发展规律的科学，或者说它是对道德现象的哲学思考，因而伦理学又称道德哲学。美国《韦氏大词典》对伦理学的定义是：一门探讨什么是好、什么是坏以及讨论道德责任义务的学科。

知识链接

伦理学的使命

人类的每项事业都肩负着特殊的社会使命。伦理学的最终使命是通过对道德问题的研究而改善人类社会的道德生活，为社会的文明进步、个体的自由全面发展提供理论指导。具体来说，伦理学的社会使命主要体现在两个方面：

一方面，伦理学为社会道德文化的设计和运行提供理论支持，为建构公正合理的社会秩序提供价值支撑。伦理学通过对道德领域中基本规律的研究，为社会道德文化的设计、建构提供理论上的启发和可资选择的思路。同时，它对于人类社会中各种道德关系的分析，对于已有道德观念和规范的审视，为社会不断革弊存良、保持社会秩序的公正性和合理性提供了可能。在当代中国，伦理学担负着推动实践社会主义核心价值体系、为社会主义道德建设提供理论支撑、为社会道德风气提供价值导向等重要使命。

另一方面，伦理学为个人道德生活提供思想启迪，为个人素质和境界的提升提供理论指导。人类道德生活的改善离不开个人道德生活的改善，伦理学对个人道德生活改善的影响主要体现在三个方面：一是伦理学让个人了解美德或德性的功能、意义、根据，以及所有值得具备的美德的内容，以解决其成为一个什么样的人的问题。二是伦理学为每个人参与公共生活、职业生活、家庭生活和私人生活，论证并提供优良的道德规范，以解决其在这些不同的生活领域中如何扮演好自己的角色的问题。三是伦理学为个人的道德实践和道德生活排忧解难，帮助个人在世俗生活中走出各种心理挫折与价值选择困境。总之，伦理学通过专门的理性深思，为个人道德生活提供可资借鉴的参考和咨询，推动实现人的全面自由发展。

（二）法律法规

法律法规实质上是法律与法规的合称，在社会实践过程中，法律法规总是相伴而行，共同筑起了社会保障的堡垒，它们既相互联系，又相互区别。

1．法律的概念 法律是反映统治阶级意志，由国家制定或认可，由国家强制力来保障实施的行为规范的总和。狭义的法律专指最高国家立法机关依照立法程序制定的规范性文件。广义的法律是指法的整体，包括法律、有法律效力的解释及行政机关为执行法律而制定的规范性文件。法律和国家一样，是人类社会发展到一定历史阶段的产物，法律反映统治阶级的意志，其作用在于规范社会成员的行为，维护阶级统治和管理社会公共事务。

2．法规的概念 法规相对于法律来讲，在内容和形式上有所区别，法规比法律更加具体。我们所说的法规也就是行政法规，是国家最高行政机关即国务院依据宪法和法律而制定的，关于国家行政管理活动方面的规范性文件。

3．法律与法规的关系 法律与法规既相互联系，又相互区别。首先它们是相互联系的。它们都是用来强制调整各种社会关系的具体行为规范，都依靠国家力量来保障实施，都反映了统治阶级的意志；其次，它们又是相互区别的。主要表现在：制定的主体不同，法律由全国人民代表大会及其常务委员会来制定，法规由国家行政机关来制定，也因此它们的地位与效力不同，法律的地位和效力高于法规。

（三）伦理道德与法律法规

伦理道德与法律法规的关系其实就是道德与法律之间的关系。道德与法律都是调整社会关系和规范社会行为的基本准则，它们各自发挥着不可替代的作用。它们之间是对立统一的关系，既相辅相成，又相互区别，其区别主要表现在以下方面：

1．两者的评价标准不同 道德评价以善恶作为标准：善，即利于他人、社会幸福的行为，也称道德行为；恶，是危害他人、社会幸福的行为，也称不道德行为。而法律评价是以法律条文为准，要么合法，要么不合法。

2．两者的评价方式不同 道德的评价方式有社会舆论、内心信念和传统习俗，都是非强制性的力量，它有别于政治、法律的评价方式。法律评价通常由国家机关按一定的实体法律和法定程序进行，即法律的运行具有国家强制性。

3．两者的作用范围不同 道德调节作用需要依靠人的内心信念，它能够深入到社会生活的每一个方面，也适合于所有社会；而法律依靠外在强制性，其作用范围仅限于法律规定的领域和一定的阶级社会。

4．两者承担责任的形式不同 道德对于违反道德规范者承担责任的形式是自我良心的自责和外界社会舆论的谴责，具有长久性、自觉性；而法律对于违法犯罪者承担责任的形式是要承担一定的行政、经济处罚和刑罚，具有时效性和强制性。

二、护理伦理与卫生法律法规

（一）护理伦理

1．护理伦理的概念 护理伦理是医学伦理原则和规范在护理实践中的具体应用，是调整护理活动中人与人、人与社会及人与自然之间关系的行为规范的总和。护理伦理由护理职业态度、护理职业理想、护理职业责任、护理职业技能、护理职业纪律、护理职业良心、护理职业荣誉和护理职业作风八个要素构成。

2．护理伦理的特征 护理伦理本质上就是护士的职业道德，它不仅具有职业道德的一般特征，也具有其特殊性：

（1）医护的协调一致性。护理工作的服务性决定着在执行治疗和护理过程中，护士要注意配合治疗的需要，尽力为患者创造适合治疗的环境和条件，使治疗和护理得以协调。

（2）护理操作的严格性。护理工作的科学性要求护理工作必须以医学科学理论为指导，严格执行操作规程，准确执行医嘱。护士是否严格遵守护理制度，认真做好各项护理工作，做到准确、及时、无误，直接关系到医疗质量，关系到患者的生命安危。

（3）护理过程的灵活性。护理道德在强调严格性的同时，护士还要有灵活性、积极性和主动性，尤其在一些特殊情况下，如遇到危重患者的抢救、急诊患者的临时安置处理等情况，不能消极等待医生下医嘱，而要灵活机智、采取果断措施，主动承担一定的治疗抢救任务。

3．护理伦理学的概念 护理伦理学是运用伦理学的原理研究护理道德起源、本质、作用及其发展规律的科学。它以护理道德作为研究对象。护理活动是医学活动的重要组成部分，护理伦理学必然与医学伦理学有机衔接。随着护理科学的发展，护理伦理学以马克思主义的伦理道德观作为指导思想，在广泛联系其他学科、吸收新成果的基础上不断发展和更新，逐渐成为一门相对独立的新兴学科。从伦理学的角度看，它是运用一般伦理学的观点、原理和方法研究护理实践和护理科学发展中的道德关系、行为准则和规范，从属于应用伦理学。从它的体系构成上看，它又以阐释护理道德规范为主体内容，从属于规范伦理学的范畴。所以，一般把护理伦理学归属于规范应用伦理学。护理学与伦理学、护理伦理学在同一过程中形成和发展，相互作用、相互影响、相互渗透。

（二）卫生法律法规

卫生法律法规是关于卫生事业建设和卫生事业管理方面的法律法规的总和，建立和健全卫生法律法规，有利于促进卫生事业改革和现代化建设的顺利进行。

1．概念 所谓卫生法律法规，是指由国家立法机关依据宪法和法律的规定而制定或认可的用来调整一切卫生关系的行为规范的总和。卫生法律法规实际上由卫生法律和卫生法规构成，它们之间相互联系又相互区别。在卫生法律体系中，大量存在的是卫生法规，它在卫生医疗实践中，特别是在构建和谐医患关系方面，起着非常重要的保障作用。

2．基本特征 卫生法律法规与其他法律法规相比，具有三个基本特征：①专业性，卫生法律法规大多与医疗护理专业关系密切，依赖于医疗护理专业的理论与实践支撑；②技术性，卫生法律法规的很多内容，本身就是医疗护理诊疗规范和常规等技术性规定；③风险性，卫生法律法规调整的主要对象是医疗行为，而医疗行为是高风险的行为，这就决定了调整医疗行为的卫生法律法规的难以界定性和不确定性。

第二节 护理伦理与卫生法律法规的历史发展

案例 1-2

橘井泉香

相传西汉文帝时，湖南郴州人苏耽，医术精湛、助人为乐，为人治病不收报酬，笃好养生之术，人们称他为“苏仙翁”。有一次，苏耽有事外出，需三年方回。他对他的母亲说：“明年天下会发生一场大的瘟疫，咱院子里的井水和橘树就能治疗。患者如恶寒发热，胸膈痞满者，给他一升井水，一片橘叶，煎汤饮服，立可痊愈。”后来的情况果然如苏耽所言，天下瘟疫大行，求井水橘叶者，远至千里；饮井水橘叶者，也即刻痊愈。此后人们便以“橘井泉香”来歌颂医家救人的功绩，医家也将之书写在匾上以明志。

思考：该典故说明了医者应具备怎样的医德？

护理伦理与法律法规是人类社会实践长期发展的产物，是人类文明史上的璀璨明珠。为了进一步深入认识护理伦理与法律法规的本质和特征，我们有必要回顾一下它们的历史发展，弄清护理伦理与法律法规发展的脉络，探索它们的发展规律。

一、中国护理伦理与卫生法律法规的历史发展

（一）中国古代护理伦理的历史发展

早期的中医药学与护理学密不可分，医学与护理学合二为一，密不可分，“三分治，七分养”，是我国古代对医学与护理学的关系所作出的高度概括。中医把人体看作是统一的有机体，并把人的健康与内在心理状态和外在生活环境紧密联系起来。中医药学为护理学的起源提供了丰富的理论和技术基础。我国古代医、药、护、技并不分工，没有专门的护理职业，也没有专门的护理伦理专论和记载，护理伦理思想散见于医学道德论述之中。

1．我国医护伦理的萌芽 从远古到春秋时期，由于生产力水平低下，人类生存环境恶劣，经常发生中毒、兽伤和疾病，于是萌发了最早的医学和医护道德。伏羲和神农是古代医学和医护道德的最早实践者。如《帝王世纪》记载：伏羲“尝味百药而制九针，以拯夭枉”。《淮南

子·修务训》记载：神农“尝百草之滋味，水泉之甘苦，令民知所辟就。当此之时，一日而遇七十毒”。此时的医护道德是为维护集体利益所表现出来的一种自我牺牲精神和人们之间的相互救护活动。

到了奴隶社会的中晚期，随着生产力水平的提高，社会分工中出现了以医护为职业的医家，也萌发了考核医疗技术和医护道德的评价标准。《周礼》写道：“医师掌医之政令，聚毒药以共医事，凡邦之有疾病者……则使医分而治之。岁终则稽其医事以制其食。十全为上，十失一次之……十失四为下。”尽管当时的医护水平较低，但已经孕育了医护伦理的萌芽。

2．我国医护伦理的形成 从战国时期到秦汉，我国医护伦理进入重要的形成时期。战国时期“百家争鸣”的出现形成了多元文化和丰富的哲学思想。与此同时，传统医学得到迅速发展，医护伦理也以医论的形式出现在各种医药典籍之中。医护伦理初步形成的标志是《黄帝内经》。《黄帝内经》十分重视人的生命价值，并把它作为医学的基本原则，指出：“天覆地载，万物悉备，莫贵于人。”并在《灵枢·师传》篇专论了医者的责任和良心，《素问·疏五过论篇》列举了五种行医过失，指出医者必须具备的道德，《素问·征四失信篇》专论了医者在临床医护中易犯的四种失误，以戒后医。这些专论通过言传身教成为历代医家的必修课。战国时期的名医扁鹊，提出了“六不治”的行医准则，其中“信巫不信医”的不治，体现了自觉抵制巫医危害的行医规范。东汉时期的张仲景在其《伤寒杂病论》中主张“知人爱人”“留神医药”“精察方术”，反对“竞逐荣势”，对医护道德做了精辟的论述。诸多著名医家的医学成就和对医护道德的论述及身体力行的高尚医护道德，为我国传统医护道德的形成奠定了坚实的基础。

3．我国医护伦理的发展完善 隋唐到明清时期，生产力水平和医学实践得到了长足的发展，在儒家仁爱伦理思想影响下，医学人道主义等医护伦理思想也得到进一步发展和完善。隋唐时期名医辈出，其中最著名的是祖国医护伦理思想的集大成者孙思邈，他的《千金要方》中的《大医习业》和《大医精诚》不仅继承和发展了传统的医学人道主义思想，而且全面论述了以“仁爱救人”为核心的医护道德要求。明朝时期，由于工商业的发展，刺激了商品经济的繁荣，中国出现了资本主义萌芽，商品观念向医护道德意识中渗透，于是，医护道德理论中又增加了反商品意识的内容。这个时期最著名的医学文献是李时珍的《本草纲目》，里面蕴藏了许多医护道德要义。另一个重要的医护道德文献是陈实功的《医家五戒十要》，曾被美国1978年版的《生命伦理学百科全书》列为世界古典医护道德文献之一。龚廷贤在《万病回春》中总结出的“医家十要”，也是当时重要的医护道德文献。清代对医护道德发展有突出贡献的是一代名医喻昌，他一改以往医家箴言式的说教形式，结合临床诊治论述医护道德，作出《医门法律》一书。他把临床诊治的法则称为“法”，把针对临床诊治中易犯的错误提出的禁例称为“律”，对临床医疗行为进行评价，开创了临床医护道德的先河。同时，他还第一个提出“笃于情”的医护道德核心思想，揭示出医护道德情感在医护道德品质形成过程中的地位和作用，这无疑是对医护道德理论研究的一次大突破。

（二）中国古代卫生法律法规的历史发展

我国古代卫生法的制定和实施有文字记载的最早可以追溯到殷商时期。《韩非子·内储说上》《周易》《春秋》《周礼》《左传》等的记载，反映出了古代对繁衍健康后代的认识和重视。其中《周礼》开卷篇《开宫》中，就记录了当时的医事制度，规定宫廷的保健组织、医生的专业分类、任务、职责、待遇和奖惩等事项。春秋、战国后，出现了较系统的成文法典，其中有一些关于医疗卫生及传染病预防方面的条文，对医师误伤、欺诈、调剂失误、医药害人等行为均有刑律规定，同时对饮食卫生、卫生保健等方面也有一些规定，如“同姓为婚者，各徒三年”。宋代设立了管理宫廷内外的专门药政机构，开设了国家药局。宋慈所著的《洗冤录》应该是现存世界上最早的法医学著作。《元典章》中明确规定禁止假医假药，禁止贩卖毒药并建立了医师管理制度。《大明会典》中对医生的录用及从医作出严格规定和限制。《清朝会典》中对太医院的职责和管理进行了一些规定，并对天花等一些传染病发布了法令，基本上沿袭了明朝的医疗制度。

二、国外护理伦理与卫生法律法规的历史发展

（一）国外古代护理伦理的历史发展

1．国外古代医护伦理 古代社会医护不分家，因而医护道德也密不可分。这时期的医学道德主要包括三部分：西方医德、东方阿拉伯医德和印度医德。

古希腊的希波克拉底不仅是西医的奠基人，也是西方医德的奠基人。他的《希波克拉底全集》是西医学的重要典籍，其中《希波克拉底誓言》是西方最早的医德经典文献。《希波克拉底誓言》把为“病家谋利益”作为医家的最高行为准则，并制定了一系列医德行为规范。古罗马也很早就有了医德的相关记载。这一时期最具代表性的人物是古罗马的医生盖仑。他不仅在解剖学方面有不朽的贡献，而且对西方医德的发展也作出了一定贡献，提出医学研究不求身外之物，作为医生不可能一方面赚钱，一方面从事伟大的艺术——医学。这种精诚医德的思想对西方医学的发展起到了一定作用。

知识链接

希波克拉底誓言

仰赖医药神阿波罗、埃斯克雷彼斯、阿克索及天地诸神为证，鄙人敬谨直誓，愿以自身能力及判断力所及，遵守此约。凡授我艺者，敬之如父母，作为终身同业伴侣，彼有急需，我接济之。视彼儿女，犹我兄弟，如欲受业，当免费并无条件传授之。凡我所知，无论口授书传，俱传之吾与吾师之子及发誓遵守此约之生徒，此外不传与他人。

我愿尽余之能力与判断力所及，遵守为病家谋利益之信条，并检束一切堕落和害人行为，我不得将危害药品给与他人，并不作该项之指导，虽有人请求亦必不与之。尤不为妇人施堕胎手术。我愿以此纯洁与神圣之精神，终身执行我职务。凡患结石者，我不施手术，此则有待于专家为之。

无论至于何处，遇男或女，贵人及奴婢，我之唯一目的，为病家谋幸福，并检点吾身，不作各种害人及恶劣行为，尤不作诱奸之事。凡我所见所闻，无论有无业务关系，我认为应守秘密者，我愿保守秘密。倘使我严守上述誓言时，请求神祇让我生命与医术能得无上光荣，我苟违誓，天地鬼神实共殛之。

东方阿拉伯医德最早是由阿拉伯的犹太医生迈蒙尼提斯论述的。他的《迈蒙尼提斯祷文》是古代医德史上一篇具有重要学术价值和广泛社会影响的文献。《祷文》中提出：要有“爱护医道之心”“毋令贪欲、吝念、虚荣、名利侵扰于怀”，要诚心为患者服务，“善视世人之生死”“以此身许职”“无分爱与憎，不问富与贫。凡诸疾病者，一视如同仁。”总之，《祷文》在行医动机态度和作风方面表现出了高尚的医德思想，在医德史上堪与西方医德中的希波克拉底誓言相媲美，对后世医德的发展产生了深远的影响。印度医学道德在国外传统医德中也占有重要地位。印度医德主要体现在公元1世纪名医阇罗迦和公元5世纪名医妙闻的言论当中。阇罗

迦提出："医生治病既不为己，也不为任何利欲，纯为谋人幸福，所以医业高于一切。"妙闻提出了医者四德："正确的知识、广博的经验、聪敏的知觉和对患者的同情。"这些论述体现了医学人道主义精神。

2. 国外近代医护伦理 欧洲文艺复兴运动冲破了中世纪封建宗教统治的束缚，先进的思想家们提出了人道主义的口号，批判以神道为中心的传统观念。人道主义为医学科学和医学道德摆脱中世纪宗教统治和经院哲学的束缚发挥了重要作用，促进了以实验为基础的医学科学的发展。西班牙著名医学家塞尔维特与近代解剖学的奠基人维萨里，用实验的方式一起对僧侣医学进行研究和批判，从而宣告了近代医学的兴起。近代医学阶段，医疗服务方由个体行医变为集体行医，医护道德也由对个体医疗行为的约束转化为对群体的社会性规范，医护道德的范围、内容和社会责任不断扩展，医学人道主义成为医护道德的核心。德国柏林大学教授胡佛兰德的《医德十二箴》集中反映了这一时期的医护道德思想。他明确提出：为人道而行医；医生的义务和患者的权利；医院查房、会诊和处理医患关系的道德要求。同一时期，英国帕茨瓦尔在1791年专门为曼彻斯特医院起草了《医院及医务人员行动守则》，并于1803年出版了《医学伦理学》。1847年美国医学会成立，制定和颁布了《医德守则》，规定了医患、医医、医社之间的责任和义务。

护理道德观念受医学道德观念的影响极大，护理道德是由早期的基督徒提供给生病的、年老的以及无家可归的人，完全本着基督救人济世的精神为患者服务。随着近代医学的发展，护理学逐渐发展成为一门独立的学科。其创始人是英国的弗洛伦斯·南丁格尔女士。

弗洛伦斯·南丁格尔是使护理成为护理科学的创始人。1820年她出生于意大利佛罗伦萨一个富裕显贵的英国家庭，受过良好的教育，学识渊博，阅历丰富，聪慧明理，性格刚毅，容貌端庄。在当时的英国，护理患者的工作除由教会修女们主持外，均由社会最底层的妇女来担任。南丁格尔却敢于冲破世俗偏见，勇敢地利用一切机会走访各医院，阅读和研究有关护理和医学的书籍，并坚决抵制来自家庭及社会的压力，最终创建了现代护理和护理教育。1860年6月在伦敦圣多马医院开办了第一所护士学校，对学生进行系统的现代护理教育。1862年协助创建了利物浦第一所乡村护士学校，1881年又创建了军队护士学校。南丁格尔对护士的地位和作用作了较高的评价，强调了护理道德的重要性。她指出："护理要从人道主义出发，着眼于患者，既要重视患者护理的生理因素，对于患者的心理因素也要给予充分的注意。"她强调护士应由品德优良、有献身精神和高尚的人担任，要求护士做到"服从、节制、整洁、恪守信用"。她不但重视护理教育，而且重视护士的品德教育，认为有教养、进取心、思维敏捷、灵巧、判断力强并有一定的教育水平和宗教信仰的人才适合成为护士。南丁格尔在《护理札记》中还对护士提出了具体要求："一个护士必须不说别人闲话，不与患者争吵。除非在特别的情况下或有医师的允许，才能与患者谈论关于病况的问题。不容置疑，一个护士必须十分清醒，绝对忠诚，有适当信仰，有奉献自己的心愿，有敏锐的观察力和充分的同情心。她需要绝对尊重自己的事业，因为上帝是如此信任她，才会把一个人的生命交付在她的手上。"《护理札记》是一本护理伦理思想丰富的著作，为护理伦理学的形成奠定了基础，并作为护士学校教科书被译成多种外国语本发行。

根据南丁格尔的护理道德思想，美国一位名叫格瑞特的护士于1893年组织了一个自任主席的委员会，仿效《希波克拉底誓言》编写了《南丁格尔誓言》。格瑞特编写的《南丁格尔誓言》，成为护理界的《希波克拉底誓言》，也是护理史上第一个国际性的护理伦理准则。在近百年时间内，一些国家或国际性护士团体相继成立。1899年英国护士芬威克等建立了国际护士会（International Council of Nurses，ICN），中华护理学会也于1922年加入该会，成为第十一个会员国。

知识链接

南丁格尔誓言

余谨以至诚，
于上帝及会众面前宣誓：
终身纯洁，忠贞职守。
勿为有损之事，
勿取服或故用有害之药。
尽力提高护理之标准，
慎守患者家务及秘密。
竭诚协助医生之诊治，
务谋病者之福利。
谨誓！

（二）国外古代卫生法律法规的历史发展

国外古代的卫生法起源较早。在公元前3000年左右，古代埃及就颁布了一些有关医药卫生方面的法令，如尸体掩埋、排水等公共卫生方面的法规，对失职医生进行处罚也有详尽规定。在公元前2000年，古印度制定了《摩奴法典》，规定了死者火葬、提倡素食、重罚酗酒等。公元前1750年古巴比伦的《汉谟拉比法典》，不但是一部世界最完整、最古老的奴隶制法典，而且还是一部论述详细、内容准确的医药卫生法典。其中在医药卫生方面的条文就有40余款，涉及医师地位与责任、医疗活动、食品卫生等方面的规定。罗马的医疗卫生法律最为发达，涉及医疗卫生的许多方面，其中最为著名的是公元前45年颁布的《十二铜表法》《阿拉基法》《科尼利阿法》《德森维尔法》，对医生的监督管理、医疗事故的处罚赔偿、城市疾病预防、食品卫生监督等方面都进行了规定。古罗马非常重视环境卫生，规定医院和居民建筑要有引水管、排水、下水道及浴池等公共设施。在欧洲中世纪，不少国家都进一步加强了卫生立法，调整的范围逐步扩大，内容涉及公共卫生、医事制度、食品和药品管理、学校卫生管理、卫生检疫等方面的成文法规。如13世纪威尼斯制定了药剂师管理规章；14世纪威尼斯、马赛等颁布了检疫法，开创了国境卫生检疫的先河；15世纪前后，佛罗伦萨、纽伦堡、巴塞尔等地出现了药典。

三、护理伦理与卫生法律法规的现状与展望

（一）护理伦理的现状与展望

1．中国的护理伦理　近代，由于受“闭关锁国”政策的影响，加上战乱频繁，社会动荡，更有西方医学的冲击，祖国医学遭受了前所未有的打击。在近代，对医学伦理界影响较大的是宋国宾的《医业伦理学》，这是我国西医学界第一部现代医学伦理学著作。

我国近代护理工作是随着西医传入而开始的。1820年英国传教士马礼逊和东印度公司船医李文斯顿首先在澳门开设诊所。1834年美国也派传教士兼医生帕克在广州设立眼科医院，当时只有由医院以短训班方式培训的男护理助理人员。1900年以后，中国各大城市建立了许多教会医院，并纷纷附设护士学校。1909年中华护士会成立，1914年全国护士大会决定将“Nurse”译为“护士”。1918年第四届全国护理大会将护理伦理学规定为护士的必修课。1921

年协和医学院和燕京、齐鲁、金陵、东吴、岭南五所大学合办高等护士教育，此外还开办了护士教育、护士行政管理和公共卫生护理等进修班，为全国各医院培养师资和护理人才。1934年南京政府成立护士教育专门委员会。这个时期的医护伦理以爱国主义、民族主义和医学人道主义为主要特征。

中国共产党一贯重视护理工作。1931年在傅连暲医生的主持下开办了红军自己的护士学校，不久又成立了中央医务学校，培养具有进步思想的医务人员，使之成为八路军、新四军的医护骨干。1937年成立了中华护士协会延安分会。1939年毛泽东同志发表《纪念白求恩》一文，对当时广大医药卫生工作人员产生了巨大影响，对护理道德的发展也起了重大作用。1941年毛泽东同志为延安医大题词："救死扶伤，实行革命的人道主义"。这大大鼓舞了革命队伍中广大医药卫生工作者，并成为我国社会主义医护道德和护理道德基本原则的重要内容。1941年至1942年毛泽东同志两次为护士题词："尊重护士，爱护护士"及"护士工作有很大的重要性"。

中华人民共和国成立后，护理事业得到了迅速发展，出现了全心全意为人民服务的高尚的道德风貌。1950年护士代表参加了第一届全国卫生工作会议，大会对护理事业的发展作了统一的规划。随着整个医疗事业的发展，护理队伍日益壮大。1956年，卫生部拟定了《关于改进护士工作的指示》(草案)。之后，医院相继成立了护理部，开展护士进修教育，加强护士的业务学习和举办正规教育。同时，在护理人才培养中注重护理道德教育，护理伦理学逐渐成为一门独立的学科，护理伦理学的科学研究进入了一个新阶段。

2．国外的护理伦理 第二次世界大战以后，医学与社会的关系日趋紧密，医学科学技术飞速发展，于是旧的医护道德观念受到冲击，新的医护道德观念不断出现，医护道德问题成为社会普遍关注的问题，医护道德也日益趋于国际化，一些国际文献相继产生。1946年，制定了著名的《纽伦堡法典》。1948年，世界医学会全体大会以《希波克拉底誓言》为基础，制定发表了《日内瓦宣言》。1949年，世界医学会在伦敦通过了《世界医学会国际医德守则》。1953年国际护士会议拟定了《护士伦理学国际法》，并于1965年在德国法兰克福作了修改。1964年，第18届世界医学大会在芬兰赫尔辛基召开，通过了《赫尔辛基宣言》，提出以人为实验对象的道德原则，并于1975年作了重要修改。1965年，国际护士协会通过了《国际护士守则》，后于1973年大会时作了重要修改。1968年世界医学大会在澳大利亚悉尼召开，通过《悉尼宣言》，规定了由于器官移植引起的死亡标准。1975年10月在东京召开的第29届世界医学大会，通过了《东京宣言》，制定了关于对拘留犯和囚犯给予折磨、虐待等，非人道对待时，医师的行为准则。1976年，美国护士会制定了《护士章程》。1977年，第六届世界精神病大会鉴于现实社会中医生与患者关系的复杂性，有可能利用精神病知识和技术做出非人道原则的事情，专为精神病医生制定了道德标准，即《夏威夷宣言》。1946年南丁格尔的《护士札记》改名为《护理的艺术》，为护理伦理学的形成打下了坚实基础。

（二）卫生法律法规的现状与展望

1．中国的卫生法律法规 民国时期是我国卫生立法进入专门化、具体化的时期。新民主主义革命时期，中国共产党先后颁布实施了《卫生法规》《卫生运动纲要》等。从新中国成立到1954年先后颁布了《中央人民政府卫生组织条例》《种痘暂行办法》等；从1954年至1976年先后颁布了《传染病管理办法》《中华人民共和国药典》等；从1978年党的十一届三中全会以来，先后颁布了《食品卫生法》《药品管理法》《母婴保健法》《献血法》《侵权责任法》等法律；卫生行政法规有100多部，如《医疗事故处理条例》《护士条例》等。卫生行政部门制定和颁发的卫生规章和规范性文件数以千计。此外，我国积极参与国际间的卫生立法，共同认可在保护人类生命健康活动中产生拘束力的原则、规则、规定、章程、制度等签约规范性文件，如1851年的《国际卫生公约》，1905年的《泛美卫生法规》，世界卫生组织（WHO）制定的国际卫生公约、规则，食品卫生、药品、生物制品的国际标准，以及诊断诊治方法的国际规范和标准等。

2. 国外的卫生法律法规　英国于1601年制定的《伊丽莎白济贫法》是最早的现代西方国家的卫生立法，1848年又制定了《卫生法》，1859年公布了《食品药品法》，1878年颁布了《全国检疫法》，以后又逐步制定了《助产士法》《妇幼保健法》《精神缺陷法》《国家卫生服务法》《卫生和安全法》等。第二次世界大战后，各国普遍在社会公共卫生、医政管理、药政管理、医疗保健、科技发展、与患者权利等方面加强了卫生立法。芬兰1972年颁布了《初级卫生保健法》。1977年，在第三十届卫生大会上，明确提出世界卫生组织（WHO）和各国政府的主要目标是“2000年人人享有卫生保健”。特别是随着新技术的产生和社会的发展，各国先后制定了一批新的医学法规，涉及一些与道德、伦理、哲学等人文社会科学有关的敏感问题，如器官移植和利用法、人造器官法、试管婴儿法、人工授精法等。总之，各国医事立法已从单项立法逐步向综合立法过渡，开始向国际间、世界性的合作格局发展。

第三节　学习护理伦理与卫生法律法规的意义和方法

案例 1－3

一位未婚妇女因子宫出血过多住院，她主诉子宫出血与月经有关，而且去年发生过几次。一位正在妇科实习的护生和她关系融洽，在一次聊天时，患者说：“你能为我绝对保密吗？”在护生保证为她保密的前提下，她说怀孕了，自己服了流产药物后造成出血不止。此时，护生面临以下选择：

1．遵守自己的承诺，为患者保密并且不告诉任何人；

2．向她保证为其守密，然后告诉主管医生和责任护士全部实情，但要求他们不要让患者知道是谁告诉的；

3．不能为她保密，跟她解释如果主管医生和责任护士不了解患者实情，就不能适当治疗，这样会有生命危险。

思考：1．护生应当如何选择？

2．你遇到这种情况会如何处理？理由是什么？

不管是从国际趋势，还是国内卫生改革发展方向来看，护理伦理与法律法规在护理工作中的作用都至关重要。护士的伦理道德素质对护理质量的高低有重要影响，我们应认真遵循医德规范，做全心全意为人民服务的白衣天使，促进护理学向专业化、科学化、系统化方向发展。对所有学习护理伦理与法律法规的人来说，都有必要弄清楚“为什么要学习护理伦理与法律法规”和“怎样才能学好护理伦理与法律法规”的问题。

一、学习护理伦理与卫生法律法规的意义

学习护理伦理，主要目的在于学习道德知识，培养道德情感，增强道德意志，养成优良的道德品质，提高道德实践能力，使自己成为有理想、有道德、有文化和有纪律的社会主义“四有”新人，并能为建设和发展中国特色社会主义担当大任。学习卫生法律法规，是贯彻以德治国和依法治国方略的客观必然，广大医学生要努力学习，勇于实践，不断磨练人格和品质，为将来成为一名合格的白衣天使做好知识、心理和技能的充分准备，具体表现在以下几个方面：

1．有利于提高问题应对能力 现代护理是一门艺术，它不单纯是个技术，更需要护士高尚的道德情操和缜密的法律意识。单纯的技术难以提高护理质量，只有将护理技术与护理人文统一起来才能达到提高护理质量的目的。学习护理伦理和卫生法律法规，可以提高护士的伦理道德和法律水平，激发他们掌握和提高护理知识和技术的热情，不断提高护理质量，

2．有利于建设和谐社会 医院是社会精神文明的窗口，医院的文明是社会文明的重要组成部分，其中和谐医患关系是和谐医院建设的核心和关键。运用道德和法律的双重手段，来协调医患之间的物质利益关系，将有利于充分发挥医患双方的主观能动性，解决医患纠纷，缓解医患矛盾，协调医患关系，从而有利于社会主义和谐社会建设。

3．有利于促进医学的发展 现代医学发展面临着巨大挑战，一方面，人类社会影响人体健康的不良因素在日益增长，如环境污染、人口膨胀等；另一方面，现代医学高新技术的发展，也给我们带来了新的社会问题，如克隆技术、生物工程技术、基因工程技术等。因此，现代医学必须要从伦理和法律的双重视角来审视和规范这些新的医疗行为，来保障和促进现代医护科学事业不断向前发展。

4．有利于建设德治与法治国家 现代医疗卫生事业建设必须放在社会建设的大范畴中思考。德治与法治是社会建设的两个基本途径和手段，学习护理伦理和卫生法律法规，必然要求广大医护工作者以德行医和依法行医，保障患者的生命健康权利，维护患者的生命健康利益，树立依法行医和以德行医的现代观念。

二、学习护理伦理与卫生法律法规的方法

作为一门实践性很强的学科，护理伦理与法律法规对我们的护理生涯极其重要。俗话说“工欲善其事，必先利其器”。学习该课程必须要根据其性质和特点，除了要满足学习一般知识的基本要求外，还需要注意运用有效的学习方法，才能达到理想效果。

（一）马克思主义哲学是学习护理伦理与卫生法律法规的总方法

哲学是关系自然、社会和人类思维发展的最一般规律的科学，哲学既是世界观，又是方法论，它不仅告诉我们如何去认识世界，而且告诉我们如何去改造世界，马克思主义哲学是科学的世界观和方法论，尤其是唯物主义辩证法是我们学习护理伦理与卫生法律法规，有效解决医患纠纷的科学指导。

（二）学习护理伦理与卫生法律法规的具体方法

1．社会调查法 它是通过对现实社会中存在的各种现象和问题进行搜集、整理与分析，并力求找到某些共同点与规律的分析方法。毛泽东同志指出，没有调查就没有发言权。通过社会调查，可以掌握大量第一手资料。学习护理伦理与卫生法律法规，必须要深入到医疗卫生实践的第一线，理论与实际相结合，才能及时发现问题，有效研究问题，最后找到解决问题的方法。

2．历史考察法 任何社会现象都有产生和发展的历史，护理伦理与卫生法律法规是人类社会发展到一定阶段的产物。学习护理伦理与卫生法律法规，需要利用历史考察法系统考察护理伦理与卫生法律法规产生和发展的历史沿革，深入分析护理伦理与卫生法律法规与其他社会意识形态之间的相互联系，只有这样才能揭示护理伦理与卫生法律法规的本质及其发展规律。

3．比较分析法 它是通过论证不同事物之间的异同点，并分析其原因与条件来揭示该事物本质与规律的方法。学习护理伦理与卫生法律法规，一定要坚持同国外、同历史比较的方法，即不断总结前人的优秀成果，同时又广泛吸收国外成功的经验，这样才能更好地制定和完善有民族特色的护理伦理和卫生法律法规体系，充分发挥护理伦理与卫生法律法规的实效性。

4．系统分析法 学习护理伦理和卫生法律法规，要把它们作为一个系统来对待，应用系统的方法去分析它们。例如：护理道德包括护理道德意识、护理道德活动和护理道德规范三个

子系统，这三个子系统是相互关联，相互促进，相互制约的有机整体。因此，学习护理伦理和卫生法律法规，要应用系统研究的方法。

本章小结

1．护理伦理是调整护理活动中人与人、人与社会及人与自然之间关系的行为规范的总和，卫生法律法规是指由国家立法机关依据宪法和法律的规定而制定或认可的用来调整一切卫生关系的行为规范的总和。医务人员应不断提高道德水平和法律修养，牢固树立以德行医和依法行医的现代观念。

2．深刻认识护理伦理与法律法规的历史发展，理顺护理伦理与法律法规发展的脉络，探索它们的发展规律，进一步理解护理伦理与法律法规的本质和特征，这是非常重要的。

3．学习护理伦理，主要目的在于学习道德知识，培养道德情感，增强道德意识，养成优良的道德品质，提高道德实践能力。学习卫生法律法规，是贯彻以德治国和依法治国方略的客观必然，广大医学生要努力学习，勇于实践，不断磨练人格和品质，以便将来成为一名合格的白衣天使。在学习过程中应培养认真、严谨的学习态度，为今后按照优良伦理道德素质和医事法律素养的要求从事护理工作奠定基础。

思考题

1．如何看待护理伦理与卫生法律法规的相互关系？

2．护理伦理与卫生法律法规的产生和发展规律有哪些？

3．应该如何更好地学习护理伦理与卫生法律法规？

（郑　硕）

第二章　护理伦理学的基本理论

学习目标

识记：

1．掌握护理伦理学的研究对象，生命论、义务论、美德论的含义。
2．掌握生命神圣论、生命质量论和生命价值论的含义。
3．熟悉护理伦理学的研究内容、人道论的含义及医学人道主义的核心内容。

理解：

1．解释生命神圣论、生命质量论和生命价值论的辩证关系。
2．说明医学美德评价的主要品质。
3．说明义务论、功利论的意义和局限性。

应用：

1．能利用护理伦理学理论分析伦理案例。
2．能应用护理道德知识和规律促进良好道德品质的形成。

第一节　护理伦理学概述

案例 2-1

张大爷，78 岁，因患胃癌做过两次手术。上周去复查发现癌症再次复发，异常痛苦。张大爷本人不想承受治疗的痛苦，要求放弃治疗，并立下遗嘱。经过会诊，部分专家认为张大爷癌症已到晚期，身体状况不宜再施行第三次手术；也有专家认为如果家属同意，可以搏一搏，但风险非常大。该科室的两位医生分别去征询患者家属的意见。甲医生认为张大爷的生命质量已经很低，再做手术无益，只会增加他的痛苦。但是乙医生认为人的生命只有一次，只要还有机会，就不应该轻易放弃。

思考：你更认可哪位医生的观点？为什么？

一、基本概念

护理伦理学作为护理学和伦理学交叉的边缘学科，是指护理人员在履行自己职责的过程中，调整个人与他人、个人与社会之间关系的行为准则和规范的总和。主要研究和探索护理道德的产生及发展规律，阐释护理实践中调节护理人际关系的行为准则和规范，跟踪并探索护理科学发展中遇到的伦理问题，培养护理工作者的优良道德品质。

二、研究对象

任何一门学科都有自身特有的研究对象。护理伦理学通过对护理道德现象的全面研究，揭示护理道德关系中各种矛盾及矛盾变化发展的规律性。因此，护理伦理学的研究对象包括护理道德现象和护理道德关系。护理道德现象是护理道德关系的表现，护理道德关系是护理道德现象的重要组成部分。

（一）护理道德现象

护理道德现象是指护理领域中反映护理道德的那些社会现象，包括护理道德意识现象、护理道德规范现象和护理道德活动现象。护理道德意识现象也称护理道德理论，是指护理道德的思想观点和理论体系，包括护理道德观念、情感、意志、信念等，属于护理道德的主观方面；护理道德规范现象也称护理道德规范，是指在医学实践中评价和调解护理人员行为的准则，是社会对护理人员处理护际关系以及行为的基本要求的概括；护理道德活动现象也称护理道德实践，是指根据一定的观念，遵循一定的护理道德准则，进行的护理道德评价、护理道德教育、护理道德修养等。

（二）护理道德关系

护理道德关系是指护理人员与其他个体或社会群体所结成的具有道德意义的社会关系。护理道德关系主要包括护患关系、护医关系、护护关系、护社关系和护研关系。

1．护患关系　护患关系是护理人员与患者以及患者家属之间的关系，是护理实践中的基本关系，也是护理伦理学研究的核心问题。在护患关系中，护患双方是服务与被服务的关系，护士处于主导地位。但随着社会的发展和医学科学的进步，护患关系出现了以下新的趋势：护患关系的民主化趋势、护患关系的法制化趋势、护患关系的人文化趋势、护患关系的多元化趋势。

2．护医关系　护医关系是指护理人员与医生、医院管理人员以及检验、影像、药剂等医技人员之间的关系，其实质是一种同事关系。护理人员与医生的工作性质和内容虽然有所区别，但都具有共同的服务目标。护理人员的工作需要医生的支持，医生的工作也需要护理人员的配合。良好的护医关系是保证医疗完整性、提高医院整体医疗水平的基本条件。

3．护护关系　护护关系是护理人员与护理人员之间的关系，是一种平等的合作关系，其实质也是一种同事关系。护护关系对护理结果的影响最为明显，良好的护护关系是护理工作的重要保障。如果护理人员之间关系处理不好，很容易导致医疗事故和意外的发生。

4．护社关系　护社关系指的是护理人员与社会之间的关系，护理人员不仅承担着服务患者的义务，而且承担着为社会人群提供健康服务和技术保障的社会责任。随着社会的发展，护理学与社会的联系越来越密切，护理模式、健康观、疾病观发生了巨大的变化，这种变化对护社关系产生了深远的影响。因此，协调好护社关系，已成为社会安定与进步的重要因素。

5．护研关系　护研关系是指护理人员与护理科学研究人员之间的关系。不断发展的医学技术在给患者带来福音的同时也带来了大量的伦理问题，这些问题往往与传统的伦理观念和价值取向发生冲突，如新的生育技术、基因技术、器官移植技术等，都需要护理伦理做出科学回应和选择。这使得护理研究活动中的矛盾日益突出，护理科研道德也日益重要。

三、研究内容

护理伦理学是由护理道德理论、护理道德规范、护理道德实践三大主要内容构成的有机体系。

（一）护理道德理论体系

护理道德理论是护理伦理学的精髓。主要论述护理道德的本质、特点、社会作用、历史渊源、文化属性、发展规律，护理道德的理论基础及思想内容的演变，护理道德与相关学科的关系，护理道德与医学科学发展、医学模式转变之间的相互影响，护理道德与经济和社会发展的关系等。这些基本问题贯穿于整个护理伦理学体系，起指导作用。

（二）护理道德规范体系

护理道德规范主要总结、归纳护理活动中的行为规范和准则，并为护理人员的医学实践提供指导，主要包括护理道德基本原则、护理道德基本规范和护理道德基本范畴。护理道德规范主要论述什么“应当”，什么“不应当”，即什么是善，什么是恶，从而使护理人员避恶趋善，自觉选择符合护理道德规范的行为。护理伦理学作为一门规范科学，它既有对护理人员职业道德的基本要求，也有衡量和评价护理人员医护道德品质的具体标准。

（三）护理道德实践体系

护理道德实践是护理伦理学的基础和归宿。一方面护理伦理学来源于护理道德实践，是对护理道德实践的概括和总结；另一方面护理伦理学又要指导护理道德实践，为护理道德实践服务。学习护理伦理学，归根结底是使护理实践与护理道德实践同步，把护理实践规范到护理道德实践的轨道上。护理伦理学研究的护理道德实践，主要是指护理道德评价、护理道德教育和护理道德修养等实践活动。

四、护理伦理学与其他学科的关系

（一）护理伦理学与医学伦理学

护理伦理学与医学伦理学同属于卫生领域的道德规范学科，由于护理伦理学是依托医学伦理学学科发展起来的新兴学科，因此，二者肩负着共同的职业宗旨和职业使命，具有相同的伦理原则、规范和范畴。两者在具体规范方面有所侧重，护理伦理学侧重于护士伦理规范，而医学伦理学侧重于医师伦理规范。两者相辅相成，共同构成卫生领域的两大支柱规范体系。

（二）护理伦理学与护理心理学的关系

护理伦理学与护理心理学是姊妹学科，二者相互渗透。护理伦理学主要研究护理人员在医学实践中应遵循的道德原则和规范，并有效地开展护理道德评价和护理道德教育，以不断提高护理人员的护理道德修养，使护患关系和谐协调、护医关系团结协作。护理心理学是从护理情境与个体相互作用的观点出发，研究在护理情境这个特定的社会生活条件下个体心理活动发生、发展及其变化规律的学科。护理伦理学为心理诊断与心理治疗提供了可能与保证，护理心理学为护理伦理行为提供了心理科学的依据。护理人员通过良好的护理道德行为，给予患者心理护理，有助于患者身心状态的改善，达到治疗的目的。

（三）护理伦理学与法学的关系

护理伦理学与法学相互补充、相互支持，相互转化，各有特点。法学是研究法的产生、发展及其规律的科学。护理伦理学与法学（包括卫生法学）同属于规范学科，担负着调节人际关系，维护社会正常秩序的使命。在护理实践中，有时单靠护理道德无法调节某些护患和护医道德关系，需要依靠法律法规强制解决。而有些行为虽没有触犯法律，而确实又违背了道德，就得靠护理道德教育、护理道德信念、护理道德舆论的力量纠正。有些护理道德规范可以通过立法程序转化为法律规范，有些法律规范也具有道德规范的价值，两者有联系也有区别。道德主要通过良心发挥作用，法律是通过国家的强制力发挥作用。护理道德的调节内容涉及护理道德关系的方方面面，而法律的调节面相对狭窄。同时，护理道德的调节作用随着护理学的发展而发展。法律的调节作用将随着阶级社会的消灭而消失。

（四）护理伦理学与美学

护理伦理学与美学相互影响、相互支持。医学探索“真”，伦理学探索“善”，美学探索“美”。护理实践中的人际关系应该是“真、善、美”的统一。高尚的护理道德是护理人员内在美的体现，良好的仪表举止和得体的语言沟通既是护理人员外在美的展示，也是护理人员内在修养的外显。美学能帮助护理人员加深对美的认识和理解，提高审美能力，有助于陶冶高尚的护理道德情操。护理人员的医护道德行为应该满足患者对美的需求和渴望。在现代医学模式中，美对于疾病的治疗和康复有重要的辅助作用。

第二节　护理伦理学的理论基础

案例 2-2

2009 年 12 月 13 日，在天津出生了一个特殊的女婴，这个孩子一出生就患有肛门闭锁、肠道和膀胱连接瘘、肾积水、心脏卵圆孔关闭不全等疾病，无法进食，无法排便，肚大如球。其父母考虑到治疗过程对女儿太过痛苦，就放弃了治疗。但此举却引起广大网友的广泛热议，她们将其唤作“小希望”，为了给孩子争取生存权，网友们又与“小希望”的父母争夺抚养权。最终，“小希望”不幸于 2010 年 3 月 27 日去世。

思考：按照伦理学的观点，你认为“小希望”的生命该如何取舍？

一、生命论

生命论是关于生命本质和意义的理论，是指根据一个人的生命质量、价值以及人们对于生命的观念来决定对这个人进行何种医学处置的伦理学理论。随着社会的进步和医学科学的发展，先后经历了生命神圣论、生命质量论和生命价值论。

（一）生命神圣论

1．生命神圣论的概念　生命神圣论是指人的生命具有至高无上、神圣不可侵犯的道德价值的伦理理论。按照生命神圣论的观点，人的生命在任何情况下都是最重要的，在临床上以任何理由放弃对生命的抢救都是不道德的。

生命神圣论的理论来源主要有三种。一是基督教。基督教认为，人的生命是上帝创造的，人类没有决定自己生命的权利。任何杀害和放弃人的生命的行为都是对上帝的不敬，都是错误的。二是中国传统文化思想。在人类社会早期，人们意识到生存的艰难，产生了生命极其宝贵的生命神圣思想。《黄帝内经》中的“天覆地载，万物悉备，莫贵于人”，《道德经》中的“天大，地大，人亦大”，《吕氏春秋·重己》中的“圣人虑天下，莫贵于生”，孙思邈《千金要方》中的“人命至重，有贵千金，一方济之，德逾于此”，都是生命神圣思想的具体体现。宗教的产生更把生命神圣论推向了极端。三是现代科学的观点。用现代科学的观点解释人类生命的形成是数亿条精子激烈竞争的结果，生命的诞生具有偶然性，每个人在这个世界上都具有唯一性和不可重复性。因此，每个生命都是独特、神圣而又宝贵的。

2．生命神圣论的评价　生命神圣论的意义体现在两个方面。一是这一理论观点极大地提升了人的地位和价值，生命神圣思想唤醒了人们关心、重视生命的良知，促进了人类的生存和发展。二是这一理论促进了医学的繁荣与发展。生命神圣思想激励人们探索生命的奥秘，发现诊治疾病的新方法，建立维护人类健康的完善的医疗卫生制度，也大大促进了医学科学的发展和医疗技术的进步。

但是，生命神圣论也有局限性。随着医学技术的不断发展，使得原先在传统医学条件下很快死亡的患者得以在呼吸机、人工肝肾等生命维持技术下继续存活一段时间。但是，对于这些靠维持技术来延续的生命，继续治疗带给患者的是痛苦，带给社会的则是对有限医疗资源的浪费。因此，随着人口膨胀、社会生活条件提高、资源利用和生态保护冲突等问题的凸显，生命神圣论的观点受到了严峻的挑战。

（二）生命质量论

1．生命质量论的概念 生命质量论是指根据人的自然素质（在临床实践中，通常指健康程度、治愈希望、预期寿命和智力状况等）的优劣，而采取不同的医学处置措施的生命伦理观。生命质量论否定了生命的绝对神圣性，认为只有那些具有一定质量并能体验到快乐和幸福的生命才是神圣的，人们不应单纯追求生命的数量，而应更加关注生命的质量。

按照生命质量论的观点，护理工作的目的就是最大限度地减少患者的痛苦，提高患者的生命质量，给患者带来幸福，凡是有助于实现这一目标的行为都是道德的。反之，对不符合生命质量论标准的人给予救治，无法增加其快乐和幸福，无助于减少患者的痛苦，故对其放弃治疗和护理也是道德允许的。

2．生命质量的衡量标准 生命质量一般可以从三个层次上衡量。

（1）主要质量。指个体的身体和智力状态，是判别生理、心理健康与否的重要标准，这种生命状态能满足个体自身生理及生存的基本需要，是一种低级的生命状态。生命质量论认为，严重的先天心脏畸形和无脑儿，其生命主要质量已经非常低，因此已经没有必要进行生命维持。

（2）根本质量。是与他人在社会和道德上相互作用的生命的意义和目的。根据这一生命质量标准，生命质量论认为，比如极度痛苦的晚期肿瘤患者、不可逆的昏迷患者已经失去了与他人在社会和道德上的关系，失去了生命的意义和目的，因此已经没有必要进行生命维持。

（3）操作质量。指用客观方法测定的生命质量，如用智力测定方法和诊断学标准来测定人在智能、生理方面的质量。比如通过智力测试测定智商在 140 分以上者为天才，70 ～ 80 分为临界正常，60 ～ 70 分为轻度智力落后，20 分以下为极重度智力缺陷。

3．生命质量论的评价 生命质量论的产生，是人类自我认识和自我控制的新发展，标志着人类的生命观已经发生了历史性转变，其形成与发展为人们认识和处理生命问题提供了重要的理论依据，为生与死的权利和生与死的选择问题，提供了新的标准和理论依据。

但生命质量论只就人的自然素质谈生命存在的价值，有其局限性。事实上，有的人生命质量很高，但其存在的价值很小，甚至是负价值；而有的人生命质量较低，而其存在的价值很大，甚至超过常人。这就是生命质量论不太合理、不太科学的一面。

案例 2-3

生命质量的“高与低”

斯蒂芬·威廉·霍金，剑桥大学应用数学及理论物理学系教授，当代最重要的广义相对论和宇宙论家，被誉为继爱因斯坦之后世界上最著名的科学思想家和最杰出的理论物理学家。但是这样一位伟大的科学家却是个身体重度残疾者，他在 21 岁时不幸患上了会使肌肉萎缩的卢伽雷氏症，所以被禁锢在轮椅上，只有三根手指可以活动。1985 年，他因患肺炎做了气管造口手术，之后被彻底剥夺了说话的能力，演讲和问答只能通过语音合成器来完成。在失声之前，只能用非常微弱的变形的语言交谈，这种语言只有在陪他工作、生活几个月后才能通晓。他不能写字，看书必须依赖于一种翻书页的机器，读文献时必须让人将每一页摊平在一张大办公桌上，然后他驱动轮椅如蚕吃桑叶般地逐页阅读。人们不得不对人类中居然有以这般坚强意志追求终极真理的灵魂从内心产生深深的敬意。

郑民生，福建省南平市人，2008 年取得西医外科主治医师资格，从医 19 年，“3.23”恶性杀人案凶犯。2010 年 3 月 23 日 7 时 20 分左右，正逢孩子上学的时间，福建省南平实验小学门口，犯罪嫌疑人郑民生连续砍伤砍死 13 名小学生，造成 8 名孩子死亡、5 名孩子受伤。造成了极坏的影响。2010 年 4 月 8 日，郑民生经一审被判死刑。

思考：霍金和郑民生两人的生命质量该如何判断？

（三）生命价值论

1．生命价值论的概念　生命价值论是根据生命对自身、他人和社会的效用来决定医疗护理措施的伦理学理论。所谓价值，就是客体对主体具有某种效用的属性，即能够满足主体某种需要的有用性。生命价值就是生命能够满足自身、他人或社会的某种需要的有用性。

2．生命价值论的分类

（1）内在价值和外在价值：生命价值包括内在价值和外在价值。内在价值是生命本身的质量，体现生命自身的价值，也叫做固有价值；外在价值是生命对他人、对社会和人类的意义，是判断生命价值的目的和归宿，也叫做工具价值。

（2）现实价值和潜在价值：根据生命价值是否已经体现出来，生命价值又分为现实的生命价值和潜在的生命价值。现实的生命价值（现实价值）是指已经显现出的对自身、他人和社会的效用；潜在的生命价值（潜在价值）是指生命目前尚未显现，将来才能显现出来的对自身、他人和社会的效用。

（3）正价值、负价值和零价值：正生命价值是指生命有利于自身、他人和社会效用的实现，即对自身、他人和社会有积极作用；负生命价值是指生命有害于自身、他人和社会效用的实现，即对自身、他人和社会有消极作用；零生命价值（无生命价值）是指生命无利也无害于自身、他人和社会效用的实现，即对自身、他人和社会既没有积极作用也没有消极作用。

3．生命价值论的评价　生命价值论反映了人作为一种存在的意义，是人与低等动物相区别的重要标志。生命价值论认为，在分配医疗资源和对待生命的态度上，可参考其生命价值而有所取舍，对生命质量低下，且零生命价值和负生命价值的人，放弃医护道德义务是符合医学伦理道德要求的。生命价值论的提出完善了护理伦理学的理论基础，为解决医学伦理难题提供了依据。但绝对的生命价值论主张根据人的价值区别对待，显然违背了人人平等的观念。

综上所述，现代生命论就是从生命的神圣、质量和价值辩证统一地看待生命，即应当在生命的质量和价值的前提下去维护人生的权利，去维护生命的神圣和尊严。生命神圣论强调生命的神圣和不可侵犯，要求护理人员对所有生命做到一视同仁、保护生命、捍卫生命尊严。生命质量论和生命价值论的提出则进一步明确了护理伦理的道德方向，对不同生命质量和生命价值的患者采取不同的护理措施，为很多伦理道德难题的解决提供了科学的理论依据。

二、人道论

案例 2-4

王伯伯，因输血感染艾滋病。一周前因胃出血被送入急诊科，内科医生认为应该立即进行手术，否则将会有生命危险。但外科医生坚持不为王伯伯施行手术，理由是艾滋病本身就是绝症，即使手术，患者也活不了多久，况且医生认为如果为患者施行手术，医生有被感染的可能性。不久，患者因为大出血休克死亡，家属将医院告上法庭。家属认为患艾滋病不是患者的错，不管患者能坚持多久，医生都有义务为患者施行紧急手术。

思考：该医生的做法违反了人道论的哪一项要求？

（一）人道论及人道主义思想

人道论是一种强调人的地位，肯定人的价值，维护人的尊严和幸福，满足人的需要和利益的道德理论。根据人道论的思想，任何人都应该得到最起码的尊重，享有生存并追求个人幸福的权利。

人道论来源于人道主义思想。广义的人道主义思想是一切维护人的尊严、尊重人的权利、重视人的价值、实现人的全面发展的“以人为本”的思想。在中国古代儒学中，“人道”与“天道”相对应。春秋时期随天人相应思想的发展而产生。在西方，人道主义思想发源于15、16世纪资产阶级革命时期。那时资产阶级为了扫清资本主义发展的障碍，重提“人是万物的尺度”的古希腊思想，用以反对中世纪时期的神学禁欲主义。他们大力提升人的地位，否定神的地位，后来这一思想被18世纪的启蒙思想家们进一步理论化，并在此基础上提出了“自由”“平等”“博爱”“天赋人权”“人是理性动物”等思想，用以反对封建专制制度。

（二）医学人道主义及发展阶段

医学人道主义是指在医学领域中爱护、关心患者健康，重视患者生命，尊重患者的人格与权利，维护患者利益和幸福的一种伦理思想和观点。医学人道主义的核心内容是尊重患者，具体体现在同情、关心、爱护患者，平等负责地对待患者等。

医学人道主义的发展经历了古代朴素的医学人道主义、近代医学人道主义和现代医学人道主义三个历史阶段。

古代朴素的医学人道主义表现为对患者的关心、同情、仁慈、救人活命等；近代医学人道主义进入到实验医学时期，具备了科学性，无论是在深度和广度上，还是在内容和形式上，都比古代的医学人道主义有了进一步的发展。但由于受到历史背景及客观条件的限制，不可避免地带有局限性，比如医生在处理患者利益问题上，往往只重视其自然属性，而忽视了社会属性。

进入20世纪以来形成的现代医学人道主义，随着医学的发展日益成熟。首先，医学人道主义的动机和效果不仅限于自然的人，还包括社会的人。其次，医学人道主义的对象也由单个患者扩展到社会，人道主义施行者也由临床医生扩展到所有的医务工作者。特别是在第二次世界大战之后，鉴于法西斯不人道的罪行，世界医学会和一些国家制定了有关医学人道主义的法规，使医学人道主义的价值有了新的提高。

知识链接

医学人道主义发展的重要里程碑事件

1946年，涉及对战争罪犯人体实验的《纽伦堡法典》。

1964年，涉及人体对象医学研究的《赫尔辛基宣言》。

1975年，涉及对待拘留犯和囚犯的《东京宣言》。

1977年，涉及对待精神病患者的《夏威夷宣言》。

（三）人道论对护理人员的要求

在护理领域，人道论对护理人员提出了很高的要求。第一，护士要尊重患者的生命，任何时候不能轻易放弃生命，这是人道论最起码的要求；第二，护士要尊重患者的权利，比如患者的知情同意权、自主选择权等；第三，护士要尊重患者的人格，对任何患者一视同仁，不歧视、不区别对待，严格保守患者的隐私，不随便泄露病情；第四，护士要重视患者当下的幸福，对于患者的痛苦不可麻木不仁，即使对绝症患者，也应尽量让患者享受人生幸福，体现人文关怀；第五，护士要维护患者的健康利益，应向患者和家属说明病情和诊疗措施以及存在的风险，在护理过程中尽到与当下医疗水平相对应的护理义务。

三、美德论

案例 2-5

吴登云，新疆乌恰县人民医院院长。1963 年从扬州医专毕业后，投身到新疆的医学事业，扎根边疆，被当地各族人民誉为“白衣圣人”。他为挽救患者，从自己腿部割下 13 块皮肤移植到烧伤儿童的身上，为了使患者尽早得到新鲜的血液，他先后为患者无偿献血 30 多次，累计献血 7000 多毫升，为了在人烟稀少的地方让患者得到及时的救治，他每年都要花上 3 ～ 4 个月的时间，跋山涉水到 30 多个自然村、50 多个牧业点巡回医疗。他放弃调回内地工作的机会，常年坚持工作在高原，任劳任怨、无私奉献，他经受了女儿在护送患者时因公殉职的悲痛，带领全医院的医护人员自力更生，艰苦奋斗，不断加强医院的技术建设和人才培养，用自己的行为在帕米尔高原树起了一座不朽的丰碑！

思考：在吴登云身上，体现了医护人员哪些高尚的美德？

（一）美德论概述

1．美德论的概念　美德论又叫德行论、品德论，是研究做人应该具备什么样的品德、品性、品行、品格的观点，它旨在告诉人们什么是道德上完美的人以及如何成为道德上完美的人。

美德论以个人为道德的主体和载体，重视个人德性，强调自由、自律和负责精神；把人的美德作为价值追求的目的，而不是作为达到目的的手段；认为道德表现于人的言谈举止，深藏于人的品行之中，重视个体道德心理分析。

2．护理人员应具备的护理美德　护理美德不是护理人员被动地敬畏道德规范或者恐惧受到惩罚，而是主动、充满爱心地做出善的行为。这种主动积极的行善比起被动的行善更加高尚。在长期的护理实践中，护士应该努力培养护理美德，其主要内容包括：

（1）仁慈。即仁爱慈善，对患者怀有恻隐之心，同情、尊重、关心患者，热情为患者服务，实践医学人道主义。

（2）诚挚。即热爱并潜心护理事业，忠诚服务对象，诚心维护服务对象的健康利益。一切为了患者，并具有实事求是的作风，敢于承担责任，勇于纠正错误。

（3）严谨。即具有严肃认真的科学态度，周详缜密的思维方法，审慎负责的工作作风。

（4）公正。即一视同仁地对待服务对象，合情合理地处理公私关系和分配卫生资源，在工作中坚持原则，不抱成见，不徇私情。

（5）进取。即刻苦钻研护理技术，不断更新知识，虚心向同行学习，不断提高护理质量。

（6）协作。即在工作中能与其他医务人员密切配合、互相尊重、互相扶持、齐心协力，并勇挑重担。

（7）奉献。即不怕苦，不怕累，不嫌脏，不嫌麻烦，不畏困难，勇于牺牲个人利益。

（8）廉洁。即办事公道，作风严谨正派，不图谋私利。

（二）美德论对护理实践的影响

美德论与护理实践行为关系密切。一方面，护理美德是在护理实践中形成的，并通过护理实践来体现和验证；另一方面，护理美德又对护理实践发挥导向和支配作用。

美德论强调个体的道德品质和良好的道德修为，以及通过何种方式使人成为有德性的善良的人，并认为良好的品德有利于主体的道德实践。因此，美德论对护理实践的影响大致可归结为：一是强调道德品质在护理实践中的重要性，促使护士注重自身品格的提升，加强自身道德的完善；二是以护士良好的道德品质作为基础，促进其对护理道德原则、规范的遵守，使护士的行为符合基本的道德要求；三是激励护士对道德更高层次的追求，使护理行为超越基本的道德要求，达到更高境界。

四、义务论

案例 2-6

一位5岁女孩患肾炎继发肾衰竭住院三年，一直做肾透析，等候肾移植。经父母商讨，同意家人进行活体移植。经检查：其母因组织类型不符被排除，其弟年纪小也不适宜，只有其父亲组织类型符合。医生与其父商量作为供者，但其父亲经一番思考后决定不捐献自己的肾，并恳请医生告诉他的家人他不适合作供者，害怕家人指责他对子女没有感情。医生虽不太满意其父亲的做法，但为了维护其家庭和谐，还是按照他的意图做了。

思考：1. 从义务论的角度出发，父亲应该捐出自己的肾吗？

2. 医生是否应该替父亲隐瞒实情？

（一）义务论概述

义务论是根据某一行为是否符合特定的义务，或者根据某一行为是否是正当的或应该的来判定其道德与否的伦理学理论。该理论体系侧重的是道德行为动机，不注重行为的后果，其理论的核心是护理义务和护理责任。也就是说，一个行为的正确与否，并不由这个行为的后果来决定的，而是由这个行为的动机和标准来决定的，义务论注重的是这个行为的动机是否是“善”的，行为的本身是否体现了预设的道德标准。

（二）义务论的评价

义务论在护理职业领域注重揭示护理道德义务，提出社会对护理界的职业道德要求，这样有利于护士明确自己的职业责任，非常直接地明确自己应该做什么，不应该做什么，一个合乎道德的护士应该遵循哪些护理道德规范。义务论体现着护理伦理学的核心内容，激励着护士为维护、促进人类的健康和护理科学的发展作出贡献。

但是，在护理职业领域中，义务论注重社会对护士的护理道德要求，并认为这些道德要求是绝对的，而往往不管行为的效果对社会、对患者、对自己是祸还是福。特别是进行护理伦理决策和评价时，所依据的护理道德规范之间本身会发生矛盾，此时义务论的缺陷就暴露得更加突出。概括起来，义务论的局限性主要表现在以下方面：一是义务论强调护理行为的动机，不重视护理行为本身的价值及其导致的效果，忽视了行为动机与效果的统一性；二是义务论以护患关系为基础，以对患者负责为中心，忽视了对他人、对社会的道德责任；三是义务论强调护士对患者尽责任的绝对性和无条件性，而没有提出患者的责任，忽视了护患义务的双向性。

五、功利论

案例 2-7

两位内科消化专业研究生，选择了胰腺癌早期诊断的科研项目，此课题需在患者身上抽200毫升血做抗体测定。能否在晚期癌患者身上抽200毫升血，两位研究生发生了争执。甲认为这样做不人道，在快要死的患者身上抽血，无疑会增加患者痛苦，而且可能加速其死亡，这不符合医生救死扶伤的职责，所以此做法不妥。乙的观点与甲相反，认为此科研项目对大多数人有用，况且晚期癌症患者不久也将死去，为科研作点贡献也未尝不可。

思考：如何判断行为的对错？是行为本身，还是以结果判断？

（一）功利论概述

功利论又称功利主义，是后果论的一种，后果论是指根据行为后果来判定某一行为是否合乎伦理的一种伦理学理论。典型的后果论认为，行为的道德与否与道德主体的动机无关，而主要取决于行为能否带来好的结果。

因此，所谓功利论，是根据行为增加还是减少行为相关者（即利益共同体）的利益来判定行为是否合乎伦理的伦理学思想。它认为，一种合乎伦理的行为应该能够给所有的行为相关者带来好处。其著名原则是“最大多数人的最大幸福”。在功利论者看来，趋乐避苦是人的天性，人应该作出能“最大善的行为”，只有能够增加快乐和幸福，避免痛苦和不幸的行为才是符合道德的行为。

功利论分为行为功利论和规则功利论。行为功利论将效用原则直接应用于特定的行为，把行为的价值是否带来有效用的后果作为行为在伦理上正误的标准。规则功利论认为判定行为的对错要看其是否符合规则，而规则应带来正效用，或正效用大于负效用。

（二）功利论的评价

在护理伦理中，功利论主要强调患者及其家属的最大利益和幸福。根据功利论，应该将有限的卫生资源尽量合理分配给最需要的人，照顾到患者和多数人的需求，实现利益的最大化。当然，功利论也肯定护理人员自身的正当利益，充分调动护理人员的工作积极性。

功利论也有其局限性。一方面，功利论不考虑动机的纯洁性和合理性，可能会导致一些人为了达到目的而不择手段，助长歪风邪气，使护理队伍失去纯洁性和凝聚力，影响护理道德建设。另一方面，功利论在一定程度上存在着自私性，如果没有正确的价值观和坚定的道德立场，容易滋生小团体主义和利己主义，涣散人心。把功利论与义务论相结合，才能更好地为护理伦理学提供理论指导。

六、公益论

案例 2-8

患者刘某，男，70岁，工人，公费医疗，因肠梗阻伴梗阻性黄疸急诊入院，经剖腹探查，诊断为结肠癌。因肿瘤已达晚期，失去根治可能性，故行姑息性手术。术后患者肺部感染，左心衰竭，继之又有应激性溃疡而致上消化道出血。虽经抢救，但刘某病情反复，处于多器官功能衰竭状态。医生下病危通知，告知患者家属已无康复希望，并劝其放弃治疗。此时，患者已欠下医院医疗费8万元，但家属不愿放弃治疗，并要求行输血等抢救措施。医务人员为避免与家属发生纠纷，遵照家属的要求，不惜一切代价继续抢救半个月，直至患者死亡，总计花费医疗费用20余万元。

思考：1. 医生选择姑息性手术的行为是否正确？

2. 医务人员为避免与家属产生纠纷，不惜一切代价抢救患者的行为是否违背伦理原则？你对患者家属的要求是怎样看的？

（一）公益论概述

公益论强调以社会公众利益为原则，是社会公益与个人健康利益相统一的护理伦理理论。公益论强调合理分配利益，使多方面获利，使绝大多数人和人类社会受益，认为道德规范必须直接有利于人类的共同利益，而不是为了个人或少数人的利益。

公益思想自古就有，只是人类相当长的时间内仅在很少的范围内活动，所以，有关公益的思想还没有那么突显，并未引起人们足够的重视。随着人类的不断社会化，不同群体、国家乃至整个世界有着共同的、长远的利益，这些公益与每个人的利益息息相关。特别是当今世界，人类共同面临环境污染、资源短缺、人口猛增、贫富差距等一系列现实问题，使人们的公益意识空前强烈。而现代医学的发展已经把医患之间的关系扩展到医疗卫生工作与全社会之间的关系，随着人们对生殖技术、基因技术等医学技术会影响到人类公共、长远和后代的健康利益认识的加深，公益论越来越引起人们的关注和推崇。

（二）利益的构成

1．服务对象的利益　医学和护理的服务对象，主要是患者，但随着医学科学和医疗实践的发展，许多健康者也成为护理学界的服务对象。服务对象的利益主要包括痛苦的消除、疾病的救治、健康的维护等健康利益，同时，还包括与此相联系的服务对象的物质利益。

2．相关者的利益　随着医学和护理学的不断社会化，尤其是医疗机构的诞生，护患关系由过去的个别护士与单个患者的关系，转变为许多医护人员与许多服务对象的关系。护理面对的对象不仅是单个患者，也包括患者的家属和其他患者。因此，在确定护理道德规范时，不仅要考虑患者的健康和物质利益，还要考虑其他服务对象，包括患者家属的利益。这样，医学和护理学界必然存在着与患者之外的其他“相关者”的利益调节问题。例如，当代生命伦理学提出“公正原则”，就是要求在救治患者（满足患者利益）的同时，考虑相关者——其他患者是否更需要救治。

3．护理学界的利益　传统护理伦理学侧重维护患方利益，回避护理学界的利益。实际上，护患关系是护理领域的基本伦理关系，合理调整护士与服务对象的利益关系是护理伦理学的最基本使命，护理学界的利益显然是公益论的重要内容。从社会道德治理的高度，不仅应该维护服务对象的利益，同样应该维护护理学界的利益。只有这样才能保证护理学界的正常发展，从而更好地维护服务对象的利益。

4．社会公益　社会公益是群体、社会的利益和人类长远利益。随着护理科学的发展和新的护理模式的出现，护理事业发展到今天，已经成为了一项社会性公益事业，护理活动与某一群体、全社会乃至全人类的利益密切相关，不仅与当前利益密切相关，而且与长远利益相关：不仅与当代人的利益密切相关，而且与子孙后代的利益密切相关。护理学的社会公益领域主要包括：控制人口数量、提高人口素质、保护环境、保护资源、保护性别比例协调、维持人类种系的延续及其纯洁性等。

（三）公益论的评价

在医学、护理伦理领域，坚持用公益论来指导医护人员的行为，可以弥补义务论的缺陷和不足，扩大了医护人员的责任视野，丰富了医护人员的道德责任和道德义务，从只关注患者扩展到关注社会、人类和未来。公益论主张护理活动兼顾社会公益、集体公益与个人利益的统一，兼顾经济效益与社会效益的统一，兼顾当前利益与长远利益的统一。当矛盾统一体发生冲突时，如果冲突不是“非此即彼”的排斥性冲突，那么社会、集体无权做出否定个人正当利益的抉择，应尽量满足个人利益。当冲突是以排斥方式产生时，应当从整体利益出发，贯彻社会优先的原则。同时，公益论主张维护多数人的利益，有利于研究、解决现代医学、护理学中的伦理难题，适应现代医学发展的需要。

本章小结

1．护理伦理学的研究对象包括护理道德现象和护理道德关系，护理道德现象是护理道德关系的表现，护理道德关系是护理道德现象的主要组成部分。

2．护理伦理学的理论基础包括生命论、人道论、美德论、义务论、功利论和公益论。

3．生命论包括生命神圣论、生命质量论和生命价值论。生命神圣论强调生命的神圣和不可侵犯，要求护理人员对所有生命做到一视同仁、保护生命、捍卫生命尊严。生命质量论和生命价值论的提出则进一步明确了护理伦理的道德方向，对不同生命质量和生命价值的患者采取不同的护理措施，为很多伦理道德难题的解决提供了科学的理论依据。

4．美德论又叫德行论、品德论，是研究做人应该具备什么样的品德、品性、品行、品格的观点。它旨在告诉人们什么是道德上完美的人以及如何成为道德上完美的人。

5．义务论是根据某一行为是否符合特定的义务，或者根据某一行为是否是正当的或应该的来判定其道德与否的伦理学理论。该理论体系侧重的是道德行为动机，不注重行为的后果，其理论的核心是义务和责任。

思考题

1．你对生命神圣论、生命质量论和生命价值论作何理解？三者之间有何辩证关系？

2．医学人道主义经历了哪三个历史发展阶段？

3．义务论和功利论对护士行为有何指导意义和局限性？

（田婷婷）

第三章　护理伦理的原则、规范和范畴

学习目标

识记：

1. 说出护理伦理的基本原则。
2. 说出护理人员的权利、义务、情感、保密、审慎的内容。
3. 说出良心、义务、情感、审慎的作用。

理解：

1. 解释护理伦理的荣誉观、幸福观的内容。
2. 解释护理伦理规范的内容。
3. 知道护理伦理良心的内容和护理伦理的荣誉、幸福的作用。

应用：

能在临床实践中运用护理伦理学原则、规范和范畴分析出现的问题。

护理伦理的基本原则、规范、范畴构成了护理伦理学规范体系，是护理伦理学的核心内容，它所涉及的理论、观点贯穿于护理道德的各个方面。护理伦理范畴是护理伦理原则和规范的必要补充，同时也要受护理伦理原则和规范的制约和影响。学习和掌握护理伦理学规范体系，对培养护理人员的职业道德品质，推动护理学科的发展具有十分重要的意义。

第一节　护理伦理的基本原则

案例 3-1

赵某，女，25 岁，未婚怀孕。孕 40 周 +1 因胎膜破裂而住院。经医生检查发现羊水中已有胎粪，胎儿心率 200 次 / 分，表明胎儿处于宫内窒息状态，主管医生多次向产妇、家属说明情况，建议行剖宫产终止妊娠，产妇及家属均明确拒绝，坚决要求以催产素诱发宫缩经阴道分娩。医生力劝无效。

思考：此时医护人员应该如何决策？

一、护理伦理基本原则的作用

护理伦理的基本原则是社会主义道德原则在护理领域中的具体体现和运用，是在护理实践活动中调整各种护理伦理关系的基本出发点和指导准则。护理伦理的基本原则在护理道德规范体系中处于首要地位，起着主导作用，是护理伦理学规范体系的总纲和精髓，也是我国护理人员在长期临床实践中的总结，它反映了护理道德的基本要求，是处理各种护理道德关系和衡量护理人员道德水平的最高标准。

二、护理伦理基本原则的内容

护理伦理基本原则是在医学实践中概括总结出来的。护理伦理作为医学道德的组成部分，离不开医学道德基本原则和社会一般道德的制约。1981 年上海举行第一次全国医德学术讨论会上，提出了我国当代医学伦理学基本原则即社会主义医德基本原则，其内容表述为“防病治病，救死扶伤，实行革命的人道主义，全心全意为人民服务”。20 世纪 80 年代中期，国内伦理学界将其修改为“防病治病，救死扶伤，实行社会主义人道主义，全心全意为人民身心健康服务”。随着医学模式的转变、疾病谱的改变、健康观的更新、新技术的研发应用、生命科学的深入研究等，一系列的医学伦理问题产生，护理伦理的内容也更加广泛和深入。护理伦理的基本原则揭示了护理活动的本质和规律，指明了护理人员服务的宗旨和目的。

（一）防病治病、救死扶伤

“防病治病、救死扶伤”是医疗卫生工作的根本任务和基本内容，是医务人员的神圣职责。“防病治病、救死扶伤”要求护理人员要明确自身的基本职责“促进健康、预防疾病、恢复健康、减轻痛苦”，做到把临床护理与预防保健相结合，切实履行为人民身心健康服务的义务。护士要切实履行职责，不仅要不断地提高专业素质，在技术上勇于探索、精益求精，还要树立正确的护理伦理价值观，以高尚的道德情操统率护理专业技能，实现护理实践活动的科学性与伦理性的统一。这也是护理人员实现“全心全意为人民身心健康服务”的具体途径和科学手段。

（二）实行社会主义人道主义

“实行社会主义人道主义”是护理伦理继承性和时代性的统一，体现了在社会主义制度下对人的生命的尊重以及对人的生命质量的尊重。首先，尊重生命。生命的不可逆性赋予人的生命至高无上的价值。护士在护理实践活动中无论何时何地都应尊重人的生命，不分国籍、民族、年龄、性别、地位、职业等，一视同仁，生命面前人人平等，并应竭尽所能地去救治他们。其次，尊重患者，尊重患者的生命质量。在患者的治疗护理过程中，护士要尊重患者的基本需要和欲望，千方百计为患者创造利于身心健康的最佳治疗、休养、疗伤的环境，用严谨、科学、精湛的技术完成各项操作，把患者的痛苦降到最低，努力提高患者的生命质量。这也是护理人员实现“全心全意为人民身心健康服务”的内在精神。

（三）全心全意为人民身心健康服务

“全心全意为人民身心健康服务”是为人民服务宗旨在护理工作领域的具体化，是护理工作的出发点和归宿，包含着深刻的含义。首先，服务的对象不是少数人，是所有年龄阶段的所有人即广大的人民群众；其次，服务的目标不仅包括躯体健康，还包括心理健康，社会适应良好，从而达到身心整体健康；最后，服务的态度，护士必须树立患者至上的意识，时刻自觉地把为人民群众解除疾苦作为自己的天职，具有为全人类的健康事业而英勇献身的宽广胸怀和高尚情操。这也是护理人员实现“全心全意为人民身心健康服务”的核心内容和根本准则。

护理人员要想做到全心全意为人民身心健康服务，必须正确处理个人、集体、国家之间的关系，把国家、社会、人民的利益放在首位，当个人利益与患者利益发生冲突时，首先要维护患者的利益。

三、护理伦理的具体原则

在复杂的现实情境中，社会主义护理伦理基本原则在具体运用中还需借助于一些护理伦理学的具体原则，主要包括尊重原则、不伤害原则、有利原则、公正原则。

（一）尊重原则

1．尊重原则的概念 尊重即敬重和重视。在护理实践活动中，护理人员与患者之间交往时应该以真诚的态度相互尊重，尤其强调护理人员对患者和其家属的尊重。尊重原则有狭义和广义之分。狭义的尊重原则是指护理人员对患者及其家属的人格尊严的尊重；广义的尊重原则不仅指护理人员对患者及其家属的人格尊严的尊重，而且还要尊重患者的自主权利。

患者的自主权利是指患者对自己有关的医护问题，经过深思熟虑所作出的合乎理性的决定并据此采取的行动。知情同意、知情选择、保守秘密和隐私等均是患者自主性的体现。患者的自主性不是绝对的，而是有条件的，患者自主性实现的前提条件是：①它是建立在医护为患者提供适量、正确且患者能够理解的信息之上。如果对患者缺乏必要的信息公开，则患者难以实现其自主性。②患者必须具有一定的自主能力。对于丧失自主能力（如疾病发作期的精神病患者，处于昏迷状态和植物状态的患者等）或缺乏自主能力（如婴幼儿、少年患者，先天性严重智力低下的患者等）是不适用的，他们的自主性由家属、监护人或代理人代替。③患者的情绪必须处于稳定状态。患者虽有自主能力，但由于情绪处于过度紧张、恐惧或冲动状态，往往失去自制而难以作出自主性决定。④患者的自主性决定必须是经过深思熟虑并和家属商讨过的。如果患者未经周密思考而轻率地作出决定，往往不能反映患者的真实自主性。⑤患者的自主性决定不会与他人、社会的利益发生严重冲突。也就是说，当患者的自主性会对他人、社会利益构成严重危害时，也要受到必要的限制。

在护理实践中，尊重原则不仅体现了对人格尊严和自主权利的尊重，而且调动了患者积极参与护理决策的主观能动性，从而有利于护理决策的准确制定与实施；既保障了患者的利益，又增进了患者对护理人员的信任与尊重，从而有利于构建和谐的护患关系。

2．尊重原则对护理人员的伦理要求

（1）增强尊重患者自主性的意识。尊重患者是医学人道主义的核心，也是护理服务理念的最高境界。因此，护理人员应自觉养成主动尊重患者自主权的意识，尊重患者独立平等的人格、尊严，尊重患者及亲属或监护人知情同意和选择的权利。

（2）为患者提供真实、充分的医护信息。医护人员必须向患者及家属提供包括诊断结论、治疗护理方案、病情预后以及治疗费用等方面的详细信息，加强医患之间的交流沟通，以利于患者及家属自主地作出理性的选择和决定。

（3）履行帮助、劝导甚至限制患者选择的责任。医护人员要有正确的判断力，明辨患者是否有自主决定的能力，对于缺乏或丧失自主选择能力的患者，要履行帮助、劝导、甚至限制患者选择的责任。

（4）尊重患者不得附加任何条件。尽管尊重原则要求护患双方相互尊重，但医护人员却不能以此作为尊重患者的条件。即使有个别患者表现出对医护人员不尊重的态度和行为，医护人员也不应以此为借口不尊重患者，除非患者的行为极端不合理或已违反法律。

（二）不伤害原则

1．不伤害原则的概念 不伤害原则也被称为无伤原则或底线原则，是指在护理实践活动中，护理人员不应使患者的身心受到不应有的损伤。不伤害原则的真正要义不是要消除一切伤害，而在于强调医护人员要有对患者高度负责的态度，审慎选择医疗行为，努力避免各种伤害的可能或将伤害降低到最低限度。

2．不伤害原则对护理人员的伦理要求

（1）重视患者的权益。护理人员要树立患者至上的思想意识，在护理实践中绝对不能因为自身利益而滥用诊疗护理手段，必须杜绝有意和责任性伤害。

（2）进行风险评估。当危险因素或伤害无法避免时要进行风险评估，用评判性思维选择利益最大、伤害最小的适合患者自身的最佳诊疗护理措施，并在实施中尽力将伤害程度降到最低程度。

(3) 不断提高业务能力水平。精湛的业务能力不仅可以增加患者的信任，也是保障患者的权益、避免伤害的重要条件。护理人员应注意不断提高自身业务素质和能力，为患者提供安全、优质的护理服务。

（三）有利原则

1．有利原则的概念　有利原则就是把有利于患者的健康利益放在首位并切实为患者谋利益的伦理原则。这一原则在西方又被称为行善原则。护理道德的原则不仅要求护理人员不伤害患者，而且要促进患者的健康、增进其幸福。有利原则要求医务人员的行为不仅对患者有利，而且有利于医学事业和医学科学的发展，有利于促进人类的健康。因此，有利原则比不伤害原则的内容广泛，层次也更高。有利原则包括四个原则：不应施加伤害，应预防伤害，应去除伤害，应做善事或促进善事。

2．有利原则对护理人员的伦理要求

(1) 提供最优化的护理服务。全面权衡医护行为的利害得失，尽可能给患者带来最大的益处和最小的危害。选择并实施对患者最有利的护理方案，尽可能地减轻对患者的伤害和额外的经济负担，努力使患者受益最大化。

(2) 树立全面的利益观，真诚关心患者的利益，包括以健康利益为核心的止痛、康复、治愈、节省医疗费用等客观利益和正当的心理需求及社会需求等主观利益。

(3) 坚持公益。在实践过程中，应将有利于患者、他人、社会有机统一起来，即采取的诊断、治疗、护理手段能给患者带来益处，也不损害他人和社会利益。其核心精神就是护理人员要善待生命、善待患者、善待社会。

（四）公正原则

1．公正原则的概念　公正即公平和正义。公正原则是指护理人员在临床实践活动中公平、公正地对待所有患者，即对有同样需求的患者应给予同样的护理帮助，不能因为患者的年龄、性别、职业、贫富、美丑、民族、地域和信仰不同而区别对待。公正原则包括公正的形式原则和公正的内容原则。公正的形式原则指对有同样需求的患者给予同样的待遇，不同的患者给予不同的待遇。公正的内容原则指根据一定的标准来分配相应的负担和收益的公正待遇。在临床实践中护理人员坚持公正原则对待每一位患者，利于构建良好的护患关系，更有利于避免护患冲突的发生。

在临床实践中，公正原则主要体现在两个方面：人际交往公正和资源分配公正。人际交往公正指护患双方平等交往，护理人员对所有患者平等对待、一视同仁。资源分配公正是以公平优先、兼顾效率为原则，优化配置、合理分配及使用医疗卫生资源。医疗卫生资源分配包括宏观分配和微观分配。宏观分配是各级立法和行政机构所进行的资源分配，目的是要保证广大人民群众都能公平地享有基本医疗服务。微观分配是指医院和医护人员对特定患者在临床诊治中进行的资源分配，分配标准是根据医学标准、社会价值标准、家庭角色标准、科研价值标准、余年寿命标准等综合权衡，在诸多标准中，医学标准必须是优先保证的首要标准。医护人员既有宏观分配卫生资源的建议权，又有参与微观分配卫生资源的权利。因此，应根据公正的形式和内容原则，行使自己的权利，尽力实现患者基本医疗和护理的平等。

2．公正原则对护理人员的伦理要求

(1) 公正对待患者。与患者平等交往和对患者一视同仁，尊重和关心每一位患者的人格、权利、正当健康需求，不因患者身份、地位、文化程度、宗教信仰等而厚此薄彼，亲疏不一。护理人员要时刻本着对所有患者生命健康高度负责的精神，尽全力满足患者的最大利益，更好地尊重和维护患者平等的基本医疗照护权。

（2）公正地分配卫生资源。医疗卫生资源是指提供给卫生保健方面的人力、物力和财力等。在医疗护理服务中，护士在做有关医疗资源伦理决策时，应综合权衡住院病床数量及稀有医疗卫生资源等相关因素，以确定稀缺卫生资源享受者资格，确保医疗资源分配的公平合理。

（3）在护患纠纷、医护差错事故的处理中，要实事求是，站在公正的立场上。

第二节　护理伦理的基本规范

案例 3-2

儿科收治一名高热患儿，经医生诊断“发热待查，不排除脑炎”。急诊值班护士凭借多年经验仔细观察，发现患儿精神越来越差，末梢循环差伴谵语，但患儿颈部不强直。于是又详细询问家长，怀疑是中毒性菌痢。经肛门指诊大便化验证实为菌痢，值班护士及时报告给医生。经医护密切配合抢救，患儿得救。

请思考：该值班护士行为是否符合护理伦理基本规范？

规范是指约定俗成或明文规定的标准或准则。伦理规范是指在一定社会关系中人们普遍遵循的用以调整各种人际关系的行为准则，也是判断人们行为的具体标准。护理伦理规范是指依据一定的护理道德理论和原则制定的，以调整护理工作中各种人际关系行为准则和评价护理人员行为的具体标准。

知识链接

1988 年，我国卫生部公布的《医务人员医德规范及实施办法》也包括了护理伦理规范，其内容如下：①救死扶伤，实行社会主义的人道主义，时刻为患者着想，千方百计为患者解除病痛；②尊重患者的人格和权利，对待患者不分民族、性别、职业、地位、财产状况，都应一视同仁；③文明礼貌服务，举止端庄，语言文明，态度和蔼，同情、关心和体贴患者；④廉洁奉公，自觉遵纪守法，不以医谋私；⑤互学互尊，团结协作，正确处理同行同事间的关系；⑥严谨求实，奋发进取，钻研医术，精益求精，不断更新知识，提高技术水平。

一、护理伦理基本规范的作用

（一）在护理伦理学规范体系中的重要作用

护理伦理的基本规范是护理伦理学规范体系的重要组成部分，护理伦理的基本规范是护理伦理基本原则的具体体现，对护理伦理基本范畴有直接的指导作用，并在一定程度上决定了护理伦理基本范畴的实质内容与价值取向。护理伦理规范是评价护理人员在实践活动中护理行为的行为准则和具体要求。

（二）对护士行为的评价作用

护理伦理规范是护理人员从事护理活动应当遵循的行为准则，护理人员要忠于职守，有高度责任心、同情心，严格执行医嘱和操作常规，慎言守密以及维护良好的医疗环境等。这些护理道德规范的内容，构成了比较完善的护理道德体系，有利于提高护理工作质量，也有利于护理人员不断提高自己的职业道德修养，形成良好的医德医风，并由此推动社会精神文明的发展。

（三）对人际关系的调整和约束作用

在现代医学活动中，医、护、患三者之间关系的协调关系到护理工作的质量及人们的健康和生命。护理道德规范是在社会主义医德原则指导下，为正确处理护理工作中人们相互关系和适应护理实践而制定的具体的医德行为准则，它有效地约束着护理人员的思想行为，协调各方面的关系，以保证医学活动的顺利开展，实现救死扶伤、防病治病的目标。

（四）对护理管理的规范作用

护理伦理规范是医院制定管理规范的准绳，是实施科学护理管理的主要依据。运用护理伦理规范并配合其他手段管理，能充分调动护理人员的工作积极性，使整个护理工作得以良好运转。

二、护理伦理基本规范的内容

（一）热爱专业，忠于职守

1973 年国际护理学会修订了《国际护士守则》，提出了护理人员的基本任务：增进健康，预防疾病，恢复健康和减轻痛苦。这体现了护理的本质，也反映了护理伦理的实质。护理人员要热爱护理专业，忠于职守，把防病治病、全心全意为人民身心健康服务作为自己神圣的天职，时刻把患者的病痛、生死安危放在首位，把高尚的道德情操、科学的工作态度、精湛的诊疗技术有机结合起来，在平凡的护理岗位上有所作为，成为人民欢迎拥护的白衣天使。

（二）尊重患者，一视同仁

在护理工作中，护理人员要尊重患者，时刻以患者的利益为出发点和归宿。护理人员首先要对患者的人格、权利、生命价值给予充分的尊重，时时处处为患者的荣誉、幸福、安全着想。同时，保守医密也是维护患者尊严和利益的重要措施。其次，要尊重患者平等求医的权利。不论患者的社会地位高低，权力大小或关系亲疏，在护理时必须做到一视同仁，积极救治。

（三）文明礼貌，举止端庄

护理人员言谈举止文明不仅是自身良好素质和修养境界的体现，也是赢得患者信赖与合作的基础。希波克拉底指出："有两种东西可以治病，一是药物，二是良好的语言。"所以，护理人员要注意使用礼貌用语、文明用语，多安慰、鼓励患者，避免使用简单、生硬、粗鲁、刺激性的语言。在与患者交往中，护理人员还应服装整洁、仪表端庄、态度和蔼、耐心细致，给患者以信任感。

（四）廉洁奉公，遵规守纪

廉洁奉公，遵纪守法，要求护理人员以解除患者的痛苦、维护人民的健康为崇高目的。任何时候护理人员应自觉维护医疗职业的崇高声誉，光明磊落，公平服务，不以医徇私，不索取或收受患者财物，不使用伪劣药品，坚决杜绝采取不正当手段去谋取个人或小团体的利益。

（五）互尊互学，团结协作

互学互尊，团结协作是临床实践中正确处理护理人际关系的基本准则。为确保护理工作顺利有序开展，护理人员应在一切有益于患者利益的前提下，互尊互爱、互帮互助、共同学习、团结协作、密切配合，使患者得到优质的医疗护理服务，共同为维护患者的身心健康而努力。护理人员要时刻顾全大局，时刻把患者的利益放在首位。在工作中不计较个人得失，在利益面前不争不抢，在责任面前敢于担当，真正实现护理人员内在美与外在美的统一。

（六）钻研技能，精益求精

勤奋学习，精益求精是护理人员对待自己专业工作的基本态度，也是满足人民身心健康需要的保障。现代医学迅速发展，诊疗新理论、新技术、新方法的不断出现和运用，以及医学模式的转变，使医学为人类服务的范围更加广泛，人民群众对医疗服务的方式和质量也提出了更高的要求。所以，护理人员要牢固树立终身学习的理念，适应新的医学模式，掌握扎实的医学理论知识，练就精湛的护理专业技能，在临床工作中做到准确、快捷、高效，才能最大限度地减轻患者的痛苦，从而更好地为人类健康服务。

知识链接

《医务人员医德规范及实施办法》第三条

（一）救死扶伤，实行社会主义的人道主义。时刻为患者着想，千方百计为患者解除病痛。

（二）尊重患者的人格与权利，对待患者，不分民族、性别、职业、地位、财产状况，都应一视同仁。

（三）文明礼貌服务。举止端庄，语言文明，态度和蔼，同情、关心和体贴患者。

（四）廉洁奉公。自觉遵纪守法，不以医谋私。

（五）为患者保守医密，实行保护性医疗，不泄露患者隐私与秘密。

（六）互学互尊，团结协作。正确处理同行同事间的关系。

（七）严谨求实，奋发进取，钻研医术，精益求精。不断更新知识，提高技术水平。

第三节　护理伦理的基本范畴

案例 3-3

患者，男，25 岁，理发师，在阑尾炎手术前被确认患有艾滋病。他要求医护人员不要将诊断结果告诉别人。因为他怕隔离治疗后被同事疏远和歧视，更担心相识不久的女朋友因此而与他中断恋爱关系。

思考：1．患者有无要求保密的权利？

2．医护人员是否应该履行为患者保密的义务？

范畴是反映客观事物、现象本质属性和普遍联系的基本概念，是人们在实践中对事物、现象的本质联系的高度概括。护理伦理基本范畴是对护理实践中最本质、最普遍的道德关系和道德现象的概括和反映，主要包括权利与义务、情感与良心、审慎与保密、荣誉与幸福等。

一、护理伦理基本范畴的作用

护理伦理学范畴是以护理伦理学原则、规范为基础，又是对护理伦理原则、规范体系的具体化和必要补充，它将基本原则和规范的要求转化成主观的、内在的护理道德意识，进而指导护理人员正确地选择、调整、评价自己的护理道德行为。

二、护理伦理基本范畴的内容

（一）权利与义务

1．权利

（1）权利的含义。权利通常有两方面的含义：一是法律上的权利，即公民或法人依法拥有的权力和利益；二是伦理学意义的权利，即道德上允许行使的权力和享受的利益。在护理伦理领域，权利主要包括两方面的内容：一是患者在接受医疗卫生服务时所享有的权益；二是护理人员在提供护理服务过程中应当享有的权益。

（2）患者的权利。患者的权利也称患者权益，指患者基于其患者角色和独立人格依法所享有的权利。患者权利的实现有赖于医护人员义务的履行，这种权利既受法律保护，也受道德约束。根据《宪法》《民法通则》《执业医师法》《侵权责任法》《消费者权益保护法》《医疗机构管理条例》《医疗事故处理条例》等有关法律法规，患者的权利主要包括：生命健康权、平等医疗权、医疗自主权、知情同意权、隐私保护权、监督权、诉讼和赔偿权、免除一定社会责任和义务的权利。

（3）护士的权利。护士在执业活动中，既享有作为公民应有的权利，也享有作为护理职业范围内的特殊权利。护士的权利是法律、道德赋予护士角色的权利。包括护士的执业权和自身权利两个方面。

执业权是护士从事护理工作，履行护理职责的权利，包括：①医疗护理自主权，即在保障患者身心健康的前提下，护士有独立自主、不受任何外界干扰履行护理工作程序、完成自己工作的职责，这是护士的基本权利，是维护和保障患者就诊权利实现的需要。②特殊干涉权，在特殊的情况下，护士有权对患者的自主权利进行干预和限制，以确保患者自身、他人和社会的安全。护理人员不能任意行使特殊干涉权，只有当患者的自主原则与生命价值、不伤害原则、公正原则等发生冲突时，才能行使此权利。③获得履行职责相关的权利，如护士有获得疾病诊疗、护理相关信息的权利以及其他与履行护理职责相关的权利，可以对医疗卫生机构和卫生主管部门的工作提出意见和建议。④其他相关权利，包括参与修订护理政策的决定权利，参与影响护理工作条件决策的权利，进行学术交流，研究护理进展和接受继续教育提高专业水准的权利。

护士的自身权利主要有：①被尊重的权利，即在执业活动中护士的人格和职业应该受到尊敬和尊重；②获得合理的报酬和津贴的权利；③享受国家规定的福利待遇的权利；④在工作中，护士有权要求在安全的环境下工作，有人格尊严和人身安全不受侵犯的权利。

2．义务

（1）义务的含义。义务是个人所意识到的对他人、集体、社会应尽的责任。护理实践中义务包括两方面的内容：一是护理人员在提供护理服务过程中应当履行的义务；二是患者在接受医疗卫生服务时应当履行的义务。

（2）患者的义务。患者的义务是指在医疗护理活动中患者应当履行的道德责任。患者在享有正当权利的同时，也要履行应尽的义务，对自身健康和社会负责。虽然目前我国尚未形成系统、全面的患者义务规范，根据现有的法律法规和理论研究，患者需要承担如下义务：①诚实、全面地提供疾病信息的义务。②积极配合检查、治疗和护理的义务。③接受强制治疗的义务：为避免对他人和社会构成危害或造成传染，法律规定，患有严重传染病的患者有接受强制治疗的义务，疑似患有严重传染病的人或人群，有接受强制检查、诊断与治疗的义务。此外，还有药物成瘾者的强制戒毒治疗义务和患有严重的精神疾病患者接受强制治疗的义务等。④尊重医护人员的义务：医务人员依法履行职责，受法律保护。患者有尊重医务人员劳动及人格尊严的义务，这是建立良好医患关系的必然要求。⑤自觉遵守医院规章制度的义务：医院的各种规章制度是维护医院正常医疗秩序、保证医护质量、提高医院管理水平的有力措施，如门诊就诊须知、病房管理制度、查房制度、手术制度、药物管理制度、消毒隔离制度、患者探视制度、陪护制度、出院制度等，患者及其陪同人员有义务遵守这些规章制度，遵守国家法律、法规及医疗机构的诊疗规章秩序，以利于自己及他人就医权利的保障。⑥支付医疗费用的义务：医生对患者提供妥当的医疗服务，患者则负有给付医疗费用的法律义务。即便患者的疾病未能痊愈，只要医生提供的医疗服务是妥当的、合理的，患者就必须支付相关的费用。但是，这并不意味着医生可因患者拒绝交费获得拒诊权。⑦支持医学科学发展的义务：医学科学的发展以及医疗技术的提高，都离不开医学科学的研究。人既是医学科学研究成果的受益者，又是医学科学研究的对象。一些疑难病的研究、新药物的使用、新疗法的推广等，都需要患者的积极配合。另外，医学生及护生的见习、实习，也需要患者的理解、支持和配合。从道德上讲，患者有支持医学生及护生学习的义务。但在实践中，当患者的此项义务与不同意在自己身上实习的自主权产生矛盾时，一般应尊重患者权利。

（3）护士的义务。护士义务是指护士对患者和社会所承担的道德责任，也是患者和社会对护士在护理活动中行为的基本要求。护士道德义务把患者和社会的责任变成自身的内心信念和道德习惯，从而自觉地履行对患者和社会的义务。

我国的《护士条例》明确规定了护士法律义务，这些法律义务也是护士应当履行的最基本的道德义务。①尽职尽责地为患者提供最佳护理服务的义务：这是护理人员最基本的道德义务。竭尽全力来为患者治疗护理，解除患者的病痛，维护患者的健康，是护理人员义不容辞的责任。②必须遵守职业道德和医疗护理工作的规章制度及技术规范的义务：这是护士执业的基本要求，包含了护士执业过程中应当遵守的大量具体规范和应当履行的义务。③积极主动而负责地执行医嘱的义务：在执业活动中，护士如发现医嘱违反有关法规或诊疗技术规范，应当及时向开具医嘱的医师提出，必要时，应当向该医师所在的科室负责人或者医疗卫生管理部门报告。④遇紧急情况采取急救措施的义务：发现患者病情危急，应当立即通知医师；如遇患者生命垂危的紧急情况，应当先行实施必要的紧急救护。⑤尊重患者的人格、权利，保护患者隐私的义务：保密是保护性医疗的重要措施，也是维护患者利益的需要，是医护人员的传统美德，有利于建立相互信任、以诚相待的护患关系。护理人员在医疗实践中应尊重患者的隐私，关心患者的名誉，切实保护患者的隐私权。如严格执行各项操作和日常护理规范，要尽量减少或者避免患者隐私部位的暴露；不在公众场所讨论涉及患者隐私的有关疾病或治疗等信息问题，不在患者面前分析病例或讨论不利于患者康复的疾病研究进展，保管好涉及患者隐私的病历资料等。⑥参与公共卫生和疾病预防控制工作，保护社会环境和促进社会人群健康的义务：护士有承担预防保健工作、宣传防病治病知识、进行康复指导、开展健康教育、提供卫生咨询的义务。遇有自然灾害、传染病流行、突发重大伤亡事故及其他严重威胁公众生命健康的紧急情况，护士必须服从卫生行政部门的调遣，参加医疗救护和预防保健工作。⑦努力提高专业知识、技术水平和发展护理科学的义务：在医疗实践过程中，护患双方按照一定的道德原则和规范来约束、调整自身的行为，尊重彼此的权利，认真履行各自的义务，是提高护理服务质量，建立和谐护患关系的重要保证。

（二）情感与良心

1．情感

（1）情感的含义。情感是人们内心世界的一种自然流露，是人们对客观事物和周围环境的一种感受反映和态度体验。护理伦理学中的情感是指护理人员在护理实践活动中对各种伦理现象的内心体验和自然流露，它建立在对患者健康高度负责的基础之上，体现了护理人员对护理对象的生命价值、人格及权利的尊重和对社会的责任，是一种高尚的情感。

（2）情感的内容。护理人员在临床实践中的伦理情感主要表现为同情感、责任感和事业感。①同情感是护理人员最基本的道德情感，其感性因素居主导地位，是服务患者的原始动力。主要表现为对患者的病痛理解、同情，进而在行动上关心、体贴患者，支持和帮助患者。正是因为有了这样的情感，护理人员在护理活动过程中才能设身处地地为患者着想，才能竭尽全力地解除或减轻患者的痛苦，才能选择最佳的整体护理方式，帮助患者恢复健康、促进健康。②责任感是同情感的升华，指护理人员把促进患者的康复视为自己的崇高职责和义不容辞的责任，从而自觉地维护患者的利益。其理性因素居主导地位，是一种自觉的道德意识，可弥补同情感的不足，使医务人员的道德行为具有稳定性，真正履行对患者的道德责任。主要表现为在工作中认真负责、严谨周密、慎独自律，时刻视患者的健康利益高于一切，把恢复患者的健康、挽救患者的生命视作自己崇高的神圣职责。③事业感是责任感的进一步升华，是最高层次的医德情感，即把本职工作与护理事业紧密联系起来，愿意为人类健康和护理事业贡献自己的毕生精力。强烈的事业感能激励护理人员为医学事业的发展勇于探索，乐于奉献，真正体现全心全意为人民健康服务的道德原则。

（3）情感的作用。有利于促进患者早日康复；有利于推动和促进护理人员不断提高自身业务素质，并在护理实践中不断提高自身修养，从而实现整体素质的提高；有利于增加信任，建立良好和谐的护患关系；有利于激励护理人员对护理事业执着追求，不畏艰险，勇挑重担，从而推动护理科学和护理事业不断向前发展。

2．良心

（1）良心的含义。良心是人们对他人、集体、社会履行义务的过程中所形成的自我道德意识，是人们对自身行为是否符合社会道德规范的自我认识和评价能力。它是伦理情感的深化，是伦理观念、伦理情感、伦理意志、伦理责任在个人意识中的统一。良心的特点在于它的内在性和自觉性，它不随外界的压力、监督、引诱而改变，是一种自觉行动的动因。护理人员在进行护理活动时不管有无外界监督和利益诱惑，都要自觉自愿地选择自己的行为，并对自己的行为进行评价，时刻对人民的健康事业忠于职守。

（2）良心的内容。包括：①忠实于患者，维护患者的利益。护理人员的护理行为正确与否、意义大小一般是由医务人员单方面认可，往往无人监督，这就对护士的伦理良心提出了更高的要求，护理人员一定要自律，从良心出发忠实于患者的利益，在进行任何操作时一丝不苟。②忠实于社会，维护社会的利益。护理人员既对患者负责，也负有对社会的责任。护理人员应坚守自己的职业良心，遵守职业伦理道德，自觉抵制不良之风，维护白衣天使的圣洁形象。③忠实于护理事业，具有为护理事业献身的精神。护理事业是以救死扶伤为特殊使命的崇高的事业，在医疗护理活动中，护理人员要始终将患者的利益放在首位，不计个人得失，具有为护理事业发展做贡献的精神。

（3）良心的作用。良心在护理人员行为之前起着自觉选择的作用，对符合道德要求的行为动机给予肯定，对不符合的给予抑制或否定。在行为中，良心对行为起着监督作用，对符合道德要求的情感、意志、信念以及行为方式和手段予以激励和强化，对不符合道德要求的情感、欲望、冲动及其行为方式等则予以纠正、克服。在行为后，良心对行为的后果和影响有评价作用。护理人员对履行了医德义务并产生了善的效果的行为给予自我肯定性评价，即感到满意、欣慰和自豪；反之，则给予自我否定性评价，即感到羞愧、悔恨、谴责和内疚。

（三）审慎与保密

1．审慎

（1）审慎的含义。审慎即周密谨慎，指医护工作者在行为之前的周密思考和行为过程中的小心谨慎、细心操作，是医护工作者的道德作风和良心的具体表现，反映了医护工作者对患者、社会履行义务时所表现的高度责任感，是我国优良医德的精华。

（2）审慎的内容。包括：①语言审慎。语言具有双重性，既能治病也能致病。真诚、温暖、体贴的语言可以使患者心情愉快，有利于疾病治疗；简单、粗暴、尖刻的语言可导致患者病情加重，甚至恶化。因此，护理人员对患者讲话要做到审慎，注意语言的表达技巧。在与患者或其亲属沟通时，多用安慰性、鼓励性语言，以利患者情绪的稳定和身体的康复，发挥语言治病的作用。②行为审慎。护理人员在医疗护理工作的各个环节中都应自觉、认真、谨慎，在护理活动的各个环节中要严格遵守各项规章制度和操作规范，做到精益求精，从而确保患者的安全和治疗护理效果。

(3) 审慎的作用。包括：①促进护理人员以高度负责的精神对待患者，从而避免因疏忽大意、敷衍塞责而酿成护理差错事故，有利于护理人员提高技术水平和服务水平，保证患者生命安全和健康。②有利于护理人员养成良好的护理作风，加强自身道德修养，从而不断提高自身道德水平。③能够促使护理人员自觉钻研业务，苦练基本功，从而不断提高知识和护理技能。

2．保密

(1) 保密的含义。保密即保守秘密，不对外泄露。护理伦理中的保密是指护理人员在治疗护理过程中保守患者的秘密隐私，不对外泄露和传播。

(2) 保密的内容。在护理领域中，保密的基本内容主要包括两个方面：一是为患者保密，即保守患者某些不宜公开的诊疗信息、生理缺陷、家庭生活史、个人隐私、既往病史等；询问病史、查体从疾病诊断的需要出发，不有意探听患者隐私，不泄露患者隐私等。二是对患者保密，即对于某些可能给患者带来精神打击的诊断和预后，不应该直接告知患者，但应该及时告知患者家属。这也是一种保护性治疗措施。

(3) 保密的作用。保密是良好护患关系维系的重要保证，是取得患者信任和主动合作的重要条件。为患者保密，体现了护理人员对患者人格和权利的尊重，有助于医患双方的情感交流，有利于建立医患双方的信赖关系；减少医疗纠纷。对患者保密，以免给患者带来心理刺激，有利于患者稳定情绪，增强战胜疾病的信心。尤其是对一些特定的患者（如性格抑郁内向、心理承受能力差等的患者）。

（四）荣誉与幸福

1．荣誉

(1) 荣誉的含义及内容。荣誉是指人们履行了社会义务之后，所得到的社会褒奖与肯定。护理伦理的荣誉是指护理人员在履行对社会、集体、患者的义务之后得到社会和患者的褒奖和肯定，以及个人对自己行为社会价值的自我评价意识。它不但是人们或社会对护士道德行为社会价值的客观评价，而且也包含了护士道德情感上的满足。

(2) 荣誉的作用。荣誉具有评价和激励作用：①评价作用：荣誉实际上就是一种评价。荣誉通过社会舆论表现社会支持什么，反对什么，对医护人员的评价是一种无形的力量，可以促使医护人员严格要求自己，保持荣誉，更好地为患者服务。②激励作用：在社会生活中，争取获得荣誉，避免耻辱，是人们的共同愿望，也是进取心的一种表现。古人云：“宁可毁身，不可毁誉”。医德荣誉可以促使医务人员把履行医德义务变成内心信念，并通过相应的医德行为表现出来。因此，医德荣誉可以转化为一种精神力量，促使医务人员不断进取。

(3) 树立正确的荣誉观。正确的荣誉观要求医护人员处理好以下关系：①正确处理工作和荣誉的关系。医护人员工作的根本目的是为了维护人民的身心健康，而不是为了获取个人荣誉。医护人员应把社会和人民给予的荣誉当作对自己工作的肯定和前进的动力，而不要被荣誉所束缚。医护人员防病治病，救死扶伤，全心全意为人民健康服务，社会就会对其贡献给予肯定的评价。②正确处理个人荣誉与集体荣誉的关系。个人荣誉和集体荣誉紧密联系，集体荣誉是个人荣誉的基础和归宿，个人荣誉是集体荣誉的体现和组成部分。集体荣誉高于个人荣誉，要树立热爱集体、关心集体、自觉地为集体尽义务、做贡献、争荣誉的集体荣誉感。

2．幸福

（1）幸福的含义。幸福是一种较高层次的道德范畴。护理人员的幸福是指在护理服务中，以自己的知识和技能、辛勤的工作和汗水，体现自己对护理事业的热爱，并通过个人、集体努力实现职业目标和理想而感到精神上的满足和愉悦。

（2）幸福的内容。包括：①护理伦理幸福是物质生活与精神快乐的统一。护理人员在护理工作中全心全意为人民健康服务，获得患者赞扬，得到物质和应有的报酬，还从工作过程中感受到了自身价值从而获得精神上的满足，这些都会让护理人员感到幸福和快乐。②护理伦理幸福是个人幸福与集体幸福的统一。护士个人的幸福要建立在集体的荣誉幸福之中，离开集体幸福，护理人员的个人幸福无法实现，当个人幸福与集体幸福发生冲突时，个人一定要服从团队整体利益。③护理伦理幸福是创造幸福与享受幸福的统一。救死扶伤是护理人员的天职，护理人员在为患者解除病痛过程中，通过辛勤的劳动，精心呵护，使患者恢复健康，得到社会、患者及家属的赞誉，心灵得到满足，护理人员不仅用劳动创造了幸福，也享受了幸福和快乐。

（3）幸福的作用。能够增加护士的职业情感和责任意识，帮助护士树立正确的人生观、价值观、幸福感，并能将个人幸福融入救治病患，促进患者身心健康的工作中，为患者战胜病痛注入勇气和力量。同时也是创造与享受的统一，是苦与累、幸福并快乐的统一，没有医护人员的付出就没有生命奇迹再现，没有努力的拼搏就不能赢得个人与集体的幸福。为此，护理人员要在工作中，不畏艰险，勇于奉献，为患者的身心健康服务，让幸福永远持久。

本章小结

1．护理伦理基本原则的内容包括防病治病、救死扶伤、实行社会主义人道主义、全心全意为人民身心健康服务。

2．护理伦理的具体原则：尊重原则、不伤害原则、有利原则、公正原则。

3．护理伦理基本规范的内容：热爱专业，忠于职守；尊重患者，一视同仁；文明礼貌，举止端庄；廉洁奉公，遵规守纪；互尊互学，团结协作；钻研技能，精益求精。

4．护理伦理基本范畴内容：权利与义务、情感与良心、审慎与保密、荣誉与幸福。

思考题

1．如何化解自主原则、不伤害原则、行善原则以及公止原则间的冲突？

2．在护理实践中，作为一名护理人员应遵守哪些护理伦理规范，并简要说明。

3．试述护理道德良心的作用。

（许桂春）

第四章　护理人际关系伦理

学习目标

识记：

1. 说出护患关系的含义及基本内容。
2. 说出护患关系的基本模式及伦理规范。
3. 说出护际关系伦理规范的内容。

理解：

1. 分析护患关系的性质与特点。
2. 分析护护关系与护医关系的影响因素及伦理规范。

应用：

1. 能正确认识与评价影响护患关系的因素。
2. 能正确运用护患关系伦理规范来分析解决实际问题。

第一节　护患关系伦理

案例 4-1

王女士，65岁，既往有心绞痛病史。某日上午9时，因突发心前区剧烈疼痛，自行含服速效救心丸后无效，被家人紧急送往医院。入院后立即行心电图、血清心肌坏死标志物检查，提示急性心肌梗死。刘护士遵医嘱为患者静脉输液，但两次穿刺均未成功，患者表情痛苦，家属焦急万分。赵护士见状后迅速过来帮忙，一针见血，大家终于松了一口气。

刘护士再次来到患者床旁，告诉患者现在是急性期，要绝对卧床休息，避免情绪激动，以防病情加重。患者和家属对其讲解表现出明显的不信任。

思考：1. 请说明患者及家属对刘护士的讲解不信任的原因。

2. 思考影响护患关系的因素有哪些。

护理人际关系是护理人员在工作过程中所形成的多种人际关系的总和。它包括护理人员与患者、护理人员之间、护理人员与其他医务人员以及护理人员与社会人员的关系。护理人际关系直接影响护理的工作质量，也体现了护士的职业道德水平和工作能力，对促进医院的和谐发展起到重要作用。

一、护患关系的概述

（一）护患关系的含义

护患关系是指在医疗护理实践活动中，护理人员与患者之间确立的一种特殊人际关系。随着护理事业的发展，护患关系中的活动主体包含了更丰富的内容。护理人员一方可以是护理员、护士、护士长或护理部主任，而患者一方可以是患者及其家属、陪护人、监护人、患者所在的单位，甚至媒体舆论。

在以健康为中心的整体护理中，护患关系是所有护理人际关系中的核心和关键，因而护患之间的伦理关系也成为护理伦理学中的核心问题。

（二）护患关系的性质与特点

1．护患关系的实质是护理与被护理的关系　护患关系是在患者就医过程中形成的护理与被护理的关系。护士与患者通过特定的护理服务连接在一起，护士对患者的护理一般发生在患者无法满足自己的基本需要时。护士帮助患者解决困难，通过执行护理程序，使患者能够克服病痛，一旦患者的这种护理需求结束了，护患关系也就结束了。

2．护患关系是一种专业性的互动关系　护患关系不仅仅限于两个人之间的关系，通常是多元化的，是一种专业性的互动关系。当患者有健康方面的需求，寻求专业帮助时才产生。由于护患双方的知识经验、感知觉、素质等不同，对健康与疾病的看法也不同，而这些因素都会影响互相的感觉和期望，并进一步影响护理效果。护士出于工作需要，不论患者何种病情，都应与患者建立良好的护患关系。所以，护患关系是有一定责任和职业要求规范的互动关系，双方均受到法律的约束和保护。

3．护患关系是一种治疗性的工作关系　作为护士有责任与患者建立良好的治疗性的关系，以利于患者积极治疗，恢复健康。治疗性的护患关系不是一种普通的关系，它是一种有目标的、需要谨慎执行、认真促成的关系。由于治疗性关系是以患者的需要为中心，除了一般生活经验等影响外，护士的素质、专业知识和技术也将影响到治疗性关系的发展。

（三）护士的角色发展衍变

护士的角色经历了不同历史阶段的发展时期。纵观护理的发展历程，可大致分为如下几种：

1．母亲的角色　在远古护理的雏形阶段，“护士”所从事的工作主要是照顾弱者，类似母亲的角色。

2．天使的角色　在宗教盛行阶段，受基督教等宗教的影响，护理服务走出家庭，步入教堂，宣扬“博爱”“牺牲”思想，类似天使的角色，将上帝的慈爱和公义传递给需要的人。

3．多功能角色　在现代护理学发展阶段，以南丁格尔在1860年建立世界上第一所护士学校为标志，护理事业的发展走上了更专业化的发展历程。现今护士的角色功能日益丰富，主要包括照顾的提供者、护理计划者、护理管理者、健康教育者、健康协调者、健康咨询者、患者权益维护者、护理研究者等。

以上三个阶段，无论如何发展，始终没有离开为服务对象服务这一宗旨。而且护理事业越发展，为服务对象的服务越全面。这正是与我们目前所倡导的整体护理相一致的，即为患者提供身心的全面护理。

二、护患关系的基本模式

随着护理事业的发展，护患关系模式也发生了很大变化。护患关系的模式与医学模式、护理专业的发展、护士在工作中所履行的角色演变及患者的病情、年龄、知识水平等因素有关，在具体工作中不是截然分开的。根据1976年美国学者萨斯与荷伦德在《内科学成就》发表的

《护患关系的基本模式》中提出的观点，可将护患关系分为三种基本模式，即主动—被动型、指导—合作型、共同参与型三种。

1．主动—被动型 这是最传统的护患关系模式，是在生物医学模式的指导下产生的，这种模式只看到了患者的生物学属性，忽视了患者的心理、精神和社会学属性，认为疾病只与生理因素有关，护理仅围绕疾病护理；所有针对患者的护理活动，只要护士认为对患者有利，无需征求患者或家属的同意即可实施，患者一切听从医护人员的安排，丧失了主动权。

（1）特点。此模式的特点是“护士为患者做治疗”，模式的原型是母亲与婴儿的关系。在这种模式中，护士处于专业知识的优势和治疗护理的主动地位，过分强调了护士的权威性，而患者处于被动地位，绝对听从护士的处置与安排。护患双方存在显著的心理差位，因此在护理过程中有时不能取得患者的主动配合，影响了护患关系和护理质量。

（2）适用对象。主要适用于那些不能自己作出合理决定的患者，如婴幼儿、危重、昏迷、休克、痴呆、全身麻醉未清醒者、某些精神病患者等。我们要注意，即使在这些情况下，我们仍要积极与其家属或监护人取得联系，加强沟通，尽最大努力保护患者的合法权利。

（3）伦理规范。此类患者没有能力表达自己的愿望，无法对治疗护理方案作出选择。因此，在实际护理工作中，护士要有高尚的职业道德，严格遵守医院的规章制度、及时合理地为患者服务。

2．指导—合作型模式 这是近年来在护理实践中发展起来的一种模式，也是目前护理实践中护患关系的主要模式。此模式视患者为具有生物、心理、社会属性的统一有机整体，认识到患者是有自主意识、有思想和有情感活动的人。在护理服务中，护士决定护理方案和措施，指导患者了解病情和利于康复的方法，患者尊重护士的决定，愿意接受护士的帮助，积极配合护士的工作。

（1）特点。此模式的特点是“护士告诉患者应该做什么和怎么做”，模式的原型是母亲与儿童的关系。在这种模式中，护士常以指导者的形象出现在患者的面前，根据患者的病情实施护理方案，对患者进行健康教育和指导。患者也可以选择护士的服务方案，有一定的主动性，但其主动性仍然是以护士的意志为基础，在其提供的医疗护理服务范围内选择。

（2）适用对象。主要适用于重病初愈和外科手术后处于恢复期的患者。如为患者注射、采血、安置各种导管、测量生命体征、完成试验饮食等等，患者若不配合护士的操作，护理服务也很难进行。

（3）伦理规范。此类患者病情重、病情变化快，护士应严密观察患者的病情变化，及时、准确地为患者提供护理服务，以解除患者痛苦。

3．共同参与型 这是一种双向、平等、新型的护患关系模式。此种模式以护患间平等合作为基础，双方具有平等权利，共同参与决策护理过程，如护理评估、计划的制订、实施及评价等，双方都有主动权。护理活动有时是在护患的合作中共同完成的，如康复训练；有时是患者在力所能及的范围内独立完成的，如服药、测量生命体征、胰岛素注射、饮食管理等。

（1）特点。此模式的特点是“护士积极协助患者进行自我护理”，模式关系的原型是成人与成人的关系。护士常以“合作伙伴”的形象出现在患者面前，为患者提供合理化建议和方案，患者在自己的健康维护和促进中是主动参与者的身份，清楚知晓自己的身心状况，明白各项护理措施的意义及注意事项，有能力完成和观察护理效果，护患之间体现了平等合作的关系，患者的人格和权利得到充分尊重，积极性得到发挥，护患双方共担风险，共享护理成果。

（2）适用对象。此模式主要适用于有一定医学理论知识和护理实践经验的慢性病患者和健康促进人群。此模式与前两种模式的本质区别是护患关系在护理服务中享有平等的决定权，充分尊重患者的自主性，患者是护理行为的主动提供者。这是一种理想化的护患关系模式，对于建立良好的护患关系有着重要意义。

(3) 伦理规范。此类患者对疾病的治疗和护理比较了解，具有一定的护理能力。护士充分尊重患者，充分发挥患者的主动性，建立战胜疾病的信心，鼓励患者独立完成某些活动，如洗头、更换液体、服药、检测尿糖等，以恢复患者在长期治疗过程中丧失的信心与自理能力。

在实际工作中，即使是为同一位患者服务，在整个护理过程中，护患关系也不是固定不变的。护士应根据患者的具体情况、选择适宜的护患关系模式来提高患者的健康水平。

三、护患关系的基本内容

护患关系是医疗护理人际关系的核心，也是影响医疗护理人际关系平衡的最重要的因素。在整个医疗护理服务过程中，护患关系的形成和发展也是比较复杂的，涉及人们的知识水平、技术水平及道德修养等许多方面，我们将护患关系归纳为技术性和非技术性关系两大类来讨论。

（一）护患技术关系

护患技术关系指护患双方在一系列的护理技术活动中所建立起来的行为关系，是护患关系的基础。在这种技术关系中，护理人员一般是拥有专业知识和技能的人，处于主动地位，而患者是缺乏护理专业技术的人，处于被动地位。技术关系是非技术关系的基础，它是维系护患关系的纽带，是护患关系最基本的内容，护士必须勤学各种相关知识，苦练各项护理技术，让患者得到真正的帮助。

（二）护患非技术关系

护患非技术关系指护患双方在社会、心理、经济等多种因素影响下，在实施技术过程中所形成的道德、利益、价值、法律、文化关系。

1. 道德关系　道德关系是非技术关系中最重要的内容。在护理活动中，为了协调关系，护患双方必须按照一定的道德原则和规范约束自己的行为，建立一种和谐的道德关系。护士要尊重和爱护患者，以患者的利益为重，表现出崇高的道德情操。患者也应该遵守就医道德，履行道德义务，尊重护士的人格和权利，共同建立良好的护患关系。

2. 利益关系　指护患双方在相互关心的基础上发生的物质和精神方面的利益关系。护理人员的利益表现为付出身心劳动后而得到的工资等经济利益，或由于患者的康复而得到的精神上的满足与欣慰。患者的利益表现在支付一定的费用后，满足了解除病痛、求得生存、恢复健康等切身利益的需要。在我国，护患双方的利益关系应是一种平等、互助的人际关系。

3. 法律关系　指护患双方在法律范围内行使自己的权利，履行自己的义务。在医疗服务过程中，护患双方都要遵守一定的法律约束，才能获得法律的保护，如护士要有相应的执业资格，履行相应的义务和行为规范；患者也必须履行自身的义务和行为规范，才能确保护患关系的和谐，保护双方的利益。因此，护患间的法律关系是国家保护每个公民正当权益的体现，也是社会文明进步的具体表现。

4. 价值关系　指在护患良好的互动过程中，双方各自获得了自己认为有价值的东西。如患者重获健康、返回工作岗位、与家人团聚、重新开始正常有序的生活，实现自己的人生价值；护士在为患者提供服务的过程中，得到自己的工资、增长了自身才干、获得患者的认可和同事们的好评、稳定了自己的工作，从而实现了自己的人生价值。

5. 文化关系　由于护患双方在生活习惯、知识水平、文化修养等方面存在差异，双方在医德行为上的表现也有所不同，因此护患双方应相互尊重。有人认为护患关系是一种文化关系，护士必须了解服务对象的文化背景，才能避免相互间产生矛盾和误解。

护理活动的完成是通过护患之间技术和非技术方面的交往来实现的，非技术关系是技术关系的保障。在实际医疗护理工作中，护患技术关系和非技术关系是相互作用、相互结合，相辅相成的。

四、护患关系的伦理规范

护患交往中，只有护患关系和谐融洽，护患双方的利益与价值才能真正地体现出来。但在实际的医疗护理过程中，受护患双方道德水平及各种客观因素的影响，护患关系也有不融洽的时候，甚至护患之间会发生冲突。所谓护患冲突，泛指在医疗实践中护患双方为了自身利益，对某些医疗行为、方法、态度及后果等存在认识和理解上的分歧，以致发生争执或对抗。

（一）护患关系的主要影响因素

案例 4-2

发生在护士站的一幕

患者：王护士，刚刚发药时我不在，我去厕所了。

护士：（未抬头看患者，只顾干手头的事）你没看到我正忙着呢，等着！一会儿我给你送去。（自言自语：发药时间到处乱跑，真麻烦）

患者：（沉默片刻，转身回病房）

（此后，护士忙于写交班报告，转抄医嘱记录，完全忘了送药之事）

患者：（再次来到护士站）王护士，晚上的药怎么还不给我送去！

护士：（不耐烦地）等会儿，你没看见我忙到现在？（小声嘟囔：真烦！添什么乱）

患者：我已经等了一个多小时了！你再忙，也不能耽误我吃药啊！

护士：你说什么？谁耽误你吃药了？责任弄清楚，发药时间你为什么乱蹿？

患者：我乱蹿？你这小护士，怎么这么说话？………

（两人你一句，我一句，越吵越激烈）

思考：1．护患发生冲突的原因有哪些？

2．假如你是当班护士，你应该怎样对待患者？

1．护方因素　护士是影响护患关系的主要因素，占主导地位。

（1）护士的专业水平。良好的护患关系是患者心身健康的重要条件。扎实的专业知识和娴熟的操作技能是赢得患者信任，建立良好护患关系的重要环节。在护患关系中，护理技术是基础，护理道德是灵魂。个别护士在护理操作过程中，因操作技能不精湛，出现紧急状况时的应急能力欠缺，给患者造成不信任感，甚至引发护患纠纷或冲突。

（2）护士的职业道德水平。护士的职业道德水平欠缺主要表现为：①缺乏同情心，不尊重患者。有的护士对患者缺乏应有的尊重，没有同情心，用一颗冰冷刚硬的心对待患者。②责任心不强。对工作缺乏责任心，敷衍了事，对患者冷漠与推诿。③护患沟通缺乏。如护士在工作中面对千差万别的患者，对其心理活动及行为无从了解，不知道怎样与其交谈和解释，缺乏沟通而造成患者的不满。尤其是在抢救危重患者时，护士谈论不利治疗或与抢救无关的话题，最易引起患者及家属的反感与不信任。

2．医院管理因素　主要表现为：①护理管理制度不健全、不完善、不科学等，均可影响护理质量，造成护患关系紧张；②医院环境差，卫生设施不健全，患者会有不舒适的感觉，易引起患者的怨气；③收费不合理，存在过度医疗的情况，开大处方、重复检查、多收费等情况，会增加患者的经济负担，易引发患者更大的不满情绪。

3．患方因素　表现为：①就医行为不文明。有的患者错误地认为就医过程就是护士服侍人的过程，只强调护理人员的义务，不能很好地履行自己的义务，不尊重护理人员的人格和劳动；无视医院规章制度，不配合诊疗、护理工作，导致治疗、护理不彻底，留下隐患；对医护人员隐瞒病史，当出现不良后果时，将责任推向医护人员。②对健康期望值过高。医疗服务具有不可预测和不可控制性，有的患者认为到了医院就有救了，病没治好就是医务人员没尽心尽力，当不如愿时，就会不满意和不信任，产生失望情绪，发牢骚，说怨言，破坏护患关系。③动机不良。个别患者缺乏求医道德，因经济能力有限，在看病花钱较多或疗效不佳时，产生不良动机，为拒付医疗费，而有意将矛头转向医院，借所谓的医疗纠纷，聚众闹事，语言粗俗，动作粗暴，不尊重医务人员的劳动，不履行患者的义务，损害医院声誉，扰乱正常医疗秩序，使护患关系出现僵局。

（二）护患关系伦理规范

1．爱岗敬业，精益求精　俗话说“干一行、爱一行、专一行、精一行”。由于护理工作范围广，内容繁杂，责任重大，因此，护理人员应了解自己的责任，在工作中埋头苦干，顽强拼搏，用辛勤的汗水谱写爱岗敬业的奉献之歌。社会不断发展，医学新知识、新技术不断涌现，人们对健康的需求也越来越高。因此，护理人员必须具有扎实的理论知识、熟练的操作技术和丰富的临床经验。为此，护士必须以对护理工作更加敬业的态度，勤奋学习，提高各项护理操作技术水平，使护理技术精益求精，才能更好地为人民服务。

2．尊重患者，一视同仁　对待患者，不分民族、性别、职业、地位、财产状况，都应一视同仁，平等对待。尊重患者是医学人道主义的核心内容，体现了以人为本的医疗护理观念。尊重患者就是要尊重患者的生命价值、人格和权利，对所有患者平等对待。在护士的眼中，只能有患者病情的不同，不能有贵贱之分、亲疏之别，应视生命同等宝贵。

3．举止端庄，态度和蔼　护理人员应举止端庄大方，衣帽整洁，态度亲切和蔼，这样会给患者一种安全感和信任感，使患者易于接近并寄托信心。对初次入院的患者，护士应热情耐心，用礼貌性的语言，使患者情绪稳定，增强治疗信心；当患者遭受疾病折磨和生命威胁时，常会产生焦虑、悲伤、气愤、恐惧、绝望等不良情绪，护士要用安慰性语言，温和亲切地开导，消除患者的紧张和顾虑，使患者感受到支持、温暖，重新坚强起来，树立信心。

4．尊重隐私，保护秘密　按照我国相关法律规定，医护人员对患者的隐私应采取相关措施加以保密。出于人道主义精神和职业道德的要求，护士对患者的生理缺陷等各种隐私，绝不可随意告诉不相关的人，更不可当做日常笑谈，那样会深深地伤害患者的自尊，也是违反护士伦理道德的。因此，医院应以人为本，为患者创造一个不受干扰的医疗环境，医护人员也要设身处地为患者考虑，尊重患者隐私，为建立和谐护患关系奠定基础。

5．高度负责，甘于奉献　护理工作关系到患者的安危，每个护士都必须对患者的健康、安全和生命高度负责，自觉意识到自己对患者、对社会所负的道德责任。同时要发扬甘于奉献、任劳任怨的精神，不计较个人得失，不厌其烦，不怕脏累。避免因护理工作不顺利、心情不舒畅而产生厌烦、松懈情绪；避免因护理工作紧张、繁忙而产生慌张、马虎作风；避免因夜班无人监督而产生侥幸心理等。

第二节　护际关系伦理

护理人员应与其他护理人员、医生和其他工作人员保持合作关系。为了患者的安全和健康，护理人员需要与医疗机构中各类人员协调与合作，才能为患者提供优质的服务。

护际关系指在医疗护理实践中形成的护理人员人际关系的总称，主要包括护理人员之间、护理人员与医生、护理人员与医院其他医务人员、护理人员与社会公共关系。

一、护护关系伦理

护护关系，即护士与护士之间的关系。由于护理队伍各成员之间存在着很大差异，比如在年龄、学历、知识水平、工作经历、职责及心理特征等方面有许多不同，在护理人员的交往中，有时会产生不和谐的情形。在实际的护理工作中需要护理人员之间相互配合，相互合作，因此融洽的护护关系对护理工作的质量及护士身心健康极为重要。

（一）影响护护关系的主要因素

1．工作因素 护理工作是一项集科学性、实践性于一体的工作，紧张、劳累、责任大，突发事件多，随机性大，连续性强，护士常需倒夜班，生活不规律，影响休息质量和家庭生活，这些都会导致护士身心疲惫、情感脆弱、易激惹，一件小事或一句不顺心的话，就可能导致对方的不愉快，破坏护士间的关系。

2．性别因素 目前护理工作者仍是女性居多，其感情细腻，有易受暗示的特点，情绪变化快，对事物和人际关系的变化敏感，加上生理特点及倒班工作带来的自身节律紊乱，易引起情绪波动，有时会影响融洽的护护关系。

3．年龄因素 年长的护士在爱岗敬业、责任心、实践经验、待人诚恳、吃苦耐劳等方面可能比年轻人有些优势，但有时会有观念落后、做事古板等问题，与年轻人相处会有代沟，可能会阻碍沟通，从而影响护护关系。

4．学历因素 近年来，我国高等护理教育迅速发展，越来越多的护士通过各种渠道取得了本科甚至更高的护理教育学历。护士之间的学历不同，在晋升提职等方面就会显出不同的竞争力，这也会微妙地影响着护护关系。

（二）护护关系伦理

1．彼此尊重，相互学习 护理工作的共同目标是提高服务对象的健康水平，大家都应该以患者的利益为重，彼此之间相互尊重，取长补短，相互切磋业务技术，相互总结经验。资历深、职称高、经验丰富的老同志要关心、爱护、指导年轻的护理人员；年轻的护理人员要谦恭礼让、多请教、多在实践中观察，虚心向年长的护理人员学习，努力提高业务技术。在护理工作中要注重密切配合，协调一致，尊重对方的人格和劳动，尽量为对方着想。

2．团结协作，荣辱与共 护理工作具有衔接性与协作性的特点。护理工作内容繁多，需要护士们在分工明确的基础上，团结协作，互相帮助。如上班护士尽量为下班护士做好各项物品准备，下班护士尽量提前半小时来交接班，互相提醒应注意的问题。在生活上也互相关心，如提醒天气变化等。树立病房是一个大家庭的观念，成绩是共同努力的结果，荣辱与共，差错事故也可能在大家相互提醒下及时发现而避免。

3．分工明确，各司其职 护理工作是一项精细的工作，既要强调团结协作，也要明确分工和职责，使护理人员各司其职、各尽其责。护理人员要按照各自的分工和职责，兢兢业业，做好本职工作。

二、护医关系伦理

护医关系是护士和医生在医疗活动过程中所形成一种工作关系，是护理人际关系中的一个重要组成部分。良好的护医关系是完成优质的医疗护理服务，促进患者康复的保证。

案例 4-3

医生小张与护士小李都是年轻的医务人员，在一次谈话中发生摩擦，双方各持己见，谁也不主动认错。时间久了矛盾加深，变得相互之间不说话。一次正赶上二人值班，一名患者头痛剧烈，小李找到医生小张，说明病情后等待医嘱。医生将开好的医嘱放在护士办公室后离开并未告诉小李。小李没看到医瞩也不愿意去问，结果没能及时执行医嘱。家属等急了，找到医生和护士，责怪医务人员不负责任。

思考：1．请说明医护之间矛盾对患者有什么影响？

2．影响医护关系的因素有哪些？

（一）影响护医关系的主要因素

1．角色心理差位　心理方位包括心理差位关系和心理等位关系两种情况。心理差位关系是指人际交往中，双方在心理上分别处于不平等的上位和下位，如父子关系、师徒关系、官兵关系、上下级关系等。心理等位是指人际交往时，彼此之间在心理上没有主从之分，而是处于同等位置，如朋友关系、邻里关系、同学关系、同事关系等。护士和医生各有自己的专业知识、技术和业务优势，在为患者提供健康服务的过程中，只是职责不同，各有分工，没有高低贵贱之分，双方是一种合作伙伴的关系，共同为患者解除病痛。因此，护士和医生应是一种平等的同事间关系，即心理等位关系。

但目前在很多医院，尤其是国内医院，有时仍存在从属—主导型的护医关系模式。在这种关系模式下，护士容易形成对医生的依赖、服从心理，甚至在医生面前有自卑心理，工作起来畏手畏脚，只会机械、被动地执行医嘱，不能独立、主动地为患者解决健康问题。还有少数年资高、临床经验丰富的护士，可能比一些年轻的医生更熟悉治疗工作，有时会表现出不尊重，甚至挑剔指责的态度。这些心理差位现象都违反了护士与医生之间的平等互助原则，势必影响相互间的心理平衡，进而影响了正常的护医关系。

2．角色压力过重　护士和医生在为患者服务过程中，均有自己独特的角色功能，并在自己的工作范围内承担责任。如果分工合理，角色负担均衡，相互关系比较容易协调，外在的和内心的冲突会比较少。但在目前的现实情况下，医护之间存在许多不协调的情况。如很多医院的医护比例失调，医生满员，护士缺编；医生均为正式在编职工，有的护士却是不在编的合同工等。这些现象会造成有些护士的心理失衡和角色压力过重，在情绪上表现为不耐烦、脆弱、易激惹等，在行为上表现为好发怨言、工作无热情、不主动，易导致护医关系不和谐现象。

3．角色理解欠缺　医疗和护理是医学领域中的两个专业，其教育教学一般是在互相独立的体系内进行的，尤其是近年来护理专业的发展很快，有些医生对护理事业的理解仍停留在传统的执行医嘱上。若双方缺乏沟通交流，有时会造成误解，破坏护医之间的合作，影响护医关系。

4．角色权力和利益的争议　医务人员按照分工，各自在自己的职责范围内承担责任，同时也享有相应的自主权。但在有些情况下，尤其是医生会觉得自己的自主权受到侵犯，甚至引发护医之间的矛盾。例如当护士对医生的医嘱有不同的看法时，就可能因自主权的问题产生矛盾。医生认为开医嘱是医生的事儿，医生对此负责，不需要护士的干预；护士则认为自己有责任也有权对有争议的医嘱提出意见，这是护士的责任。若双方沟通方式不当，就会影响今后的关系和合作。另外，医生护士都是为了患者的健康和生命而日夜忙碌着，若存在奖金分配不合理的现象，势必影响大家的心情，也就会微妙地影响双方的关系。

（二）护医关系伦理

1．真诚合作，密切配合 护士和医生是事业上的密切合作伙伴，没有地位高低之别，虽分工不同但又相互协作。医生侧重于对疾病的诊断和治疗方案的制订，护士侧重于执行治疗方案，对患者身心护理问题进行观察，并作出护理诊断和处理。两者目标都是为了患者健康状况的改善和提升，只有护医双方紧密配合，针对患者的护理和治疗才能融为一体，发挥最好的效果。

2．相互尊重，相互支持 护医在工作中要相互学习，以诚相待，特别是在患者面前，更应该注意尊重对方的人格和自尊心，提升对方在患者中的威信，增强患者对治疗和护理的信心，切忌同行间相互拆台、相互贬低。

3．相互信赖，相互学习 医疗和护理是两个不同的专业，是从不同的角度来追求健康水平的提高，存在知识范围、深度和广度的不同，护医之间要本着相互信赖、相互学习的态度，在专业领域内与对方合作。

三、护理人员与其他医务人员关系伦理

（一）护理人员与其他医务人员关系

1．护技关系 在工作中，护士需要与医院中的许多医技科室有密切联系，如B超室、检验科、药房、放射科等，很多时候需要护技之间的通力合作，才能更好地完成诊治任务。如化验结果的准确性就需要护士在整个采血过程中的操作都符合要求，也需要检验科的工作人员在整个检验过程中的操作都符合要求，甚至与送检过程是否会破坏标本形状有关。

2．护理人员与管理人员的关系 任何一个团体都需要管理的调配，才能有序地运行，医院是一个涉及人们健康和生命的组织，在其上要服从国家卫生健康委员会、省级卫生健康委员会、市级卫生健康委员会等各级管理机构的统一管理，在其内部必须服从院内各级相关行政部门的统一指挥。

3．护理人员与后勤人员关系 后勤部门是医院的一个重要组成部分，负责各种物资、仪器设备、设施的提供和维修，是护理工作正常进行和提高护理质量的保证，也是医院正常运行的重要保证。护士要尊重、感谢后勤人员的劳动，充分认识到后勤人员的工作价值，树立共同为患者提供优质、高效服务的思想。

（二）护理人员与其他医务人员关系伦理

1．相互尊重，以诚相待 护理人员与其他医务人员是平等协作的关系，双方要相互尊重，以诚相待，忌推脱责任，互相埋怨。所以，不管出现什么问题，护理人员及医技人员首先要从自己工作中找原因，与其他医务人员协调解决问题。

2．精诚合作，相互支持 护理人员与其他医务人员工作密不可分。护理人员必须与医疗大队伍整体协调一致，才能迅速有效地完成任务，才能保证护理工作正常进行，才能提高护理质量。

四、护理人员与社会公共关系伦理

案例 4－4

赵某，女，20岁，未婚先孕18周，由家属陪送到某医院妇产科住院引产。入院后，赵某的家属履行了引产的签字手续，护士也作了术前准备，但当赵某上了手术台突然改变主意，坚决不同意引产，经医护人员劝解也无效。

思考：本案例中的医护人员履行了哪些社会责任？

（一）护士的社会地位与社会责任

护理工作既要面向患者，又要面向社会各种类型及各种健康状况的人群，责任重大，影响广泛。卫生部1993年制定的《护士管理办法》对其社会地位进行了规定：护士的执业权利受法律保护，护士的劳动受全社会的尊重；国家发展护理事业，促进护理学科的发展，加强护士队伍建设，重视和发挥护士在医疗、预防、保健和康复工作中的作用。国务院2008年1月通过的《护士条例》规定：护士人格尊严、人身安全不受侵犯。护士依法履行职责，受法律保护。全社会应当尊重护士。国际护理协会规定，护士的基本责任是：促进健康，预防疾病，恢复健康，减轻痛苦。

（二）护理人员与社会公共关系伦理

1．热情服务，恪守规章　护士向个人、家庭及社区提供的健康服务，是维护居民健康的第一道防线。它以居民群众为对象，以居民充分参与合作为基础，以开展健康教育、提高社区居民健康意识、预防接种、计划免疫、妇幼保健及改善环境为目的。由于居民的职业、生活方式、文化水平、道德水平及对保健工作的认识有很大差异，这就要求护士要一视同仁，文明礼貌，面向社会积极进行卫生科普和预防疾病的宣传教育，做好疾病的社会调查，满腔热情地提供服务，为增进社会群体健康而贡献自己的力量。

护士在社区卫生服务中，要坚持维护社会整体利益的原则，特别是遇到患者的个人利益与社会整体利益发生矛盾时，不能为少数个别人的利益而损害社会的整体利益。同时要以认真、严谨的科学态度，恪守操作规程，遵守各项规章制度。如疫苗接种要及时、不遗漏；技术操作要符合规程；对危重患者及时做好转诊工作；暴发疫情要及时、果断处理；卫生保健宣传要科学、注意实效；参与卫生监督、卫生执法任务的护士要秉公执法、遵守纪律。

2．主动支持、全力以赴　社区卫生护理以预防为主，产生效益的周期长，不像临床医疗那样有明显的治疗效果。因此护士要脚踏实地、任劳任怨地做好本职工作，主动参与，周到服务。对于重大灾害救护的紧急任务，如水灾、旱灾、疫情等情形时，护士必须发扬救死扶伤的人道主义精神，以高度的责任心和严谨的科学态度，参与整个救治和护理过程，认真履行护理人员的社会责任。

3．钻研业务，不断提高　社区卫生护理、保健的特点之一是综合性服务，护士所面临的保健服务不像临床工作那样分科过细，护士只有具备多学科知识的理论和技能，才能做好工作。例如对剖宫产术后妇女的保健，不仅要掌握成年人一般保健特点，还应掌握妇女生理特点和心理护理、术后护理、用药知识、婴幼儿护理等业务知识。因此，服务于社区保健的护士，应拓宽知识面，刻苦钻研业务，对技术精益求精，不断提高自己的业务水平。

本章小结

1．护理人际关系伦理包括护患关系伦理、护际关系伦理、护理人员与社会公共关系伦理。护患关系是所有护理人际关系中的核心和关键，护患之间的伦理关系也是护理伦理学中的核心问题。要掌握护患关系的基本模式，理解护患冲突的影响因素，学会分析解决实际护患问题。

2．和谐的护际关系是为患者提供优质服务、提高护理质量和社会效益的重要条件。护理人员与社会公共关系密不可分，护理人员应面向社会积极宣传卫生科普知识，进行疾病预防，担负起自己的社会责任，认真履行其伦理规范来服务社会，为人类的健康贡献力量。

思考题

1．萨斯和荷伦德提出的护患关系的模式有哪三种？每种护患关系模式的特点及伦理规范有哪些？

2．简述护患关系的主要影响因素及伦理规范。

3．简述护护关系、护医关系、护理人员与社会公共关系伦理规范。

（张秋冬）

第五章　临床护理伦理

学习目标

识记：

1. 说出基础护理、整体护理、急危重患者抢救、妇产科和儿科工作中的道德要求。
2. 列出心理护理道德要求，门、急诊，手术室工作的道德要求。

理解：

知道精神科、传染科医护人员的特殊医德要求，老年医疗和性病诊治中的道德要求。

应用：

能按照不同护理对象、不同工作岗位的道德要求开展工作。

临床护理工作是医院工作的重要环节，是医院护理工作的主要部分。临床护理水平的高低直接影响医院的医疗质量，关系到患者的健康利益。而临床护理工作质量又是与护士的伦理道德素质息息相关的。因此，护士必须重视职业伦理道德修养，以高度的责任感和事业心做好临床护理工作。

第一节　基础护理、整体护理及心理护理伦理

案例 5-1

某医院内科病房，治疗中护士误将甲床患者的青霉素注射给乙床患者，而将乙床患者的庆大霉素注射给甲床患者。当她发现后，心里十分矛盾和紧张。她对乙床患者进行了严密观察，发现没有发生青霉素过敏反应。该护士原想把此事隐瞒下去，但反复思虑后还是报告给了护士长，同时作了自我检查。

思考：该案例对你有哪些启发？

一、基础护理伦理

（一）基础护理的含义、特点和意义

1．基础护理的含义　基础护理是满足患者基本需要的护理活动，是临床各专科护理的基础。基础护理的主要内容包括：为患者创造整洁、安静、安全、舒适的休养环境；保持患者身体的清洁、舒适；调配合理的营养及膳食；及时、妥善地处理机体的排泄物；保持患者合理、舒适的卧位并适时更换，防止发生压疮；对患者进行心理疏导；协助执行治疗方案，配合医生诊治；观察患者病情变化，配合医生开展急救；指导患者功能锻炼，促进功能恢复等。

2．基础护理的特点

（1）工作的协调性。基础护理只有取得医生、患者、患者家属、各班护士、其他辅助人员的支持和密切合作，才能得到良好的实施。因此，护理工作者必须负起协调的责任，以提高护理工作效率，保证护理工作的质量。

（2）工作的严谨性。护理是一项繁杂的工作，同时又是一项科学性很强的技术工作。护理人员是否严格遵循护理制度和操作规程认真做好各项护理工作，直接影响到护理质量的好坏，关系到患者的生命安危。在护理过程中，执行医嘱要认真执行查对制度，做到及时、准确、安全、有效、无误。

（3）工作的连续性。护理人员应尽量减少交接班次数，时刻不离患者，对患者的护理昼夜连续进行，使患者的病情、心理等动态变化，时刻为当班护理人员所熟知和掌握，以随时采取富有针对性的护理措施，及时向医生提供调整治疗计划的依据，确保患者尽快康复。

（4）工作的艺术性。护理工作不单是一门技术，还是一门蕴涵着丰富道德内容的艺术。它要求护理人员不仅要有娴熟的技术，还要研究和掌握患者的心理，通过恰当的方式，用发自心灵的语言和行为，使患者感到舒适和愉快；还要有一颗温暖、善良的心关心患者。此外，优雅的举止、整洁的仪表、轻盈的动作给人以美感，也是护理艺术的体现。护理人员要以艺术家对待艺术的精细态度做好护理工作，以深厚的情感和美好的言行对待患者。

3．基础护理的意义

基础护理是临床以及各专科护理的基础，是护理工作的重要组成部分，在临床上具有如下重要意义：

（1）满足护理对象最基本的需要。基础护理是患者诊疗过程中的基本内容。无论患者患何种疾病，对基础护理都有不变的需求。基础护理是一项连续性、不间断的工作。每天规律有序的基础护理工作，能为患者各项诊疗工作顺利进行提供保障，有利于患者的康复。

（2）为各专科护理奠定基础。基础护理是各专科护理的基础，是诊疗工作中必不可少的重要环节。高质量的基础护理，能更仔细地观察病情，深入了解患者需求，能促进康复，减少并发症。

（3）提高医护工作的效率。加强基础护理，有助于增加护患接触时间，并随时进行健康教育，提出预见性护理措施，有助于协调、缓和护患关系，创造良好的医疗环境，提高整体护理水平。

（4）能反映医院护理水平和管理质量。做好基础护理，既要有现代护理学的新观念，又要有丰富扎实的自然科学与社会知识，还应真正解决患者的需求，从而不断丰富和拓展护理服务内涵，促进护理工作更加贴近患者，提高全程护理质量，得到患者的认可，使护理工作更完善，反映出医院的护理水平和管理水平。

（二）基础护理的伦理规范

1．热爱护理事业，忠于职守　这是从事基础护理的基本道德要求。“增进健康、预防疾病，恢复健康、减轻痛苦”是护理人员的神圣使命。每位患者病后的康复，与护理人员的辛苦和从事基础护理的价值、意义分不开。作为一名护士应该充分认识到为谁工作，为什么工作和怎样工作，工作上精益求精，从而完成自己的职业使命。

2．严肃认真，一丝不苟　基础护理的科学性很强，要求具有严格的工作作风、严密的工作方法、严肃认真的科学态度，才能保证应有的护理质量。护理人员在基础护理中切不可草率从事，无视规章，机械地执行医嘱，置患者利益于不顾，以致酿成差错事故。因此，护理人员要仔细周密、审慎地对待每项工作，严格地执行查对制度和各项操作规程，时刻把患者的安危放在心上。

3．严密观察，谨慎处置　在护理工作中，一个护士犹如一个哨兵，目光应该注意周围的动向，注意观察自己所护理患者的病情，并根据情况谨慎处置，这是护理人员履行护理道德责任的重要手段。

4．勤奋学习，精通业务　随着医学与科技的发展，护理学也在突飞猛进，护理学的功能和范围不断扩大。随着人们对护理服务要求的提高，护理人员要为患者提供最佳服务，就要刻苦钻研护理业务，熟练掌握各项护理操作技术，这样才能及时、准确地发现和判断病情变化，谨慎、周密地处理各项复杂的问题，才能在操作中最大限度地减轻患者的不适。

5．团结协作，彼此监督　为患者提供优质护理服务，是医院的一项系统工程，需要其他医务人员的支持与参与。尽管目前学科分工日益精细，但整体协作要求愈来愈高。护士是医院整体中的一员，只有与其他医务人员团结一致，才能发挥整体配合的作用。

二、整体护理伦理

整体护理就是以患者为中心，以现代护理观为指导，以护理程序为基础框架，并且把护理程序系统化地运用到临床护理和护理管理的思想和方法。整体护理的目标是为患者提供包括生理、心理、社会、文化等方面的护理服务及护理教育。

（一）整体护理的特点和意义

1．整体护理的特点

（1）护理内容的整体性。整体护理以患者为中心，注重患者生理、心理、社会、文化发展的多个层面的需求。整体护理观中的“整体”应包含病与患者是一个整体；生物学的患者与社会心理学的人是一个整体；患者与社会是一个整体；患者与整个生态环境是一个整体；患者从入院到出院是一个连贯的整体。所以护士在护理工作中不仅要重视疾病的生理护理，而且要重视心理、社会等方面因素。

（2）护理手段的科学性。整体护理是一个系统化体系，强调以护理程序为框架。护理程序是一种符合逻辑的、科学的解决问题的程序。它是一种连续的、动态的、有反馈的科学的工作方法。护理程序包括评估、诊断、计划、实施、评价五个步骤，护理程序并不是只将五个步骤执行一次就可以完结的，而是根据患者病情的动态的变化，不断地、重复地运用护理程序组织护理工作。

（3）护理对象的参与性。整体护理是对服务对象生理、心理、社会、精神、文化等方面的全面帮助和照顾。护理人员只有在对患者的病情、心理状态、社会地位、精神状况、文化程度深入了解的基础上，才能对其进行全面的、系统的、整体的护理。因此，在护理过程中要注重调动患者的主观能动性。通过对患者身心的整体护理，激励患者树立起对自己健康负责的意识和战胜疾病的勇气，充分认识到自己在战胜疾病中的主体地位，在医护人员的指导下，消除顾虑，发挥主观能动性，掌握必要的医疗卫生知识和自我护理方法，自觉纠正不良卫生习惯和不健康的生活方式，促使整体护理取得理想效果。

2．整体护理的意义　整体护理的实施，为护理领域带来了重大的变革，具体表现在：

（1）改变了护理研究的方向和内容。整体护理更注重人的研究，整体观中的人被视为生理、心理、社会、精神、文化的统一整体，是一个循环系统。因此，护理中充实了许多有关人的心理、社会、伦理等方面的内容。

（2）改变了护士角色，拓宽了护理的服务范围。整体护理的实施，护士不仅需要照顾患者生理的问题，还要关照其心理、社会问题，服务范围已超出了原有疾病护理的范畴，扩展到对所有人，生命周期的所有阶段的护理。护士也由过去照顾者的角色向健康教育者、管理者、研究者转化。

（3）提出了新型护理管理观。世界卫生组织认为：护理管理是为了提高人类健康水平，系统应用护士潜在能力和其他有关人员或设备、环境和社会活动的过程。整体护理的实施，要求护理管理者应以增进和恢复患者健康为目的，应具有以患者为中心的思想，使传统的过多地强调整齐划一，强调技术操作的熟练程度，而漠视患者的感受等的护理管理观念受到挑战。

（4）有助于建立新型的医护关系。良好的医护关系是实现“以患者为中心”，实施整体护理成功的关键。整体护理的实施，科学运用护理程序为患者解决问题，从根本上使护理工作摆脱了过去多年来只靠医嘱加常规的被动工作局面，变被动护理为主动护理。护士在患者恢复健康的进程中与医生建立起相互合作、相互补充的新型的合作伙伴关系。

（5）体现了护患合作过程。整体护理十分重视患者及家属的自理潜能，强调通过健康教育，提高患者及家属的自理能力，并提供机会让他们参与自身的护理活动。

（6）改变了护理教育的课程设置，促进了护理科研的发展。整体护理的实施，要求护士不仅应具备疾病护理的能力，而且应有丰富的人文科学知识与沟通技巧，对护理教育提出了更高更全的要求。为培养合格的护理人才，在教学内容上增加社会学、心理学、美学等，在教学层次上需要高层次有发展后劲的高级护理人才，以推动护理教育、护理科研的发展。

（二）整体护理的道德要求

1．转变观念，增强护理理念　护理观念的转变是实施整体护理的前提。护理观念主要体现在以患者为中心、以护理程序为核心的护理服务信念。以患者为中心，强调了护理服务的主体是将患者放到第一位，这是我国“救死扶伤、防病治病、实行社会主义人道主义，全心全意为人民服务”的基本道德原则的体现。护理人员转变观念，增强护理理念，转变护士角色，可提高护理人员在专业价值上的认识，增强其工作的自觉性、责任心和紧迫感，以适应整体护理的要求，提高整体护理水平。

2．刻苦钻研，积极进取　整体护理扩大了护理学的范畴，丰富了护理学研究内容，也提高了对护理的要求。护理人员需不断充实和扩大知识领域，既要掌握临床护理知识，又要掌握心理学、社会学、美学等人文社会科学知识；既要具备娴熟的护理技术，又要具备良好的语言表达能力，准确的思维判断能力，有效的人际沟通能力，高雅的个人修养；既要为患者提供优质的护理服务，又要积极开展社区卫生服务，为社会人群提供保健护理服务。因此，刻苦钻研，积极进取是整体护理对护理人员提出的道德要求，也是每个追求个人价值和自我完善的护理人员必不可少的道德品质。

3．团结协作，密切配合　整体护理以护理程序为基础。护理程序是一个系统的、有机的整体，患者在接受护理时有多方面的、多层次的需要，而解决护理问题时往往需要多专业知识和技能及多科室的团结协作，密切配合。如行政领导的支持，医生与其他人员的参与支持，护理管理系统的相应变革，医技科室的配合，后勤系统的保障，护理教学的同步，护理科研的开展等等，使护理人员从非护理工作中解放出来，有更多的时间服务于患者。

4．勤于思考，科学应对　整体护理要求护理人员对患者存在的和潜在的健康问题所反应的主观资料和客观资料进行分析、综合，做出准确、恰当的护理诊断，并要求所涉及的护理问题一定能通过护理措施解决。护理诊断的做出是实施护理程序的关键步骤，直接关系到护理计划的判定和护理措施的实施。因此，要求护理人员细心分析，善于思考，独立主动地面对问题，解决问题。

三、心理护理伦理

南丁格尔说：“忧虑、疑惑、等待、期望、意外的恐惧对患者的伤害大于任何力量。”救治患者，仅靠药物和手术治疗是不够的。心理因素在疾病的发生发展和转归中起着重要作用，不良心理可加重症状，甚至直接导致疾病。“心病还需心药医”，所以，心理护理是整体护理的重要组成部分之一，在促进患者康复过程中发挥着重要的作用。

心理护理（mental health nursing）是指护士在护理工作中应用心理学的理论和技术，通过护患间的人际交往来影响和改变患者的不良心理状态和行为，增强患者在疾病状态下的适应能力，从而促进患者的康复。由于人类心理现象复杂，开展心理护理工作难度大、任务重，因此对护士的道德要求也更高。

（一）平等尊重，保守秘密

心理护理成功的前提是具有良好的护患关系，和谐的护患关系有利于患者对心理护理过程持开放态度，袒露心理问题的细节。尊重患者、平等相处是建立良好护患关系的基础，也是调节护患关系的重要伦理规范。在心理护理过程中，护士应设身处地去感受患者的内心体验，不轻易批评，不强迫患者表达，不把自己的价值观强加于患者。心理护理是人与人之间心灵沟通，患者通常都会要求护士不将隐私和心事告诉无关人员。如果护士无法满足患者的保密要求，患者对护士可能出现信任危机，心理护理不但无法进行，甚至会出现护患纠纷。因此，保守秘密既是职业道德的要求，也是心理护理能有效进行的最基本的要求。当然，如果患者的秘密可能会明显危及自身或他人的安全，护士则需要在一定范围内揭密，不能一味死守诺言。

（二）同情体贴，真诚关怀

护士应以高度的同情心和责任感对待每一位患者，时刻考虑患者的心理需求，对患者失调的情绪适当安慰、合理疏导，引导患者正视自身面临的问题，启发多角度思考问题，帮助患者自觉领悟、学习成长。有的患者在得知身患危重疾病时，可能会出现愤怒情绪，将发泄的矛头指向家属或护士，对护士横眉冷对百般刁难。护士若能善解人意，宽容悦纳，给予积极的、无条件的真诚关怀，并对家属做好解释和指导工作，将有利于患者打开心中禁锢的枷锁，与护士协同对抗病魔。

（三）学习调适，自我完善

护理是高风险、高压力、讲求奉献的职业。研究表明，护士工作压力大、心理健康状况差、职业倦怠感强、工作满意度低，这些负性心理状况如果不能很好调适，势必影响护理工作的质量和护士自身的生活质量。因此，护士在学习心理学理论和技能后，在照护患者的同时，要审视自身心理状况，逐步具备良好的情绪调节与自控能力，培养健全的人格品质，使自身人格与护士角色人格匹配，自我完善，推己及人，用一腔柔情化解患者心中的苦闷。

第二节　不同护理岗位的护理伦理

案例 5-2

患者张某，男，16 岁。因慢性肾炎、肾功能不全准备进行肾移植，因肾源紧张，其父考虑动员其兄供肾。其兄，20 岁，因幼年患脑炎留下智力障碍后遗症，未能参加正常学习而待业。当父亲提出上述想法后，母亲不同意，认为对长子的智力障碍已心存内疚，不忍心再将其肾供给次子，但经丈夫说服最后表示同意。

思考：医务人员能否让患者之兄供肾呢？

一、门诊护理伦理

（一）门诊护理（outpatient nursing）的特点

1. 组织管理任务重　门诊是患者就医最集中的地方，且门诊患者就诊高峰集中在上午，初诊患者不熟悉医院的环境、分科和就诊程序，造成门诊拥挤、嘈杂。为保证患者有序地就诊，获得有效治疗，护士要善于组织，做好分诊、巡诊，力求分科准确、秩序井然，尽量缩短候诊时间，指导患者去化验、透视、取药、注射和处置等。相对于病房而言，门诊患者的护理管理任务更重。

2．预防院内感染难度大 由于门诊患者集中、病种繁杂、病情各异，人流往返频繁，空气污浊，有些传染病患者混杂其中，在就诊前难以及时鉴别和隔离，加上患者抵抗力低下，因此，门诊预防医院感染的难度较大。

3．针对性、服务性和协作性强 门诊是各种疾病的汇聚场所，不仅病种复杂，而且病情轻重各异，患者的各方面素质不同，这就要求护士有针对性地提供护理和卫生保健服务。大量的门诊护理属于服务性工作，护士要有耐心、细心和热心。如初诊患者情绪比较紧张，迫切希望早日明确诊断，护士应主动接待，热情指点，耐心解释有关疾病的诊断、治疗和预防的问题；复诊的患者有的多次就诊，若诊断尚未明确，心中十分焦急，护士应善于疏导，解释疑虑。同时，门诊护理需要多科室、多专业医务人员相互配合，共同协作去完成。

4．护患矛盾多 门诊患者多、流量大，患者往往不能及时就医，因而待诊时容易产生焦虑、急躁等心理，加之患者比较敏感，如果医务人员语言生硬、态度冷漠、安排就诊不当、服务不周等，很容易产生医护患矛盾，从而影响正常诊治工作的进行。

（二）门诊护理伦理规范

1．热情服务，高度负责 带着病痛、伤残到门诊就诊的患者，紧张、敏感、脆弱，很难适应拥挤、嘈杂的门诊环境。因此，护士应做到：一是接待患者要热心，态度不能冷淡，护士一定要克服消极服务态度，禁止使用生硬服务语言。二是认真负责做好各项工作。护士要密切观察候诊患者的情况，主动询问就诊目的及症状，根据病情做好预检、分诊，按挂号顺序让患者进入诊室；对危重、年老、残疾患者，可优先安排就诊，特别是要优先安排危重症患者就诊，以免延误治病时机；要细心做好诊查前的各种准备，尽量缩短患者的候诊时间；要根据病种、病情安排相应的医生诊治，尽量满足患者诊治要求，增加患者对护士的信任度；对需要做某些化验或特殊检查的患者，要细致地解释检查的目的、方法和注意事项等。

2．技术过硬，作风严谨 门诊护理工作对象是病种、病情各异的患者，更要求护士有广博的护理知识和全面的护理技能。门诊护士要做到作风严谨求实，坚持一切治疗护理的科学性，保证患者生命安全。护理工作中的任何疏忽，都可能铸成大错，甚至危及患者生命。而且门诊患者数量多、流量大，护士在工作中一旦出现了差错事故，患者又已离开了医院，所造成的损害就很难挽回，其社会影响更为恶劣，故护士绝不能粗心大意。

3．尊重患者，团结协作 门诊护理工作是一个系统工程。护士不仅要处理好与患者的关系，而且还要密切与医生的联系，密切与其他临床科室、医技科室的联系，有时还需要密切与陪伴的家属和医疗网之间的联系。

4．美化环境，积极宣教 门诊保持优美、安静的环境可以使患者、医务人员产生一种舒适、愉快的心理效应，有利于提高工作效率和诊治效果。

二、急诊护理伦理

（一）急诊护理的特点

急诊室医务人员的服务对象大多是要紧急处理的急重症患者，如各种外伤、急腹症、高热、昏迷、中毒者或短时间内就可能出现生命危险者。因此，急诊护理（emergency nursing）有别于一般护理。其特点有：

1．随机性强，必须常备不懈 急诊患者发病突然，就诊时间、人数、病种、病情危重程度等都难以预料，具有很大的随机性。急诊护士要时常处于“战备”状态，工作要有预案，随时做好思想、业务、器材、药品、呼叫系统方面的准备，以便及时抢救各类患者。

2．时间性强，必须全力以赴 多数急诊患者，病情紧急、危重、变化迅速，不能按部就班地进行体格检查，应立刻全力投入抢救。对某些病情危急的患者，如各种中毒、出血不止，心搏、呼吸骤停等患者，护士应有洞如观火的观察力，工作主动，处置积极，全力以赴，以免贻误抢救时机。

3．协作性强，必须密切配合 急诊患者病情复杂，往往多个系统、多个器官同时发生病变，经常需要多学科、多专业医务人员协同抢救。急诊护士要有敏锐的鉴别力，能根据病种病情及时通知有关科室的医生进行诊治和抢救。同时，在医生未到达之前，护士要严密监护、细心观察病情的变化，为医生诊治提供依据。

（二）急诊护理伦理规范

由于急症患者和急诊护理的特点，急诊护士除了应遵循门诊的伦理要求外，还应遵循以下特殊伦理规范：

1．急人所急，争分夺秒 在急诊工作中，患者病情危重，抢救分秒必争。因此，急诊护士要牢固地树立“时间就是生命”“抢救就是命令”的观念，时刻突出一个“急”字，做到急患者之所急，尽量缩短从接诊到抢救的时间。由于急症患者多为遭受意外伤害或突然病情恶化，患者及家属均无思想准备，容易惊慌失措，可能会出现对医务人员的态度不够冷静，甚至提出某些不恰当的要求或无理指责。面对这种情况，急诊护士必须具备“痛患者之所痛，想家属之所想”的情感，热情接待，体贴患者的痛苦，多使用安慰、解释性语言，尽快安抚患者和家属的情绪。

2．不计风险，敢于负责 急危重症患者抢救常常要冒一定风险，承担一定责任。医务人员应以患者生命为重，不计个人可能承担的风险，千方百计抢救患者的生命。同时，急诊护士还要从社会公益出发，对可疑人或有疑问的患者，要及时向医院值班、保卫部门反映，抢救记录要详细、准确；遇有交通事故或有法律纠纷的患者，要公正地反映病情；对待意识不清的患者，要有慎独精神，做到周到服务；对待留观患者，不要放松警惕。

3．尊重生命，发扬人道 急诊室中往往会碰到一些特殊的患者，如自杀患者、打架斗殴致伤的患者，对待这些特殊患者急诊护士应发挥人道主义精神，积极给予抢救护理，不能歧视、挖苦和讽刺。

4．精诚团结，密切配合 急症患者的抢救过程，往往需要几个临床科室的医务人员相互协作，共同完成。所有参加抢救的人员包括医生、护士、麻醉师、其他医技人员等都要精诚团结、密切配合、相互理解、相互支持，共同担负起抢救患者的重任。如果医务人员相互埋怨，对急症患者互相推诿，就会造成严重的后果，这是医护职业道德绝对不容许的。在医护配合上，急诊护士要发挥积极、主动的精神，不怕苦、脏、累，为医生抢救创造条件。

三、重症监护伦理

重症监护室（intensive care unit，ICU），意为加强监护病房，各科急、重患者集中于此，同时集中了各科专业技术力量。它采用先进的仪器设备、诊断方法和监护技术，对病情进行连续的周密观察，以及时发现病情变化，进行治疗和维持生命器官功能，预防并发症的发生，对保证患者生命安全，提高治愈率，降低死亡率，发挥积极的作用。

（一）重症监护室护理特点

危重患者是指病情严重、随时可能发生生命危险的各种患者，特点可用急、重、险、危四个字来概括。急：病情紧急，变化快。重：指病情严重，痛苦不堪，甚至神志不清而生活难以自理。险：指病情危险，死亡率高。危：指生命垂危，危在旦夕，甚至不可逆转。因此，危重患者的护理任务艰巨，这就要求护理人员具有全面的业务素质，良好的身心素质，丰富的临床护理与抢救经验以及较高的职业道德修养。

（二）重症监护的护理道德要求

1．要有过硬的专业素质 重症监护病房的医护人员应经过严格培训，除了具有良好的医德，还应具有敏锐的观察力及处理危重患者的应变能力，对多个脏器或系统的功能以及代谢变化的指标等能做出正确判断和分析，具有独立处理复杂问题的能力，并能熟练应用先进的检测系统及医疗、护理技术，随时捕捉患者的病情变化，及时反馈治疗、护理信息，为治疗争得时间，创造条件。

2．富有同情心 危重患者常因病情危重而产生焦虑、恐惧、抑郁、妄想等心理反应，家人也会因亲人生命受到威胁而经历一系列心理应激反应。因此，在抢救危重患者生命的同时，护理人员应努力做到态度和蔼、诚恳、富有同情心，语言应精练、贴切、易于理解，举止沉着、稳重，操作娴熟认真、一丝不苟，给患者充分的依赖感和安全感。有时患者或家属可能对护士无端指责，甚至无理取闹，此时要求护士在繁忙的工作中，要以冷静的态度，理解和谅解患者及家属的心情和行为，耐心说服，避免矛盾激化。

3．要有高度的责任感 恐惧、焦虑、孤独是进入ICU的患者普遍都有的感觉。首先是ICU的环境，各种仪器设备的声音，医护人员严肃、不苟言笑的面孔都让他们感到是一种压力。另外，进入ICU后昂贵的费用也会造成患者焦虑。孤独是一些清醒的患者比较强烈的感觉，此时对亲人需要更加强烈，但是由于ICU不允许陪伴，一些医护人员只关注仪器上的数据，无暇顾及患者。再有，使用呼吸机或气管切开术后的患者，由于语言交流障碍，会产生强烈的不适感。为防止患者躁动，护士一般在拔管前常规用约束带束缚患者的双手，但是作为患者却有种被捆绑的感觉，所以要对患者耐心解释以取得配合。由于各种监护装置和患者身体上有各种管道，患者活动受限，或者伤口的疼痛等都使患者身体和心理不舒适。因此，护士在保证对患者的护理的同时，应把监护仪的声音尽可能调小；在可能的范围内使其变换体位，并被动活动其肢体，如按摩背部、下肢等；如果可能，让患者与家属有一定时间的接触；护士要常与患者交谈，了解患者的一些情况及要求，与患者建立良好的信赖关系，从而增强治疗效果。

4．吃苦耐劳，细心周到 鉴于危重患者的疾病特点，为了减少交接班次数，常常实行两班倒，12小时工作制。护理人员要付出比一般的护理工作更多的艰辛，这需要护理工作者具有吃苦耐劳、无私奉献的精神。另一方面，护理人员还要积极创建良好的人际氛围，除提供高质量的服务外，还要指导患者的亲属好友支持鼓励患者，提高患者战胜疾病的信心，满足患者合理的心理需求，以促进患者尽快康复。

四、手术室护理伦理

（一）普通手术护理伦理

手术是临床上治疗许多疾病的重要手段，护士作为手术室医务人员之一，搞好手术护理能减轻患者心理负担，提高医疗效果，促进患者早日康复。

1．普通手术护理的特点 普通手术是指临床外科系统的一般手术。手术护理（surgical nursing）的特点是由手术治疗的特点所决定的。具体表现在：

（1）严格性。因手术治疗的损伤性、技术性，手术护理必须严格遵循并执行各项规章制度，不得随意违章，工作要一丝不苟。如手术前有严格的术前护理准备要求，手术间要严格保持无菌、定期消毒，手术无关人员不得随意进出手术室，术前、术中对每位受术患者的用药、输血及手术部位等均应严格核对，要防止用错药、输错血、做错手术；手术结束前必须查对手术器械和敷料，以防闭合伤口前异物遗留体内等。

（2）主动性。手术治疗要求医务人员具有强烈的时间观念，特别是抢救急症和危重症患者，争取时间是手术成功与否的保证。例如，对不慎将异物吞入气管的幼儿，对脑外伤、肝破裂等患者，若抢救不及时，就会造成患者死亡，这些均要求护士在工作中积极主动。

（3）衔接性。普通手术护理包括手术前、手术中、手术后几个阶段，每个阶段的护理都由不同的护士担任，而且通过交接班连续进行。各阶段相互衔接、紧密相连。护士应做好各种衔接工作，保证手术过程的完整性、连续性，严防差错事故的发生。

（4）协作性。手术护理的协作性体现在手术的全过程，尤其在手术中最突出。这里有医生的认真诊断和娴熟的手术操作，也有麻醉师准确、安全的麻醉，还有其他技术人员对仪器设备的精心检查、调拨和维护，更有护士耐心细致周到的术前准备、术中配合和术后护理。各类人员齐心协力，配合默契，才能确保手术顺利完成。其中，手术护士起承上启下、组织协调现场的作用，既应严格把关，又要灵机应变，以确保协调和统一。

2．普通手术护理伦理规范

（1）手术前的护理伦理规范。①调节心理，消除顾虑：手术确定后患者心情往往很不平静，既盼望手术时间尽早到来而解除疾病的痛苦和压力，又惧怕手术带来的疼痛和损伤从而产生紧张不安和恐惧情绪。因此，护士应主动地关心、体谅患者，耐心细致地做好心理护理，解除患者的种种疑虑，使患者以良好的心境接受手术。同时，护士还要协调好医生、麻醉师、患者之间的关系，使患者以愉快、稳定的情绪和乐观的态度迎接手术。②优化环境，准备周全：为患者创造一个安静、整洁、舒适的待术环境，是手术治疗顺利开展的必要条件。为此，护士要让患者舒适、安静地休息，要做到四轻：关门窗轻，走路轻，说话轻，操作轻。为确保患者的手术安全，护士要积极主动地做好术前准备，并严格按照操作规程进行。③掌握指征，优化方案：相对于药物等治疗方式，手术治疗具有必然的损伤性的特点，给患者造成诸如瘢痕、疼痛、功能减退、器官缺损、形体变异等变化，加上一些意外或失误等风险，故医务人员决定是否手术时要慎重、客观、科学。医方要全面权衡，充分比较手术治疗与保守治疗之间、创伤代价与治疗效果之间的利弊，以及患者对手术的耐受程度、患者的期望等，在此基础上，应确定手术治疗在当时条件下是相对“最佳”的方案。这不只是医生要做的事，护士对此也要予以充分的认同，目的是协助医生做好患者知情同意的工作。④知情同意，手续完备：《医疗机构管理条例》规定：“医疗机构施行手术、特殊检查或者特殊治疗时，必须征得患者同意，并应当取得其家属或者关系人同意并签字；当无法取得患者意见时，应取得家属或者关系人同意并签字；无法取得患者意见又无家属或者关系人在场，或者遇到其他特殊情况时经治医师应当提出医疗处理方案，在取得医疗机构负责人或被授权负责人员的批准后实施。”这明确表明了医疗机构在为患者施行手术时有告知的义务。在交待病情及签署手术同意书时，要选择适当的方式、适当的场合，将手术风险、手术方式、术中及术后并发症向患者及家属详细交待清楚。

（2）手术中的护理伦理规范。①保持肃静，安抚患者：护士要加强手术室的技术管理，严格遵守无菌操作技术操作规程，加强无菌监督，禁止无关人员进入手术室；手术过程中，护士说话要轻，不得谈论与手术无关的话题，以保持手术室的严肃与安静。患者进入手术室后，往往比较紧张、不安甚至害怕。因此，护士要理解、关心患者，做到体贴入微。如主动搀扶患者上手术台，严格按手术要求显露手术部位，并注意保暖；在使用约束带时，应向患者耐心解释，取得患者的理解与配合；手术中随时擦去患者额头上的汗，并密切观察病情，尽量满足患者提出的合理要求，使患者以良好的情绪配合手术，并在温暖的关怀中度过手术。②操作熟练，一丝不苟：手术中，护士必须技术熟练、反应敏捷、动作自如、沉着冷静、果断细致，传递器械要眼疾手快、准确无误；伤口缝合前要认真清点核对器械，以防止手术钳、纱布、刀、剪、针等遗留患者体内。③团结协作，勇担风险：手术是手术医生、麻醉师、器械护士、巡回护士等共同完成的一项协作型科学技术活动。护士要从患者利益出发，一切服从手术全局的需要，与其他医务人员互相尊重、互相支持、互相理解。手术中如果一方出现差错事故，应该诚实坦白，勇于承担责任，不得推卸责任，他人不得包庇隐瞒，应指出错误，协同采取补救措施，把给患者造成的损害降到最低点。④精力充沛，作风顽强：一般手术时间都比较长，通常3～5个小时，有时7～8个小时甚至更长时间。这就决定了其工作人员必须有健康的体魄、清晰的头脑和吃苦耐劳的精神。只有这样，才能够经得起长时间手术的考验，并保持充沛的精力。⑤理解家属，耐心解疑：患者家属往往对患者的手术进展情况十分关切，急于了解，这是人之常情。护士应该理解家属心情，哪怕工作再繁忙，也不可冷语相对，应保持和蔼的态度，耐心回答家属提出的问题，并给予必要的解释，以解除他们的忧虑和不安。如果手术进展顺利，应主动告慰家属。但对家属提出的违背技术常规的要求，护士应予以拒绝并进行合理解释。

（3）手术后的护理伦理规范。①严密观察，防范意外：护士在手术患者回病房前就应做好术后护理准备，换好被单，准备好必要的器械、药品等。患者回到病房后，护士就应迅速了解患者手术经过，妥善处理患者身上的各种导管，仔细察看伤口有无渗血现象，细心观察患者的生命体征，护理患者安静休养。同时，要准确执行术后医嘱，严密观察病情变化，特别应注意呼吸道有无梗阻、窒息，创口有无渗血，脉搏、血压是否正常，有无休克、内出血等危象。遇到紧急情况，应机智果断，切勿惊慌失措，更不能消极等待医生处理，在力所能及的情况下争取时间，及时处理。②减轻痛苦，促进康复：术后患者由于伤口疼痛和活动、饮食受限以及身上的各种插管等会感到非常痛苦，有的患者还会因手术失去某些生理功能而产生焦虑、抑郁等心理问题。因此，护士应体察和理解患者的心情，勤于护理，从每个具体环节来减轻患者的疼痛。如及时镇痛，帮助患者翻身、饮食以及早日下床活动，做好心理护理，对患者进行耐心解释，讲解术后早活动、翻身、排痰等对预防肠粘连、褥疮、肺部感染等的重要作用。对手术创伤较大，不能恢复健康或缺失致残的患者，更应格外关心，开导他们正确对待伤残。对患者痛苦熟视无睹或将护理工作完全推给家属去做的行为是不符合道德要求的。

（二）整形外科手术护理伦理

整形外科是外科的一个分支，包括再造整形外科和美容整形外科。随着人们生活水平的提高，人们对容貌、形体美的要求日益增高，医务人员应尽力满足人们对美的追求。

1．整形外科手术护理的特点

（1）心理护理要求高。整形外科的受术者以青年男女、儿童居多，他们因容貌异常、功能障碍等原因，均有不同程度的心理问题。不愿参加社交活动；又为自身的学习、工作、恋爱、婚姻等问题不能如愿而烦恼、苦闷。因意外事件而导致后天性畸形或缺陷的患者，因某些功能丧失或容貌改变，容易出现情感障碍，如情绪波动较大，有时缺乏继续生活的勇气，有时敏感、多疑等。总之，受术对象都有一个共同愿望，期望通过手术达到或接近正常人，但又担心手术带来的痛苦，担心结果不尽如人意，害怕手术失败。

（2）护理内容繁杂、宽广、联系紧密。从对象来看，整形外科护士在具有多学科医学基础知识和护理技能的同时，还应掌握整形外科基本理论知识和护理技能，才能胜任整形外科的护理工作。另外，生活护理对整形手术患者十分重要，因患者都有程度不一的功能障碍，常需要帮助喂饭、喂药、协助穿衣、照顾大小便等生活护理。

（3）审美意识强。整形外科手术是一种医学美的艺术，需要遵循美学的观点和规律。美容手术如除瘢痕、除皱纹、酒窝再造、隆鼻、腹壁去脂等，除必须遵循一般的手术要求外，还必须遵循美的要求，讲求对称、均衡、不留瘢痕等。

2．整形外科护理伦理规范

（1）尊重患者，调节心理。整形外科的受术者，生理上存在某种缺陷，心理失衡，自卑感强，但内心的自尊心极强，对周围人的言行十分敏感。因此，在护理过程中，护士要了解和发现受术者的心理问题和心理需求，在此基础上认真做好心理护理。要理解患者的痛苦和需求，同情、体贴患者的遭遇，尊重患者的人格，积极热情地做好疏导工作，以消除他们的心理压抑、情绪低落等心理痛苦，并和医生密切配合，尽力满足其追求美感的需求。

（2）关心患者，减轻疼痛。手术患者术后都有疼痛的感觉。而整形、美容手术患者，为移植组织的需要，要求供给移植组织的部位与接受移植组织的部位在一定时间内保持一定的姿势，如固定头部、固定臂或腿，甚至固定身体，常需 3 ～ 4 周时间。为此，患者很不舒适，尤其在术后 1 周内，疼痛剧烈，甚至痛不欲生。护士应该十分关心和理解患者的痛苦处境，根据病情，适时给予镇痛药物，并经常安慰患者，尽量转移其注意力，鼓励患者克服困难。同时，密切观察病情，防止意外发生。

（3）不辞辛苦，任劳任怨。整形、美容外科治疗范围广泛，病种复杂，要求精细，工作十分繁重。如手术前皮肤准备，备皮区一般都有陈旧性瘢痕，表面不仅凹凸不平，甚至还有隐窝和窦道，对这些部位的清洗难度很大，有时需在术前几天就开始每天用热水浸泡瘢痕，使瘢痕软化，还需从不同角度去剪除毛发，剔除污垢。护士要确保手术区无毛发、无污垢、无破损，为手术创造条件，工作十分辛苦和繁杂。术后护理更是繁重琐碎，既要做好手术护理、心理护理，还要做大量生活护理工作。护士必须一心为患者，发扬不怕苦、不怕累、任劳任怨的精神。

（4）钻研进取，精益求精。整形外科内容丰富、涉及范围广，与眼科、神经科、泌尿科、妇科、耳鼻喉科、口腔科、皮肤科、肿瘤科、胸外科等学科都有直接或间接的联系。要做好整形外科护理工作，护士必须拓宽知识领域，既要掌握整形外科的医学基本理论和护理理论，提高审美修养，又要熟练掌握常规技术操作；还要懂得心理学、伦理学、社会学等人文科学知识，以便做好心理护理。随着整形外科事业的发展，手术工作将遇到很多新课题，这就需要护士有不断进取的精神，积极学习国内外先进技术，配合科研，与其他医务人员一同做好新手术的开展、提高、普及工作。

第三节　特殊患者的护理伦理

案例 5－3

一对恋人到某医院进行婚前检查，医生在检查女方下腹时见有花纹，怀疑是“妊娠纹”。于是，医生问：“你生过孩子吗？”女方惊愕地回答：“没有！”医生又问：“那你腹部怎么会有妊娠纹？”女方解释说：“我以前较胖，现在瘦了会不会出现这种情况？请你进一步检查。”该医生又请另一医生检查，另一医生检查后说：“好像是妊娠纹。”但是，医生却在体检表上签上“正常”。

女方的男友在屏风后面听到了医生的问话，就对女友产生了怀疑。他俩原计划婚前检查后就去登记结婚，男方却借口忘带户口簿而回家。后来，男方通过介绍人解除了婚约。为此，女方痛不欲生，并到医院要求领导就“妊娠纹”进一步检查，于是该院请上级医院重新检查，结果是外阴未婚型。因而，女方又向法院起诉该医院医生。

思考：请对医生的行为进行伦理分析。

一、儿科患者护理伦理

（一）儿科护理的工作特点

1．护理工作量大、难度高 儿科患者因自理、自控能力差，对护理人员的护理常不配合。因患儿不能表达或不能准确表达自己的症状，不能诉说治疗反应，也增加了护理的难度。同时，儿科患者患病后行为退化，依赖性增加，尤其是住院后，常常表现出紧张、恐惧不安和孤独，长期住院的患儿还会有冷淡、消极、性格孤僻，从而又增加了心理护理的难度。患儿多为独生子女，常常是一个孩子患病后，全家甚至几个家庭不安，探视陪护人员增加，病室人员流动大，病房管理难度大，家属救治心切，要求得到快速、安全、有效的医疗服务，加大了护理工作的困难。这些就要求护理人员除应有丰富的医学理论知识，过硬的技术，掌握扎实的基本功外，还应具有高度的责任感和敏锐的观察力，更应具有“慎独”的职业道德，认真地做好患儿生理和心理护理。

2．预防院内交叉感染的任务艰巨 小儿因处于生长发育状态中，各系统器官功能的应变调节、免疫功能等较差，特别是患儿皮肤、黏膜、淋巴系统、体液免疫及细胞免疫等各种免疫功能较年长儿和成人差，易感传染性疾病。因此，护理人员必须严格遵守消毒隔离制度、探视陪住制度和各项操作规程，预防院内感染。

（二）儿科护理的道德要求

1．要有一颗爱心，爱护并尊重患儿 儿科护理不仅要为患儿进行技术护理，而且需要心理护理和大量的生活护理。与患儿相处时要态度和蔼、语言温和、表情亲切；对于生理上有缺陷的孩子，要给予同情和尊重；对哭闹、不合作的孩子，应从孩子可以理解与接受的角度讲道理，鼓励并促使孩子配合。

2．要有细致、审慎的工作作风 患儿病情变化快，又不会诉说病情，这就要求护理人员在临床护理工作中应经常巡视病房，严密观察病情变化，包括患儿的精神状态、体温、脉搏、呼吸、吸吮、大小便及啼哭的声音。因为这些项目的异常往往是患儿病情变化的先兆。同时，应对观察结果进行认真分析，做出准确的判断和及时的处理，为医生的诊治提供快捷可靠的依据。特别是新生儿完全不能用语言表达自己喜怒哀乐，病情变化多表现为啼哭。在对患儿进行器械检查和治疗护理时，严格遵守查对制度和操作规程，一定要谨慎细致，动作准确、轻柔，稍有不慎或用力过大，就会误伤组织器官，造成医疗差错事故。

3．要有治病育人的理念 独生子女在家里是全家生活的“重心”，一旦患病家长就非常紧张、担心。护理人员要理解这种心情，积极采取有效的诊治措施，及时解除患儿的痛苦，使家长安心。同时，护理人员也是儿童学习的对象之一，还应重视自己的一言一行对患儿道德品质的影响。护士一定要做到“言而有信”，切忌为了患儿一时的配合打针或服药而哄骗孩子，要为患儿提供良好的示范教育，如不哄骗、恐吓患儿，以免使其染上说谎、不诚实的习惯。总之护士既要努力使患儿尽早痊愈，又要培养患儿良好的道德品质，尽到治病育人的责任。

4．要有为患儿终身着想的责任感 护理人员要自觉意识到自己肩上责任的重大，在治疗和护理过程中，切忌粗心大意、不按规章制度和操作规程办事，造成漏诊和差错事故，给患儿带来终身不幸。要注意儿童正处于生长发育时期，抵抗力低，易发生交叉感染。在采取任何诊治措施时，不仅要考虑近期效果，更要考虑远期效应。如对婴儿大量使用氯霉素可能引起远期再生障碍性贫血；滥用链霉素可损害患者第八对脑神经引起永久性耳聋；大剂量应用四环素可能导致患儿骨骼和牙齿的改变等。所以用药时一定要剂量准确。婴幼儿不具备自我保护能力，易发生烫伤、摔伤、异物吞咽等意外伤害，应采取积极的预防措施，保证患儿安全。为孩子的健康着想，对患儿一生负责，这是儿科护理人员必须具备的职业道德。

二、老年患者护理伦理

随着科学技术的发展，人民生活水平的不断改善，人的平均寿命不断延长，老年人在总人口中的比例越来越大，人口老龄化成为了必然趋势。老年人过去为社会、国家做出了巨大贡献，因此医务人员应为老年人提供最佳的医疗护理服务，使之健康长寿、安度晚年。

（一）老年患者护理的特点

1．工作任务重 老年人由于器官、组织、细胞生理性的自然衰老，生理功能和心理功能逐渐减退，躯体的适应力和免疫力日趋降低，发病率高，并发症多，恢复缓慢，易留下各种后遗症。老年人患高血压、冠心病、糖尿病等慢性疾病较多，患脑出血、肺心病、心肌梗死和脑动脉血栓、恶性肿瘤等危重疾病也较常见。因此，患者要求多、问题多、顾虑多，加之某些感官失灵、行走不便、生活自理能力差，这就使得老年患者的护理范围大、护理病种多、护理工作任务加重。

2．护理难度大 老年人听力下降、记忆力差，患病后主诉不确切，回答病史含糊；老年患者体温调节中枢功能降低，疼痛阈值增高，患病时体温增高不明显，对于疼痛的反应不敏感．从而造成症状和体征不典型；老年患者病情复杂多变，有的人多种疾病集于一身。这些特点均可造成误诊、漏诊或延误诊治。加之老年患者器官功能衰退，自理能力弱，心理偏激、固执、不易合作等，致使护理难度加大。因此，护士一定要掌握老年患者的生理、心理特点，掌握老年病的发病、护理规律，善于观察疾病变化，从不明显、不典型的症状和体征中做出正确的判断，及时实施有效的护理，才能保证护理质量。

3．心理护理要求高 老年患者来院就诊或住院治疗，经常出现精神紧张、忧郁、焦虑、惊恐不安等心理变化，加之身体虚弱，行动不便，心理上压力大。在治疗、护理过程中，患者经常向护士探问自己的病因、病情、治疗、用药和手术的安全性，甚至喋喋不休地询问治疗过程中出现的一些微小问题和预后情况，向医务人员提出质疑，甚至大发脾气。因此，护士必须正确对待患者的询问、质疑和发怒，实事求是地回答问题，尽量消除患者的疑虑，并根据老年患者的心理变化特点，尽可能地满足他们对护理的较高心理需求。

（二）老年患者护理伦理规范

1．尊重老人，维护权益 老年患者阅历深、资格老，知识和生活经验丰富，工作有成就，在社会家庭中有地位、有名望，因而自尊心强。患病后，患者离开了多年工作的单位，离开了和亲人团聚的温暖家庭，住进了陌生的医院，其家庭、社会角色发生了改变。此时患者的自尊往往受到压抑，加之孤独、焦虑、忧郁和痛苦，患者对医务人员有一定的警惕性，尤其对接触频繁的护士的态度、表情观察得十分细致，也很敏感。因此，护士要理解老年人的心理，尊重老年患者，称呼要得体，言行要礼貌，举止要文雅，心境要大度；同时要尊重老年患者的医疗权益，耐心倾听他们对护理的要求和意见，尽量满足患者需求，使他们产生安全感、舒适感和信任感，以消除各种不利的心理因素。

2．理解老人，热心帮助 老年患者年老体弱，力不从心，缺之自埋能力，对诊断、治疗疑虑较多，容易担心预后，因此，护士要热情关心、积极帮助老年患者，细心做好生活护理。例如，对于牙齿脱落、消化功能减弱的老年患者，护士要给予其富有营养且易消化的饮食；对于缺乏自理能力的老年患者，护士要经常性地帮助他们洗脸、梳头、剪指甲、洗衣服等；对于行动不便、步履艰难而又无陪伴者的老年患者，护士应搀扶或推轮椅助其检查和进行室外活动；对于有些记忆力衰退或神志模糊，经常忘记服药或多服药，引起不良后果的老年患者，护士要亲自管理服药，指导他们按时、定量用药；对于怕孤独、不耐寂寞的老年患者，护士对他们要多接近、多询问、多安慰、多鼓励，使他们感到家庭般的温暖。同时，护士要加强全面心理护理，使老年患者增强战胜疾病的信心，不能因怕麻烦而使他们得不到高质量的护理，更不能对他们嫌弃、责骂，应给予他们无微不至的关心、全力无私的帮助。

3．工作耐心，观察细致 老年患者身心衰老，说话啰嗦、重复、口齿不清或语无伦次；不仅如此，老年患者还行动呆板，动作缓慢，反应迟钝。因此，护士切忌急躁，也不要流露不耐烦的情绪，一定要同情、谅解他们，耐心倾听他们的诉说，耐心为他们服务，并采取老年人乐意接受的方法进行护理。同时，老年人疾病的表现症状、体征不典型，加上病情又复杂多变或多种疾病共存等，护士必须细致地观察患者的病情变化，尤其是对长期卧床的患者在夜间值班更应警惕，勤巡视，细观察，不能放过任何疑点和微小变化。

4．善于沟通，积极护理 老年患者一般都有不同程度的健忘、耳聋和眼花，护士要勤快、细心、耐心、周到，不怕麻烦，善于沟通，积极护理。护士可根据老年人的特点，在生活护理和医院设施方面做些改进，如在走廊上加扶手；房门不设门槛，或用斜坡代替门槛，以方便轮椅进出；配备标记鲜明的呼叫装置、便携式坐便器、活动餐桌等。和老人说话时，语速要放慢，解释病情时要多重复两遍。对已存在认知功能减退的老人，护士交待的事情不宜过多，最好一件一件地办。为避免他们忘记，护士还要多提醒。某些特殊的事情，如第二天要做特殊检查，需要禁食、禁水、禁药等，护士可写成文字，放在明显处提示。

三、妇产科患者护理伦理

妇产科是直接为妇女健康服务的一门专科医学，它的任务是保健、预防和治疗疾病。妇产科护理不仅在保障妇女健康的工作和生活方面具有重要的作用，还影响到子孙后代。因此，从事妇产科工作的护理人员应重视职业道德。

（一）妇产科护理工作的特点

1．特定的护理对象 妇产科护理涉及两代人健康，既面向患者（妇女、孕妇、产妇或母亲），又要兼顾胎儿、新生儿，注射和发药等不但要考虑对母亲的治疗作用和副作用，而且还要考虑到对胎儿和婴儿的利害关系。

2．特殊的工作性质 妇产科工作护理与咨询并重。在搞好日常护理工作时，还要和医生一起积极开展妇女的保健咨询工作，帮助妇女正确认识对待自身的生理性和病理性问题。对正常妇女、孕妇的护理主要是做好咨询和各期保健，使他们在月经期、更年期、老年期不致诱发疾病，使正常孕妇在妊娠期不发生并发症，一旦发生病理情况能及时就医，得到恰当的诊治和护理。

3．特殊的心理变化 妇产科患者患病部位多为生殖系统，因受传统影响，患病后常产生害羞、压抑和恐惧的心理。如：青少年女性月经不正常，女青年未婚先孕，已婚妇女因病引起的性生活异常及性病等，患者多表现为害羞而不愿检查，以致延误诊断治疗，加重病情。未婚先孕和诱奸受害的患者，因害怕别人议论、讽刺，不愿在众人场合诉说自己的病情，常常处于压抑状态，甚至导致身心疾病。还有些患者担心怀孕后胎儿畸形、早产、难产或发生意外，危及母子安全，担心性生活障碍等，表现为特别恐惧、焦虑。因此，护理人员要做好妇产科患者的心理护理，以解除患者的思想顾虑和心理压力，促进患者身心健康。

（二）妇产科护理的道德要求

1．细致观察，维护母婴利益 在妇产科诊疗和护理工作中，要观察的项目比较多，既要严密观察阴道出血及排出物，又要观察呼吸、血压、脉搏等生命体征；既要观察孕妇的胎心、胎动、羊水、宫缩、产程进展，又要观察新生儿情况和产妇的恶露出血、子宫恢复情况。患者病情变化快，要求护士反应要敏捷，既要观察全面又要突出重点。

2．尊重妇女的隐私 妇女（尤其是未婚妇女）对月经不正常、未婚先孕、性功能障碍、性传播疾病等会产生害羞心理，特别是未婚先孕者多以自责、羞愧、尴尬的心情来到医院做人工流产手术，害怕遇见熟人，害怕医护人员的训斥和嘲笑。有的未婚先孕者出于羞耻心理常出现掩饰行为。护理人员应予以重视，注意观察其表情、面色、脉搏的变化，尊重她们，做好心理护理，严格执行保密程序，最大限度地保护患者的隐私。

3．尊重妇女对避孕方式的知情选择　护士在对避孕环、避孕药等的放取和埋植，人工流产、绝育和复通手术、不孕症的检查等诊治技术和措施方面，要配合医生进行护理，同时兼有宣传、指导和咨询的任务。如向育龄夫妻介绍、宣传各种避孕方法，向他们讲解性生理、性心理、性道德和性健康等方面的知识，使他们享有避孕方法的知情选择权，采取适宜的避孕措施，尽量减少人流和引产，实现生殖健康。

4．不怕苦、不怕脏的工作责任感　妇产科，尤其是产科分娩时间没有规律性，加之妇产科急诊较多，工作任务重。产妇分娩时羊水、出血、粪便及产后恶露的观察，以及新生儿窒息时的口对口呼吸抢救等工作，确实需要护士具有不怕脏累的精神、较强的工作责任感才能胜任。

5．同情、关心、体贴患者，做好心理护理　多数夫妇的心理是担心胎儿畸形，部分农村妇女还会担心生女孩引起家庭不和。另外，初次妊娠时害怕分娩疼痛和发生意外的紧张恐惧心理在所难免，要同情、关心、体贴患者，不能强迫她们做不愿做的检查，要耐心解释说明以取得她们的同意和合作。

6．要有对患者、家庭、社会高度负责的责任感　妇产科工作涉及产妇及婴儿两代人的健康和安全，因此，护理人员必须时刻意识到自己对患者、对家庭、对社会的责任。对孕产妇疾病的治疗要慎重地选用药物，避免对母体和胎儿产生不良反应；产房、婴儿室、手术室要严禁出入，防止各种病菌的传入；妇科患者手术治疗中如要影响或破坏性功能和生育功能，务必向患者反复说明其利害关系，并征得患者及其丈夫的同意，特别是须切除子宫，卵巢时。

四、精神科患者护理伦理

（一）精神科工作的特点

精神科护理工作的对象是各种有精神疾病的患者。与躯体疾病的患者不同，精神科疾病主要表现在精神与行为方面的异常。患者的整个心理过程发生紊乱，重者思维活动脱离现实，难以正确理解客观事物，不能适应社会生活，对本身疾病也缺乏自知力。因此，精神科护理工作有以下特点：

1．配合诊治护理困难　精神疾病的患者常缺少对疾病的自知力，不认为自己有病。因此，无求治要求，甚至强烈反对接受各种必要的治疗，不配合甚至强烈反对接受检查、护理。让患者得到及时必要的治疗、护理是精神科护理工作的一个重要环节。

2．病房护理管理复杂　许多精神患者在病态下无法控制自己的行为，有的患者可能伤人，自伤或毁物，甚至对医护人员有敌视态度；有的表现为孤僻、退缩或意识障碍，生活不能自理，需要护理人员全面照顾；也有些患者虽然从表面看来似乎安静合作，但在病态支配下可发生意外等等，这些都给病房管理增加了一定复杂性。

3．治疗护理易反复　精神患者在发病期间主要施以药物治疗，以控制病情的发展，待症状缓解、稳定后逐渐减量并辅以心理治疗和护理，逐步使病情痊愈。因精神病的发病机制尚不清楚，复发率比较高，在临床护理中应注意观察药物的疗效和毒副作用，不能随意减量或停药，防止复发。

（二）精神患者的护理道德要求

由于精神疾病的临床特点，从事精神科专业的护理人员，不仅需要较高的护理技巧，而且需要高尚的护理道德情操。

1．尊重患者的人格和权益　在精神科护理过程中，护理人员要将患者作为一个人来对待，恪尽职守、关怀体贴、主动关心，认真履行道德义务。遇到受症状支配出现不理智行为或者对治疗、护理不合作的患者时，护理人员要时刻提醒自己，患者的言行是病态的，非正常人所为，要冷静对待，做到打不还手、骂不还口，严格遵照约束标准，正确执行约束制度，不能无故或者为了自己的工作方便而约束患者。在约束过程中注意服务态度要和蔼，使患者消除紧张、恐惧和敌对心理。要尊重患者的人格和权益，给予他们最真挚的服务，体现医学人道主义精神。

2．保护患者的隐私 隐私既包括疾病的隐私又包括身体的隐私。精神患者的病史，包括患者的现实生活和生活经历，以及与疾病相关的刺激事件和不良习惯及行为，较之其他疾病的患者大多更富于戏剧性和故事性。护理人员应严格遵守职业道德，恪守秘密，不能随意暴露患者的隐私，也不可作为谈话的资料。精神疾病患者常常受症状的支配突然出现一些冲动、伤人、毁物或自伤、自杀的行为，护理人员要时刻观察患者的行为，避免意外事件的发生。因此，在基础护理、检查治疗时，应尽量保证有两名工作人员在场；患者沐浴时，在保证两名工作人员在场的同时，可分批进行，避免大量集中暴露，缩短沐浴室与更衣室的距离，避免暴露时间过长，避免异性在场。要尽可能考虑到患者的感受，满足患者的合理要求。

3．正直无私的道德境界 由于精神患者有思维、感知、情感或意志等方面的异常，护理人员要时常留意自己的言谈举止，注意态度要自然、端正、稳重、亲疏适度，不要过分殷勤或有轻浮表现，要时刻保持自尊、自重。在护理工作中，一切活动均以患者利益为前提，决不能利用患者价值观念的紊乱倒错和各种“病态妄想”为自己牟取私利或做出有损于患者利益的事。对来院就诊患者的财物要认真清查、保管，并向其家属交代清楚。在工作中受到患者的不当对待时，也应忍让，不要伺机报复。

4．恪守慎独的信念 精神患者一般无自知力，甚至有人格障碍、情感障碍、意识障碍等，不能对护理人员的工作给予正确的评价。有的患者生活不能自理，对饮食无主动要求，给吃就吃，不知饥饱；有的患者自称有罪而不进食等。这就要求护理人员必须做到恪守慎独，主动、自觉、准确地完成治疗护理任务。在任何情况下，不得马虎从事，敷衍塞责。认为少做一点或做错了也没有关系，反正患者“糊涂”，这是缺乏道德责任感的表现。护理人员应认真履行道德义务，讲究道德良心，尽职尽责，促进患者早日康复。

5．保证患者安全 精神患者由于精神行为异常，特别是处于症状活跃期的患者，某些行为往往具有危险性，如自伤、自杀、攻击行为、出走行为等。尤其是一些抑郁病患者或正处于疾病的恢复期且对未来悲观失望、丧失信心的患者，存在着强烈的自杀倾向。因此，护理人员要严格落实病房的安全管理制度，定期巡视，检查病房内有无刀、剪、绳、带等危险物品。要注意观察，了解每个患者的病情、心理活动和情绪变化，严加防范，杜绝隐患。对恢复期患者要做好心理护理，开导患者，鼓励患者树立战胜疾病的信心。一旦发生意外，要坚决果断地阻止事态发展，并积极稳妥地做好善后工作。此外，护理人员一定要警惕药物、电休克等强迫治疗措施的不良反应和并发症，约束患者时要确保患者的安全，正确采取措施，绝不能滥施强迫治疗和限制行为，要以高度的责任心和精湛的技术，确保治疗护理的安全。

五、传染科患者护理伦理

传染病是指由各种致病性病原体（如细菌、病毒等），通过各种途径侵入人体而引起的传染性疾病。传染病除了给患者带来身心痛苦外，还可以传染给他人，甚至造成暴发流行，严重危害广大人民群众的健康，影响国家的建设、信誉和社会的安定。因此，护理传染病患者有其特殊的道德要求。

（一）传染患者护理的特点

1．消毒隔离要求严 传染病医院（科）是各类传染病集中的场所，每一个传染病患者都是传染病源。为了控制传染病源，切断传染途径，保护易感人群，护士在门诊和病房都应严格执行消毒隔离，包括患者入院时衣物、生活用品以及分泌物、排泄物等的消毒；对患者要严格进行隔离，不允许互串病房，严格探视制度；防止将传染病房内的污物、污水传播到社会、家庭等。因此，严格的消毒隔离制度是传染科护理的重要特点。

2．心理护理任务重　传染科患者的心理错综复杂，压力较大，常见的心理问题是忧虑感、被限制感、孤独感、自卑感和不安全感等。此外，不同年龄、性别、职业、病情等的患者还有个性表现，如急性期传染病患者，常因发病急骤、思想缺乏准备而进入隔离病房，易产生焦虑情绪；慢性患者，常因恢复较慢而悲观失望，或情绪随病情变化波动。因此，心理护理是一项重要的护理任务，护士应帮助患者消除顾虑和心理负担，增强战胜疾病的信心，促使患者尽快康复。

3．社会责任大　在传染病护理中，护士不仅对患者个体负责，而且要对他人、整个社会人群负责。如果护士工作不负责，消毒隔离制度不严格造成院内感染，在一定条件下会引起传染病的暴发流行，从而造成严重社会后果。当前性病，特别是艾滋病，作为特殊的传染病，如不抓紧性健康教育、预防检测及综合治理，会造成性传播疾病的流行，对社会、人群危害极大，应引起社会有关人员的重视。因此，社会责任大是传染科护理的又一极为显著的特点。

（二）传染患者护理伦理规范

1．热爱专业，乐于奉献　在传染病的护理过程中．护士和传染病患者朝夕相处，除要做常规护理、观察病情外，在抢救急危重症患者特别是接触和清除具有传染性的分泌物、呕吐物和排泄物等时，尽管有防护措施，受感染的机会仍然要比其他科室医务人员多。有人调查：长期在传染病房工作的医务人员。鼻咽部常培养出金黄色葡萄球菌或铜绿假单胞菌；在传染病房工作的医务人员患过肝炎的达20%。但是，大多数在传染病院（科）工作的医务人员依然长年累月、勤勤恳恳、任劳任怨地工作。许多医务人员在紧急情况下不顾个人安危为患者吸痰、口对口呼吸。表现出高尚的道德情操，赢得了社会的尊敬。然而，也有少数护士受社会对传染病专业偏见的影响。抱着不得已的想法混日子，不热爱自己的专业，甚至怕自己受传染、家人受连累，得过且过。传染科护士要把热爱自己的专业同责任感、事业心紧密结合起来，树立无私奉献精神，为传染病的防治做出自己的贡献。在抗击“非典”期间，许多护士不顾个人安危，全身心地投入到治疗和护理中，甚至献出了自己宝贵的生命，以自己的行为塑造了一个个白衣天使的光辉形象。

2．尊重患者，调节心理　传染科护士要设身处地为患者着想，要充分体谅他们，理解他们的苦衷，尊重他们的人格和权利。同其他患者相比，传染科患者的心理压力较大，心理需求也较多，护士应千方百计创造条件，运用多学科知识，针对不同患者的心理问题做好心理护理。如对有孤独感的患者，护士要向患者讲解有关传染病知识，讲清隔离的必要性，使之认识到隔离是防止传染病传播的重要措施，并理解隔离是暂时的，主动配合医务人员；对忧虑担心的患者，应向他们讲清传染病的传播方式及预防措施，以科学的态度对待传染病；对自卑患者，护士应主动亲近他们，温和而热情地开导、帮助他们解决生活中的困难，让他们在心理上得到宽慰。总之，护士要使患者拥有良好的心境，从而接受治疗和护理，达到尽快康复的目的。

3．预防为主，服务社会　建国以来，党和政府为防治传染病提出并贯彻了“预防为主”的方针，经过多年的努力使不少传染病得到消灭或减少，传染病已不再是威胁人类健康的主要疾病。但是，也必须看到有些传染病发病率还有上升趋势，特别是早已被消灭的性传播疾病又死灰复燃，肝炎等传染病也大有蔓延的趋势。因此，要树立“大卫生观念”，动员全民重视传染病的防治工作。在传染病的防治工作中，医务人员既有治疗、护理患者的义务，又有控制传染源、切断传染途径和保护易感人群的责任。为此，首先，护士要积极主动参与预防接种，做好儿童的计划免疫工作，以及向人民群众普及传染病知识，如传染途径、早期症状、防治方法，使人们了解到不文明、不健康行为可以导致传染病。其次，护士应加强对传染病患者的严格管理和可疑患者的隔离观察，严格执行各项规章制度，要按照卫生标准做好灭菌消毒工作，防止院内交叉感染。再次，护士应配合卫生员、后勤人员对病房内的污水、污物进行妥善处理：污水必须消毒、净化后再排放；对污物，如患者用过的一次性注射器、针头要集中销毁；传染病患者出院后剩下的物品要做消毒灭菌处理等。做好传染病的防治工作，搞好“三废”处理，这不仅是传染病护理的职业道德，而且是保护环境的社会公德和美德。

本章小结

1．临床护理工作是医院工作的重要环节，是医院护理工作的主要部分。临床护理水平的高低直接影响医院的医疗质量，关系到患者的健康利益。

2．针对门诊、急诊、急危重症患者，各种不同类型的手术患者以及各种特殊患者应根据其护理特点制定合理的护理规范。

思考题

1．在急危重症患者抢救时常会遇到哪些伦理难题？

2．从护理伦理学的角度说明怎样做好妇产科和儿科患者护理工作？

3．概述老年患者、传染病患者、精神患者护理的伦理规范。

（王　杰）

第六章　社区卫生服务护理伦理

学习目标

识记：

说出在突发公共卫生事件中护理人员的责任和义务。

理解：

1．解释社区卫生服务应遵循的伦理规范；突发公共卫生事件应急处理的伦理规范。

2．解释家庭病床护理中应遵循的伦理规范；预防接种中应遵循的伦理规范。

应用：

能在掌握理论知识的基础上，将护理伦理的规范应用于临床实践。

随着医学模式的转变及现代护理的重新定义，护理人员与社会的联系越来越紧密，护理实践正走出医院，延伸到家庭、社区，走向社会。因此，护士不仅要对患病个体、疾病负责，而且必须向个人、家庭和社会提供全方位的健康服务。探讨社区卫生保健、家庭病床、康复护理、自我护理、预防接种、健康教育、突发公共卫生事件的应急处理等护理道德问题，是护理伦理学研究的重要课题。

第一节　社区卫生服务和家庭病床护理伦理

案例 6-1

王阿姨，60岁，9个月前在郑州探亲时突发脑梗死，在家人的陪伴下回到北京急诊入院治疗。经过治疗，王阿姨病情得到了控制，但是留下了右侧肢体偏瘫的后遗症，生活完全不能自理。她情绪十分低落，有轻生的念头。

思考：你作为社区护士，该怎么做？

一、社区卫生服务及其伦理规范

（一）社区卫生服务的含义

社区卫生服务（community health care）是一项综合性卫生保健服务，主要面向城乡基层，实行初级卫生保健，其目的是为社区居民防治疾病，增进健康。

社区卫生保健工作应本着以人的健康为中心，以居民为对象，以家庭为单位，以社区为范围，以需求为导向，以妇女、儿童、老人、慢性患者、残疾人为重点，以解决社区主要卫生问题、满足基本卫生服务需求为目的，开展预防、保健、医疗、康复、健康教育、计划生育技术指导“六位一体”的基本卫生服务。

（二）社区卫生服务的特点

1．服务对象的稳定性 在社区卫生服务中，卫生服务的提供者与社区成员因受同一地域所制约，构成一种相对稳定的“对象性关系”。也就是说，随着地域相对固定和人员相对固定，卫生服务提供者与接受者也相对固定。加之，医务人员将对社区群众提供动态的、持久的、跟踪的卫生保健服务和紧急救治支援，这就使上述相对稳定的对象性关系得以不断深化，逐渐由相对稳定走向相对熟悉。在相对熟悉的基础上，形成一种“责任加友谊”的职业心理，促使医务人员像朋友和亲人那样对待社区群众，社区群众也会将医务人员视为“自己的全科医生”和“自己的责任护士”。

2．服务范围的广泛性 社区卫生服务突破了传统的医疗卫生机构实行内、外、妇、儿等严格分科和明确分工的界限，服务范围不仅包括个人、家庭，还包括社区，体现出医疗卫生事业全科、多维服务的特点。

3．服务内容的综合性 社区卫生服务是集预防、保健、医疗、康复、健康教育、计划生育为一体的，提供兼顾生理、心理、社会的综合性卫生服务，通过卫生机构、社区群众和每个家庭的“联网互动”，形成一种整体化的卫生服务模式。

4．服务的可及性 社区卫生服务从时间、地点和价格等方面保证社区居民不仅利用方便而且能承担得起。社区卫生服务的实践证明，门诊患者和住院的慢性病患者中多数可以在社区得到医治和护理，实现患者的合理分流转诊，可以为患者节省大量的医疗费用。

5．卫生经济的合理性 社区卫生服务必须是简捷、高效、经济、实用的卫生服务。它要求每个医务人员既重视先进技术和设备，又重视适用技术和设备；既注重提高效率，又重视降低成本；既重视工作程序，又重视方便群众。

（三）社区卫生服务的伦理规范

1．文明服务，平等待人

社区居民对社区保健服务的认识和需求是多种多样的，受其年龄、性别、职业、健康状况和文化与道德修养水平等因素的影响。在社区开展卫生服务，护士要直接面向社区居民，应具备较高的道德修养水平。对待服务对象，无论其地位高低、经济贫富、仪表美丑、关系亲疏或信仰、民族不同等，都应一视同仁，文明服务，礼貌待人。社区卫生服务中要充分尊重社区居民“人人享有卫生保健”的权利，以尊重、理解、宽容、支持、合作的方式，更好地为社区个人、家庭、群体提供优质健康服务。

2．钻研业务，精益求精

社区卫生服务具有综合性的特点，所面对的服务对象不像在医院临床工作那样分科明确，护士应具备多学科知识、技能才能胜任工作。这就要求其既要有社区保健的相关专业知识，也要有社会科学知识。因此护士在成为具备多学科理论知识和技能的“全科护士”的同时，还应具有终身学习、刻苦钻研、精益求精的精神。

3．任劳任怨，真诚奉献

由于社区卫生工作以预防为主，效益周期长，很难在短期内见到显著效果，所以不容易被理解和支持，甚至有时会遇到冷言冷语、冷面孔、不配合的情况。因此，护理人员应脚踏实地、勤恳工作、真诚奉献、持之以恒，坚持“预防为主”的方针、“以人为本”的原则，不计名利，不图回报，坚守岗位，默默奉献。

4．恪守规章，强调慎独

社区卫生保健护理要求因地制宜，简洁高效，同时社区卫生服务工作缺乏监管，但每项护理工作都有着具体而严格的操作规范。护士应严格要求自己，恪守操作规程和规章制度，强调慎独修养，杜绝差错事故，落实优质安全护理。例如，疫苗注射要及时正确，不漏无错；各种治疗操作要严格遵照操作规程，遵守无菌技术操作原则；危重症患者及时转诊；暴发疫情及时果断处理；卫生宣传教育要科学准确，生动活泼，注重实效；参与卫生监督、卫生执法任务要秉公执法，坚持原则，遵守纪律，不徇私情。

二、家庭病床护理及其伦理规范

（一）家庭病床的含义

家庭病床（family bed）是医疗机构为适合在家庭条件下进行检查、治疗和护理的患者在其家庭就地建立的病床，是我国家庭护理的主要服务形式。它既是医院医疗服务的有机组成部分，也是社区卫生服务的重要组成部分。

家庭病床把医、护、患、家庭连接成一个整体，融预防、保健、医疗和康复“四位于一体”。它的服务对象主要是：老、弱、残、幼、行动不便和临终患者；无需住院治疗的慢性疾病患者；经住院治疗或急诊留观，病情稳定，但仍需继续治疗的患者；需要住院治疗，因种种困难不能住院而又符合家庭病床收治条件的患者等。家庭病床是社区护理的主要组成部分，它的建立促进了医疗资源的有效利用和重新分配。医院加快了病床周转率，方便了患者，解决了患者住院、陪护、饮食、资金等困难，使许多患者得到及时治疗和护理，从而满足了基层群众的卫生服务需求，提高了社会效益。

（二）家庭病床护理的内容

1．建立家庭病床病历，制订具体治疗、护理方案。

2．定期访视，送医送药，提供各种必要的检查、治疗、护理手段。

3．细心观察患者的生命体征及病情进展情况，发现问题及时报告给有关医生。

4．预防和治疗并发症，如压疮等。

5．指导建立合理的生活、营养、运行等制度和消毒隔离措施。

6．宣传预防保健和护理知识，指导患者或家属做好日常生活护理及简易的技术护理，正确使用家庭医疗器械。

（三）家庭病床护理工作的特点

1．护理内容全面　家庭病床护理要根据患者的病情需要及个体需求，提供综合性、连续性、专业性的健康照护服务。对患者要做全面的护理工作，包括辅助治疗、生活护理、心理护理、健康教育等，护理内容广泛。护士要向患者、家庭做护理示教，提高家庭互助保健和自我护理能力；要善于根据病情的发生、发展进行动态观察，预防并发症的发生，遇到紧急情况或病情突变能应急处理；帮助患者进行必要的功能恢复训练，促进患者康复。

2．护患关系密切　由于家庭病床护理工作的特殊性，护士要深入患者家庭做系统的治疗和护理，会与患者密切接触，详细地了解患者的既往史、现病史、家庭史以及生活习惯、生活环境和心理问题，并与患者及其家庭成员之间进行有效沟通，建立起互相信任、理解、平等、开放的护患关系。要搞好护患关系，家庭责任护士还必须要尊重患者，具备高尚的情操，平等待人，学会容忍，更重要的是必须具备精湛的技术和丰富的专业理论基础。所以，家庭病床护理密切了护患关系，方便了患者，有利于护患之间建立起“指导合作型”或“共同参与型”的关系模式；体现了医务人员全心全意为人民服务的优良作风，有利于医护人员树立良好的医德医风，促进人民群众卫生保健水平的提高。

3．护理要求更高　病残对家庭和患者有多方面的影响，不仅会引起家庭经济生活、社会和人际关系的改变，还会引发患者和家属的心理问题，甚至会对护士态度生硬、缺乏礼貌和不认真配合等，给护理工作增加困难。面对工作中的困难和家庭病床护理工作的特点，家庭病床护士不仅要有娴熟的操作技能、深厚的专业理论知识、良好的应变能力和在紧急情况下独立解决问题的能力，更要有强烈的事业心、责任感和高尚的道德情操。

（四）家庭病床的护理伦理规范

1．按时提供护理服务，维护患者利益 家庭病床地点分散、服务线路长、管理不便，护士必须认真做好服务次序和时间安排，信守诺言、遵守时间、不辞辛苦、上门服务，绝不能因天气、交通、通讯等理由延误治疗和护理；不管患者的社会地位、经济条件、居住条件和距离远近如何，都应一视同仁，把患者的健康利益放在首位，随时为患者着想，严格执行护理计划，为每位患者提供周到的护理服务，保障他们平等的医疗保健权。

2．自律慎独，优质服务 慎独是一种情操、一种修养，也是一种自律、一种境界。家庭病床独特的护理方式使护理人员单独处理问题的机会更多，如果护士为图方便省事而简化操作程序或马虎应付，若不出现问题，患者及家属很难知晓。所以护理人员更要加强道德修养，忠于职守，遵守纪律，自我约束，自觉遵守各项规章制度和操作规程，不以职谋私，达到慎独境界，为患者提供优质服务。

3．明确目标，团结协作 家庭病床的病种繁杂、涉及多种疾病且病情多变，需要临床各科室医护人员共同协作与配合，严格执行查床、会诊、转诊制度。在护理和治疗过程中，护士应仔细核对，杜绝差错，要严格执行无菌操作，并向患者和家属交待注意事项及出现问题时的处理方法，以防意外发生，必要时要增加上门巡视次数。对无人在家守护的患者或有特殊困难的家庭，护士应建立起信息沟通网络，协调关系，及时提供医护服务。

第二节　康复护理和自我护理伦理

案例 6-2

李奶奶，现年82岁。去年10月的一天，李奶奶午休醒来后忽然感到头晕、目眩、四肢麻木、不能言语，被医院诊断为急性脑血管疾病，在医院治疗半个多月后出院。目前李奶奶右侧肢体偏瘫，言语不清。为了使其得到更好的照顾，家人决定将她送到敬老院。老人主观上认为：家人把她弄到敬老院，是嫌她累赘不要她了。一到敬老院就开始“绝食”，不吃东西，也不和人交流，总是独自默默流泪。

思考：如果你是责任护士，该如何对李奶奶进行护理？

一、康复护理及其伦理规范

（一）康复护理的含义

康复护理（rehabilitation mursing）是指在康复医学理论指导下，为达到全面康复的目标，通过护士与康复医师及有关专业人员的共同协作，对残疾人、老年病、慢性病且伴有功能障碍者进行适合康复医学要求的专门护理和各种专门的功能训练，以预防残疾的发生、发展及继发性残疾，减轻残疾的影响，以达到最大限度的康复并使之重返社会。

（二）康复护理的特点

1．连续性 康复贯穿于疾病的全过程，康复应从发病或受伤时开始，这可以极大提高治疗和康复的远期疗效。早期的功能锻炼，可以预防残疾的发生发展及继发性残疾；后期的功能训练可最大限度地保存和恢复机体功能。因此，护理人员不但要重视早期康复，还要对其进行回归家庭和社会的指导。

2．协调性 伤残者的康复过程通常依据“功能训练、全面康复、重返社会”的原则进行，包括医学康复、教育康复、社会康复和职业康复等领域，往往涉及多学科、多专业人员。因此，护理人员要与医生、特殊教育工作者、社会工作者等相互协调，共同完成对患者的康复治疗和护理。

3．自主性　伤残患者由于不同程度的功能障碍，对他人的依赖性较强，但这种过分依赖会妨碍患者功能的恢复，影响其生活质量。康复护理侧重于自我护理，即在实施护理过程中，护理人员应根据患者的病情和活动能力给予适当的指导、帮助，充分调动患者的积极性、主动性。工作的重点是做好残存功能、日常生活能力和使用辅助器具的训练，使患者能够部分或全部照顾自己，适应新的生活，重返家庭和社会。

4．整体性　康复主要内容是伤残患者的功能恢复，在护理工作中应特别注意使用各种疗法加强肢体功能锻炼，尽可能地维持肢体功能。为了使患者更快更好地康复，在注重功能锻炼的同时，还应注意对患者进行心理护理。处于康复期的患者由于功能障碍，生活中往往需要依赖他人，往往有自卑抑郁心理，加之康复时间长，患者会急躁、焦虑。护理人员应深入患者内心，了解患者心理特征，鼓励、支持患者战胜疾病。

（三）康复护理的伦理规范

1．尊重患者，重视心理　伤残患者是一个特殊的群体，心理比较复杂，特别是后天致残者，由于遭受突如其来的严重挫折，中断了正常的学习、工作和生活，甚至毁灭了他们美好的前途，许多人不愿意承认或不敢正视残疾的现实，容易出现焦虑、抑郁、恐惧、痛恨、愤怒、烦躁不安等情绪反应，继而出现孤独感和自卑感，甚至导致人格障碍和行为异常。作为护士应理解、同情他们，随时掌握心理动态，及时做好心理护理，更要充分运用语言艺术，去影响和改变患者的心理状态和行为，给他们以安慰、鼓励和希望；帮助他们重新树立生活的信心和勇气，以勇敢的心态面对未来的生活，从而保证康复计划的顺利实施。

尊重患者的人格与权利是本专业护理人员应当遵循的首要的伦理道德规范。在康复实践中，患者有时会出现无礼的言语、粗暴的行为甚至不近人情，难以使人接受，尽管如此，患者的人格仍应受到尊重和保护，并享受与其他患者同样的医疗权利。护理人员应当对患者一视同仁，以礼相待，对患者应当深表同情与关怀，并应体现在实际护理工作中。

2．任劳任怨，勇于奉献　康复护理的对象多数处于生活不能完全自理的状态，依赖性较强。部分患者长期忍受疾病的折磨及对目前状态的不适应，表现出情感和意志方面发生变化，如容易激动、消极、被动、多疑、暴躁等，对护理人员容易产生无端指责和谩骂，甚至是行为攻击。因此，要求我们护士要做他们的贴心人，遇事要耐心解释，在遭到误解或责难时应予以宽容谅解，豁然处之，任劳任怨、勇于奉献，热情地帮助他们做好日常生活护理和自理能力训练。

3．尽职尽责，耐心训练　康复对象的功能障碍多数时间较长，常常是数月、数年、甚至是终身，这就决定了功能训练及日常生活活动能力的训练是长期而持久的工作。由于患者在听力、智力或语言等方面的障碍，使训练效果常常不理想。这就要求护士在护理过程中细致耐心、认真负责、不厌其烦。对待康复计划，循序渐进，恢复一项巩固一项，不可产生急躁而流露出信心不足的情绪，否则将影响患者的康复效果。此外，护士还要关心患者出院后回归家庭和社会的护理，使康复护理由医院延伸到社区和家庭，使残疾人的身心和社会功能得到最大限度的恢复、代偿或重建。

二、自我护理及其伦理规范

（一）自我护理的定义

自我护理（self-care）是指人类个体为保证生存、维持和增进健康与安宁而创造和采取的行为，最终目标是促进、维持和恢复个体的自我护理能力。

自我护理一词来源于20世纪70年代奥瑞姆（Orem）自我护理理论，奥瑞姆把自我护理定义为个体为生命、健康、发展和安宁而进行的一种习得的、目标指向性的自我照顾活动。自我护理是一个人为了自己的健康不断进行的努力，因此，自我护理的过程应当是渐进的过程。

（二）自我护理的护理伦理规范

1．确立人文关怀护理理念 人文关怀强调尊重人、关心人、理解人、信任人，充分激发人的积极性和自觉性，使个人利益、保护权、人身安全、意愿表达等个人行为受到关注和呵护，即在关注患者身体健康的同时给予其更多的心理关怀和社会功能的维护，能人性化地满足不同患者的心理和社会需要。在自我护理的过程中，由于疾病的原因，患者可能会出现焦虑、恐惧、否认、愤怒等心理问题，也会出现一些特有的心理社会问题。护理人员应在实施护理计划时给予人文关怀，对患者及家属进行心理疏导，帮助患者主观上接受患病的事实，强化其自我责任感，从而调动和激发患者的主观能动性，使其在生理、心理、社会、精神上得以适应。

2．遵循个体化原则 自护程序的确立要从服务对象的生理、心理、文化程度、生活方式、疾病程度与社会支持情况出发，正确评估、因人而异。护理人员应反复核实收集到的资料，并做具体分析，使护理计划切实符合服务对象的需要，以取得自我护理的满意效果。对于危重患者，护理工作应当是完全代偿性的，要设法保存患者的精力和体力，而不勉强他们去从事力不能及的活动。正确评价患者的自护能力，针对他们的实际情况，确定患者不能满足治疗性自护需要的程度，开展有个体特征的自护活动，这是护理人员责任的升华。

3．具有高度的责任感 自我护理是以患者为主体，但仍是护理人员起主导作用，从医学伦理学的角度来看，护理人员道德责任加重了。在护理实践中，有些护理人员为了快速完成护理任务，宁肯自己做，也不愿教给患者自主操作，这是一种不负责任的道德行为；或者是错误地认为自护的提出，是减轻护理工作量，一切都可以交给患者自己去做，如果患者自己不能胜任，则要求其家属代理，这也是一种推卸责任的不道德行为。自我护理是对患者、家庭和社会的全面负责及高度负责。此外，护理人员要以高度负责的精神，时刻评估服务对象的自护能力，一旦发现问题，应立即进行调整，尤其要预先估计到各种意外事件发生的可能性，采取有效的防范措施。

第三节　预防接种和健康教育护理伦理

案例 6-3

一天，妈妈带着小红到医院进行免疫接种，打完针在观察区休息的时候，听见几位妈妈正在讨论接种水痘疫苗的事情。小红下次预约的正好是接种水痘疫苗，于是小红妈妈就加入讨论。其中一位妈妈说："肯定要打进口疫苗，进口疫苗反应小。"小红妈妈说："我们去问问护士就知道了，她们是专业人士。"另一位妈妈笑着说："护士肯定会说进口的好了，进口的疫苗价格贵些，她们有回扣的。"

请问：作为护士，回答这个问题时该遵循哪些护理伦理规范？

一、预防接种的护理伦理规范

（一）预防接种的含义

预防接种（vaccination），即人工免疫，是指根据疾病预防与控制规划，利用疫苗，按照国家规定的免疫程序，由合格的接种技术人员，给适宜的接种对象进行接种，以提高人群免疫水平，达到预防和控制传染病发生和流行的目的。预防接种是提高免疫力、抵抗疾病的有力措施。

（二）预防接种的护理伦理规范

1．满腔热情，认真负责　践行社会主义人道主义，对全社会的人群身心健康负责，是预防保健道德的核心。正确的预防接种，是根治传染病的重要措施之一。护理人员必须有强烈的道德责任感，在接种中做到不漏不错，并做好预防接种的普及宣传工作。每个预防保健护士对自己的工作高度负责，及时通知应该预防接种的人群接种的时间、地点，努力做到预防接种及时、不遗漏，确保预防接种的有效性。

2．尊重科学，实事求是　在预防接种工作中，护士必须具有科学的态度、实事求是的工作作风。必须做到：①根据传染病的特点正确地确定对象；②认真检查接种对象的身体，严格掌握一般禁忌证（如妊娠期妇女、发热及急性传染病、过敏体质、重型慢性病、婴儿严重营养不良等）和特殊禁忌证（如卡介苗，患有湿疹、化脓性中耳炎或严重皮肤病者禁忌接种等）；③对接种出现不良反应者要正确对待并给予迅速处理。同时护士要在专业技术上不断进取，熟练掌握各种疫苗的机制和作用、注射途径和方法、接种疫苗的副作用及禁忌证等；要认真观察接种后的反应，为科研提供反馈信息，以利于新疫苗的研制。

3．团结一致，通力协作　预防接种不仅要对接种对象个体负责，还要对社会负责。预防接种工作需要医务人员、有关社保人员等共同参与，只有积极配合、团结一致、通力协作，才能取得良好的社会效益。护士在开展预防接种工作时应一切从大局出发，任劳任怨、不图名利、兢兢业业，致力于预防保健事业。

知识链接

世界免疫周

世界免疫周为每年4月最后一周，其目的是促进疫苗使用，使所有年龄组人群得到保护，防患疾病。

免疫接种是公认的最成功、最具成本效益的卫生干预措施之一。它每年能防止二三百万例死亡，现在不但能预防诸如白喉、破伤风、脊髓灰质炎这些疫苗已经面世多年的疾病，也能抵御肺炎和轮状病毒肠炎一类的疾病。此外，由于有了新的复杂疫苗，青少年和成人现在也能受到保护，免于流感、脑膜炎和癌症（肝癌和宫颈癌）一类危及生命的疾病。

世界免疫周的最终目标是使更多的人及其社区免患疫苗可预防的疾病。在这一周的时间内，世卫组织及其伙伴将努力做到：使人们相信免疫可拯救生命；在缺医少药的边缘化社区加强动员行动，以增加现有和新近可得疫苗的免疫接种覆盖率；加强全球免疫目标的政治支持。

二、健康教育及其伦理规范

（一）健康教育的含义

健康教育（health education）是指有目的、有计划、有组织地向人群传播卫生保健知识和技术，帮助个人和群体改变卫生观念、自愿地采纳有利于健康的行为，以增强自我保健能力，提高人们健康水平的教育活动。

(二) 健康教育的护理伦理规范

1．坚持人人参与，自觉履行健康责任 20世纪50年代以来，我国的疾病谱和死亡谱都发生了根本性的变化。《中国卫生统计年鉴》显示，影响中国人健康、导致人们过早死亡和残疾的首因是慢性非传染性疾病。影响健康的因素依次是行为、生活方式、环境、生物因素、心理因素和卫生保健服务因素。每个人的行为都会影响他人的健康，个人健康与整个社会息息相关。

护理人员要坚决贯彻预防为主的方针，树立“大卫生观”，把护理服务从医院扩大到人群、社会，由对患者的护理扩大到对健康人的卫生保健服务，把增进人类健康作为自己的道德责任和目标。要正确认识健康是每个人的基本权利、平等权利、普遍权利，要以所有人的健康作为已任，自觉履行自己的健康道德义务，逐步满足人们的生理、心理、安全等层次的健康护理的需要，尊重和满足人类的共同健康利益。

2．积极开展健康指导，完善知识结构 健康指导是指向人们传授健康长寿的知识，使人们自觉地预防和排除致病因素的侵袭，保持和维护身心健康，更好地适应社会活动和达到延年益寿的目的。为了更好地开展健康指导，护士必须进行自我完善。首先，树立起新的健康观，要把人的健康与生物、心理和社会的因素联系起来。其次，要扩大知识面，护士只了解生物医学知识是不够的，还必须加强人文和社会科学知识的学习，努力提高自身的素质和能力。

3．坚持以人为本的理念，提供优质服务 健康是每个公民的基本人权。护理人员要树立以人为本的理念，对服务对象有高度责任心，提供优质服务。如健康教育前要充分评估，确定患者在健康方面的需求，制订个体化的健康教育计划，在健康教育过程中尊重患者，了解患者，尊重患者自主权、隐私权，拉近护患距离，使患者更加信任护士，从而更积极主动配合、参与到健康教育计划中来，切实提高教育效果。

4．坚持以基层和农村为重点，努力普及健康知识 我国是一个农业人口占绝大多数的农业大国，因此长期以来一直坚持要把医疗卫生工作的重点放在农村和基层，健康教育也是如此。目前，我国广大农民的健康状况不容乐观。其中一个重要原因是卫生保健知识的匮乏。因此，健康教育应该面向广大农村和基层，向农民和基层群众普及卫生保健知识，让群众行动起来保护自身健康，这是护士的光荣职责。广大护士要积极参加农村基层初级卫生保健，并把健康教育作为其重要内容。

第四节 突发公共卫生事件应急处理护理伦理

案例 6-4

王晶（1971—2003），2003年抗击非典时，她义无反顾地投入到这场没有硝烟的战争中，忠实履行着一名白衣天使应尽的职责。由于过度劳累和紧张的工作压力，王晶病倒在工作岗位上。在她病重期间，来自广东、北京的著名专家多次对王晶进行了会诊，虽然经过全力抢救，还是没有能够挽留住她年轻的生命。王晶曾说：我是一名护士，作为护士我就是要把患者护理好。

思考：王晶用生命彰显了护士在突发公共卫生事件中的哪些伦理规范？

突发公共卫生事件是一项重大的社会问题，近年来，国际、国内公共卫生突发事件屡有发生，直接影响公众健康、经济发展和社会安定。如2003年发生的传染性非典型肺炎（SARS）、2008年发生的三鹿奶粉事件、“5.12”汶川大地震、2009年甲型流感（H1N1）疫情、

2011 年日本大地震及核泄漏事故、2014 年非洲“埃博拉”病毒传播等。由于突发公共卫生事件涉及面广，影响范围大，一方面对公众身心健康产生危害，可能对公众的行为生活方式及心理产生长远的影响；另一方面，一些突发公共卫生事件涉及社会不同利益，敏感性、连带性很强，处理不好极易造成社会混乱，进而影响社会经济、政治和政府的国际声誉。在这种特殊时期，护士应具有怎样的伦理道德？怎样选择才符合白衣天使的称谓，成为人类生命的守护神？

一、突发公共卫生事件及护理人员的责任

（一）突发公共卫生事件的含义

突发公共卫生事件（emergent public heath events）是指突然发生，造成或者可能造成社会公众健康严重损害的重大传染病疫情、群体性不明原因疾病、重大食物和职业中毒以及其他严重影响公众健康的事件。

（二）突发公共卫生事件应急处理的特点

1．社会性广　突发公共卫生事件影响面广，往往造成人们心理恐慌。如果处置不当，有可能使范围扩大，甚至对日常生活、工作秩序和社会稳定带来深远的负面影响。如 2003 年“非典”危机，不但严重威胁民众的生命健康，而且引起人们的心理恐慌，其影响甚至波及经济、政治、外交等多个领域。

2．群体性宽　突发公共卫生事件受灾遇难的人数往往比较多，呈群体性，涉及面较广。如 2003 年“非典”危机经历了从有限范围的区域性危机、全国性危机直至全球公共危机。2008 年“汶川”大地震造成数万人死亡，数十万民众、伤残人员需要长期心理治疗和精神抚慰。

3．风险性大　突发公共卫生事件的护理具有危险性。突发公共卫生事件往往是突如其来，不可预测，因此，无论是中毒、疫情、安全事故还是群体性不明原因疾病，直接现场接触都是一件危险性的工作。如 2003 年“非典”危机，造成了较多参与救治的医护人员感染病毒，甚至献出宝贵生命。

4．时间紧　突发公共卫生事件的护理工作具有突击性和随机性的特点。公共卫生突发事件发生急骤，往往在人们毫无防范的情况下发生；事件发生时常常是突发性的，患者发病时间集中，数量大，而且病情、伤情、疫情普遍严重，亟须快速作出决策。有关部门、医疗卫生机构应当做到早发现、早报告、早隔离、早治疗，切断传播途径，防止扩散。

5．协作性强　突发公共卫生事件的处理是一项复杂的工程，需要在政府的组织和领导下，多部门、多专业相互支持和协作。突发公共卫生事件应急处理的护理，要求护士既要从宏观上统筹全部护理过程的各个环节，又要一专多能，从微观上处理好每个患者。护理工作必须保持良好的连贯性和协同性，若在护理某个环节的衔接上出现差错和失误，就会对患者的病情转归和生命安全带来不利影响。

6．责任性重　由于突发公共卫生事件环境的严峻和险恶，对突发公共卫生事件的护理瞬息万变，异常复杂。护理工作任务艰巨、责任重大。护士要协助医生对危重患者进行抢救，搞好伤、病、疫情观察，配合各种手术，做好基础护理和专科护理。

（三）突发公共卫生事件分类

根据事件的成因和性质，突发公共生事件分为重大传染病疫情，群体性不明原因疾病，重大食物中毒和职业中毒，新发传染性疾病，群体性预防接种反应和群体性药物反应，重大环境污染事故、核事故和放射事故，生物、化学、核辐射恐怖事件，自然灾害（如水灾、旱灾、地震、火灾、泥石流）导致的人员伤亡和疾病流行，以及其他影响公众健康的事件。

（四）突发公共卫生事件的分级判定标准

根据突发公共卫生事件性质、危害程度、涉及范围，突发公共卫生事件划分为特别重大

（Ⅰ级）、重大（Ⅱ级）、较大（Ⅲ级）和一般（Ⅳ级）四级，分别用红色、橙色、黄色和蓝色作为预警颜色。

其中，特别重大突发公共卫生事件主要包括：

1．肺鼠疫、肺炭疽在大中城市发生并有扩散趋势，或肺鼠疫、肺炭疽疫情波及2个以上的省份，并有进一步扩散趋势。

2．发生传染性非典型肺炎、人感染高致病性禽流感病例，并有扩散趋势。

3．涉及多个省份的群体性不明原因疾病，并有扩散趋势。

4．发生新传染病或我国尚未发现的传染病发生或传入，并有扩散趋势，或发现我国已消灭的传染病重新流行。

5．发生烈性病菌株、毒株、致病因子等丢失事件。

6．周边以及与我国通航的国家和地区发生特大传染病疫情，并出现输入性病例，严重危及我国公共卫生安全。

7．国务院卫生行政部认定的其他特别重大突发公共卫生事件。

（五）护理人员的责任与义务

根据国家《突发公共卫生事件应急条例》，医疗机构及其医务人员包括护士在突发公共卫生事件应急处理中应履行以下责任，这是职业道德的底线要求。

1．服从突发事件应急处理指挥部的统一指挥，相互配合、协作，集中力量开展相关的科学研究工作。

2．对突发事件致病的人员提供医疗救护和现场救援，对就诊患者必须接诊治疗，并书写详细、完整的病历记录；对需要转送的患者，应当按照规定将患着及其病历记录的复印件转送至接诊的或者指定的医疗机构。

3．采取卫生防护措施，防止交叉感染和污染。

4．对传染病患者密切接触者采取医学观察措施，传染病患者密切接触者应当予以配合。

5．收治传染病患者、疑似传染病患者，应当依法报告所在地的疾控中心。接到报告的疾控中心应立即对可能受到危害的人员进行调查，根据需要采取必要的控制措施。

6．对传染病做到早发现、早报告、早隔离、早治疗，切断传播途径，防止扩散。

7．做好疫情信息的收集和报告、人员的分散隔离、公共卫生措施的落实等，向居民、村民宣传传染病防治的相关知识。

二、突发公共卫生事件应急处理的护理伦理规范

1．救死扶伤，敬业奉献 突发公共卫生事件发生后，护理人员经常身处危险和艰苦的工作和生活环境，有时甚至受到生命威胁，即使在自己的安全受到威胁，个人身体遭受磨难的情况下，也不能忘记自己肩负的救死扶伤的神圣使命，要始终把患者和广大人民群众的生命安危和伤痛折磨放在首位。只要伤情、疫情出现，就必须将生死置之度外，奋不顾身地紧急救护，在疫情暴发时，也不能有丝毫的退缩不前。在任何情况下，都要敢于承担风险，勇于承担责任，富有自我牺牲的献身精神。

2．密切配合，团结协作 突发公共卫生事件的应对处理是一项复杂的社会工程，需要各部门的相互支持、协调和共同处理。护士应与各部门及其他人员密切配合，团结协作，共同应对。各级护士要有高度的责任心和科学态度，整个救治和护理过程的每一个环节，都不能有任何的松懈、怠慢和不负责的现象发生。

3．医患利益兼顾、患者利益第一 突发公共卫生事件发生后，为减少人员的伤亡和控制疫情的扩散，需要医务人员以最快的速度进行救治，最大限度地保障患者的身体健康和生命安

全。但是，在保障患者利益时，我们也应最大限度地保障医务人员的利益，只有这样才能更好地调动医务人员的积极性、主动性。

本章小结

1．社区卫生服务具有服务对象稳定、服务范围广泛、服务内容综合、服务的可及性、卫生经济的合理性等特点，在社区卫生服务的过程中，护理人员应遵守“文明服务，平等待人；钻研业务，精益求精；任劳任怨，真诚奉献；恪守规章，强调慎独”的伦理规范。

2．康复护理具有连续性、协调性、自主性和整体性特点。康复护理人员在护理过程中应遵守“尊重患者，重视心理；任劳任怨，勇于奉献；尽职尽责，耐心训练”的伦理规范。

3．预防接种护理人员应遵守“满腔热情，认真负责；尊重科学，实事求是；团结一致，通力协作”的伦理规范。

4．突发公共卫生事件具有社会性广、群体性宽、风险大、时间紧、协作性强和责任性重等特点。在突发公共卫生事件的应急处理中，护理人员应了解自己的职责，履行自己的伦理规范。

思考题

1．请你谈谈社区护士应有哪些行为规范？

2．护士给社区儿童进行预防接种时应遵循哪些伦理规范？

3．突发公共卫生事件应急处理中护士的责任有哪些？

（刘瑾凤）

第七章　临终护理和尸体护理伦理

学习目标

识记：

1. 说出临终护理的伦理规范。
2. 阐述临终关怀的含义及特点。

理解：

1. 解释临终护理伦理意义。
2. 说明尸体护理伦理意义。

应用：

能应用临终护理伦理规范分析并解决临床护理工作的伦理问题。

第一节　临终护理伦理

案例 7-1

一位晚期癌症患者，并不知道自己患的是癌症，且已濒临死亡。家属担心患者承受不住打击，决定不让患者知道实情。但患者非常焦虑，希望知道自己的病情，以便处理自己的一些事情，并且表示无论自己的病情如何，都已经有了心理准备。

思考：此时护理人员应该如何做？

一、临终的概念和临终患者的心理特点

（一）临终的概念

临终又称濒死，指由于自然老化、疾病或意外事故导致人体主要器官的功能趋于衰竭，各种生命迹象显示生命活动趋于终结的状态。我国通常将预计仅能存活两三个月的患者称为临终患者。

（二）临终患者的心理特点

临终意味着面临死亡。在这人生的最后日子里，患者不仅生理上发生了很大变化，还在心理和行为上反应复杂，有时甚至会使人难以理解。因此，了解临终患者的心理变化、行为和需求，将有助于我们提高对临终患者的护理水平。

美国医学博士库布勒·罗斯（Kublet Ross）将临终患者的心理变化过程分为五个阶段，即否认期、愤怒期、协议期、抑郁期和接受期。这五个阶段的划分比较准确地说明了临终患者的心理表现。

1．否认期　患者不承认自己患有“绝症”或病情在恶化，认为可能是医生的诊断错误，

表现为心神不定，同时会把自己与周围环境隔离开来，使自己孤立，企图逃避现实。

2．愤怒期　患者已知病情或预后不佳，但气愤命运为何这样捉弄自己，为将失去健康、生命而感到愤怒。“为什么我要死而不是别人？”情绪几乎难以控制，甚至将怒气转移到医务人员和亲友身上。

3．协议期　愤怒心理消失后，患者开始接受残酷现实并认识到其严重后果，反应趋于平静、随和，同时期待医护人员能妙手回春或延长生命，以便能完成未了的心愿和活动。患者经常忐忑不安，时而安静，时而烦躁。

4．抑郁期　当患者发现身体状况日益恶化，无法抗拒死亡来临，患者深感将失去一切而陷入消沉、抑郁、焦虑、伤感之中，绝望地等待着死亡的临近。

5．接受期　这是临终患者最后的心理反应，患者正视死亡的现实，对自己的后事进行安排，然后平静、安宁地等待死亡最终来临。

二、临终关怀的含义和历史发展

（一）临终关怀的含义及特点

1．临终关怀的含义　临终关怀（hospice）原意为“招待所”“济贫院”，是源于中世纪时期人们为朝圣者和旅游者提供的休息场所，后引申为专门收容不治之症患者的场所。因此，也可以将 hospice 译成“安息所”。当那些病重而濒死的患者住在其中时，会得到教士和修女的治疗和照顾，死后也会得到妥善的处理。

现代意义上的临终关怀是一种“特殊医疗服务”，是对临终患者及其家属所提供的一种全面照护，包括医疗、护理、心理、伦理和社会等各个方面。世界卫生组织对临终关怀所下的定义为：对治愈性治疗已无反应及无利益的末期患者的整体积极的照顾。临终关怀的目的不在于延长临终患者生存时间，而是以提高患者临终生命质量为宗旨，对临终患者采取生活照顾、心理疏导、姑息治疗，从而使临终患者的生命得到尊重，症状得到控制，痛苦得到缓解，生命质量得到提高，家属的身心健康得到维护和增强，使患者在临终时能够无痛苦、安详、有尊严地走完人生的最后旅程。

临终关怀是一门以临终患者的生理、心理发展和为临终患者及其家属提供全面照护的实践规律为研究对象的新兴学科。它包括临终医学、临终护理学、临终心理学、临终关怀伦理学、临终关怀社会学、临终关怀管理学等分支学科。

2．临终关怀的特点　临终关怀的本质是对无望救治患者的临终照护，解除患者对疼痛及死亡的恐惧和不安，使患者能安详、宁静、无痛苦、舒适且有尊严地离开人世。因此，临终关怀医疗服务与一般医疗服务相比具有如下特点：

（1）淡化治疗，强调照护。当一个患者处于临终状态，一般观念下的“治疗”已经无意义。在临终关怀这门学科中，应该充分意识到对临终患者进行治疗的无意义性。所以，对临终患者而言，不以治愈疾病为目的，而是以支持疗法、减轻症状和全面照护为主，最大限度地减轻临终患者心理和躯体的痛苦，使他们在有生的日子里过得更舒服和更有意义。

（2）临终关怀注重生命质量。临终也是生活，是一种特殊类型的生活。提高其生活质量是对临终患者最有效的服务。临终关怀不以延长患者的生存时间为目的，而以提高患者临终阶段的生命质量为宗旨。尽可能地了解及满足患者的各种需要，控制疼痛，尽可能使患者处于舒适状态，提供给临终患者一个舒适、有意义、有尊严的生活，让他们在剩余的日子中能有清醒的头脑，在可控的病痛中与家人共度温暖、接受关怀、享受余晖。

（3）临终关怀注重患者的尊严与价值。尽管死亡是生命活动发展的必然结果，但是临终关怀却强调在临终阶段，患者的个人尊严不应该因为生命活力的降低而被忽视，个人权利也不可因身体衰竭而被剥夺。现代临终关怀创始者西塞莉·桑德斯（Cicely Sauders）博士曾讲过："你是重要的，因为你是你，直至你活到最后一刻，仍是那样重要。我们会尽一切努力帮助你安详逝去，但也尽一切努力令你活到最后一刻。"这段话表明了临终患者个人尊严和生命价值应该得到尊重与维护。

（4）临终关怀是一种整体的、全方位的关怀。临终关怀不但服务于临终患者，为患者提供家庭式的爱抚与关怀，还对其家属予以慰藉、关怀及居丧照护，使他们及时从悲哀和痛苦中解脱出来。

（二）临终关怀的历史发展

在西方，临终关怀可追溯到中世纪的西欧修道院，他们为朝圣者、穷人、患者和临终者提供关怀和照护，成为近代救济院的开始。现代的临终关怀则始于英国的西塞莉·桑德斯博士的倡导，她于1967年在英国伦敦东南的希登汉创办了世界上第一家临终关怀机构——圣·克里斯托弗临终关怀医院，使生命垂危患者能够在精神上、心理上得到充分的护理和安慰，帮助患者能以最大限度的安静情绪和心情去迎接生命的最后一刻。随后，临终关怀作为一种向患者及家属提供全面照顾的社会保健服务，在世界范围内得到了迅速的发展。时至今日，已有美国、加拿大、法国、澳大利亚、日本、中国等60多个国家相继开展了临终关怀服务。

我国临终关怀事业虽然出现较晚，但发展较快。随着1988年国内第一所临终关怀专门研究机构——"天津医学院临终关怀研究中心"成立和第一家临终关怀医院——"上海南汇护理医院"的建成，真正意义上的临终关怀在我国开始起步，并逐渐引起社会各界的关注。北京、深圳、西安、宁波等城市也相继建立了多家临终关怀服务机构，迄今为止，全国已有近百家临终关怀服务机构进行了大量的实践和研究工作，推动了我国临终关怀事业的发展。

三、临终关怀的伦理意义和伦理规范

（一）临终关怀的伦理意义

临终关怀事业始终体现了人道主义和伦理道德的真谛，其目的就是使临终患者的生命质量得到改善，减轻他们的痛苦，使他们感受到人间的温暖，充分尊重人的生命价值，维护人的尊严，帮助临终者走完生命的最后历程。它的伦理意义具体表现为以下方面：

1. 临终关怀是人类对自身关怀的表达 人有生老病死，这是客观的自然规律。在对待生老病死的各个阶段，过去的人们比较重视"生"而忽视"死"，对于"死"很少给予关注和研究，于是在死亡问题上产生了极大的困惑与恐惧，也使现代人的生活品质难以得到真正的提高。所以，我们不仅需要建构一种合理的人生观，还需要拥有正确的死亡观。这样既能提升生命的质量，获得幸福快乐的人生，同时也能消除对死亡的恐惧，平抑死亡引发的悲痛与创伤，并使人生充满永不枯竭的动力，最终超越死亡。因此，当代死亡理论应运而生，它肯定了死亡的价值，使人们坦然接受死亡，死得安详、舒适、无痛苦、有尊严，这体现了人们对死亡提出的更新、更高的要求。临终关怀的开展一方面可以使人们直面死亡，在心理上不畏惧死，从而享有"生"的欢欣和"死"的尊严；另一方面也使人们可以正常地思考有关死亡的各类问题，为面对他人，尤其是自我生命的终点做好心理准备，从而既幸福地"生"，也坦然地"死"。这充分体现了人类对自身生命质量无止境的追求，表达了人类对自身的关怀。

2. 临终关怀是医学人道主义的具体体现 医学人道主义是指在医学领域内，特别是在医务人员与患者的关系中，医务人员爱护和关心患者的健康，尊重患者的人格和权利，维护患者的利益和幸福的一种伦理观念。医学人道主义精神在生命问题上的体现，不仅在于解除人们肉体上的病痛，还应充分体现在注重人们精神上的慰藉以及临终关怀阶段。当一个患者处于生存无望的人生终末阶段时，除了缓解肉体的痛苦外，最需要的就是人间的温暖、社会的尊重、精神的照护以及亲情的关怀。临终关怀恰好能满足这样的需求，它并不是以延长患者痛苦的生命为目标，而主要是满足临终患者和家属在生理、心理和社会等方面的需要，使患者在一个舒适的环境中有尊严、无遗憾地离开人间，使亲属心灵上得到慰藉。它突出体现了尊重患者的生命、尊重患者的生命价值、尊重患者的人格和权利的理念，这恰恰是医学人道主义的具体体现。

3．临终关怀是社会文明的进步，顺应了时代发展要求　临终关怀所倡导的对社会弱势群体予以关爱的思想，正在吸引着社会上越来越多的个人和团体关心并参与这项事业，使他们付出自己的财富、时间以及感情，给临终患者及其家属以全面的关怀。同时也使临终患者的家庭、亲朋好友给予临终患者更多的照顾和爱心，从而让越来越多的临终患者享受到临终关怀的温暖。临终关怀是现代社会最具人性化的一项医学发展，它不仅顺应了医学模式转变的趋势，还适应了人口老龄化的社会现实。随着全世界社会老龄化的到来，尊敬老人，善待临终患者，将成为各个国家社会生活中一个重要的主题，临终关怀的作用和价值将越来越重要，它是符合社会发展需要的公益性事业，也是社会文明和进步的体现。

4．临终关怀可以节约卫生资源，符合社会公益　医学高新技术的发展使医务人员维持临终患者的濒死状态、延缓死亡的到来成为可能。但是这种延长生命的结果一方面增加了临终患者的痛苦，另一方面也加重了家庭成员的经济和心理负担，并且浪费了大量的卫生资源。临终关怀不是侧重对患者进行毫无意义的抢救，而是提供缓解性、支持性的安宁照护，尽可能地减少患者的痛苦，使其坦然愉快地走向人生终点。所以，发展临终关怀事业将有利于为社会和人类节省人力、物力资源，使资源分配更加合理，促进经济发展和社会主义现代化建设。

（二）临终护理的伦理规范

英国圣乔瑟夫临终关怀机构的院长汉拉蒂（Hanratty）曾说：“正如出生的过程，死亡亦需要高度熟练的医护照顾。”当一个患者濒临死亡时，将由以治疗为主转变为以全面照护为主，其目的在于缓解患者躯体的疼痛，减轻心理压力，提高其生存质量，维护患者人格和生命的尊严。为此，临终关怀的医护人员要遵守相应的伦理规范。

1．尊重临终患者的权利　临终患者都希望自己在人生旅途的最后一程仍像常人一样地活着，享有自己的利益和权利要求。他们希望获得他人对自己生活方式的尊重，有权参与治疗和护理方案的制订，对自己的病情有知情权和隐私权，有选择死亡方式的权利等。诸如此类维护自身权利的需求，都是患者自尊的表现，在临终关怀中应尽量予以满足。

2．加强临终关怀教育　临终关怀工作需要全社会的理解和支持。首先，应在社会上利用多种渠道进行宣传教育，让人们懂得临终关怀的意义和作用。同时，要让全社会都了解做好临终患者的关怀照护，不仅是患者亲属和医务人员的责任，还是全社会的责任，是中华民族优良道德品质的体现。

临终关怀教育包括两方面内容：一是对患者进行死亡教育，树立科学的死亡观。医务人员要让患者理解，死亡是生命发展的必然归宿，恐惧与逃避死亡均于事无补。唯有正视死亡，坦然处之，才是对待死亡的正确态度。平静、无痛苦、有尊严的死亡才是终末期患者生命质量的期望和追求。二是向社会进行宁养服务的宣传，将临终关怀作为人口老龄化社会问题予以关注，加强医护人员的心理、社会和伦理教育。临终关怀教育是整个医学教育的重要组成部分，随着社会的发展，需要在实践中不断拓展临终关怀事业，使其能真正深入人心，全社会都应加强关心和重视。

3．了解患者的生理状况及需要，减轻患者的疼痛，做好生活照护　由于临终患者生命垂危，他们最需要的已不再是治愈，而是减轻痛苦和维护尊严。在临终患者的躯体症状中，最难忍受的是疼痛。注意观察患者、及时减轻或控制疼痛是临终照护第一位的要求。控制疼痛要做到及时和有效，应当给患者以足够有效的止痛药而不是限制其使用。在减轻患者疼痛的同时也要做好生活照护。在饮食起居方面，应积极为患者提供良好的服务，满足他们的生理需要，尽量创造条件为患者提供舒适、温馨的环境，病房内摆放一些鲜花、播放一些轻快的音乐，使其陶冶性情，减少焦虑。此外，还要帮助患者调整舒适的体位，补充营养和液体，注意患者的清洁卫生等，做好患者的生活护理。

4．耐心做好心理治疗和护理，尽量减轻患者对死亡的恐惧和忧虑 临终患者的心理过程非常复杂，其心理和行为反应具有易发怒、易恐惧、易焦虑、易悲伤的特点，心理上的需求往往超过对药物的需求。再加上临终患者的社会地位、文化背景、世界观和人生观不同，使他们的心理、行为反应有很大差异。医护人员应以极大的同情心和责任感，针对临终患者的共同及个体的心理、行为反应进行劝导，有针对性地开展心理治疗和护理，从各个层面给予关怀、安慰和支持，帮助患者树立健康的心态，勇于面对现实，理性地迎接死亡。理解、宽容、善待患者的情感，坦诚地与患者沟通，减轻其心理压力，满足患者的心理需要，这是临终关怀的基础和精髓。

5．同情和关心临终患者的家属 死亡是死者的不幸，更是生者的不幸。可以说，临终患者家属的精神痛苦不亚于患者的躯体痛苦。由于临终患者可使往日平静的家庭生活被打乱，加上沉重的经济负担和精神上的压力，以及在感情上难以接受即将失去亲人的现实等一系列问题，临终患者家属的心理常处于应激状态，心情变得异常沉重和苦恼，甚至烦躁易怒。临终关怀事业的特点就是对临终患者及其家属进行全方位的照护，因此，必须对患者家属做好安慰、劝导工作，使其从焦虑、痛苦、恐惧的压力下解脱出来，同时还要主动协助家属处理死者善后，帮助他们早日从失去亲人的悲痛中解脱出来，回归正常的生活轨道。

第二节　尸体护理伦理

案例 7-2

2004 年 3 月 24 日，浙江的一对夫妇带患病的女儿到上海某医院进行治疗。28 日，其女儿因病情恶化离开了人世。这对夫妇和医院签订了女儿尸体的火化委托书，双方约定由这对夫妇委托医院办理火化其女儿的尸体事宜。29 日，尸体火化前，这对夫妇去查看女儿尸体时，发现尸体中的部分内脏器官已存在毁损情况。这对夫妇怀疑有人盗窃女儿内脏，就向公安机关报案。

经公安机关侦查，原来是医院的一名医生切割了尸体上的部分组织。但据医生讲，他切割尸体上的部分组织，目的是希望找出致病的基因，并没有其他的意图。法院审理后认为，医生的行为是职务行为，不应当由该医生来承担民事责任。医院未经允许而切割尸体的行为属于伤害死者亲属感情并侵犯了其人格尊严的行为，应当承担相应的民事责任。2005 年 8 月，上海市杨浦区法院判决作为被告的医院向原告书面赔礼道歉，并赔偿原告精神损害抚慰金 6000 元。

思考：在尸体护理过程中，医护人员应遵守哪些伦理规范？

一、尸体护理的概念及其伦理意义

（一）尸体护理的概念

尸体护理是护理人员在患者死亡后对死者尸体所进行的一项护理，其目的是保持尸体清洁无味、五官安详、肢体舒展、体表部位状态正常、易于鉴别等。

（二）尸体护理的伦理意义

尸体护理是对临终患者实施整体护理的最后步骤，也是临终关怀中的一项重要内容，其社会意义十分深远。做好尸体护理，不仅是对死者人格的尊重，还有利于安慰死者的亲友。对其家属而言，死者依然是可亲、可敬的亲人，永远活在家人的心中；其同事和朋友也将永远铭记其生前的贡献，怀念与其相处的美好时光。因此，护理人员做好尸体护理，既是对死者家属极大的安慰，也是对社会的尊重，体现了人道主义精神和崇高的护理职业道德。

二、尸体护理的伦理规范

（一）尊重死者，尽心护理

在尸体护理中，护理人员应始终保持着尊重死者的态度，及时、严肃、妥善地护理好尸体，认真细致、一丝不苟地按尸体护理程序进行操作。护理人员不能认为尸体已无知觉而随意摆弄，轻率暴露；不能有轻视、厌烦的态度；不能违背处置规程或任意省略操作环节；更不能在死者旁边谈笑风生，嬉笑逗闹。

（二）劝慰解释，安抚家属

让死者安息，让生者满意，是护理人员的工作职责。死亡对患者来说是痛苦的结束，但对家属而言是个沉重的打击，因此，做好死者家属工作是护理人员应尽的道德责任。对死者家属的悲伤，护理人员要给予理解，多作劝慰、解释、安抚工作，帮助其从极度的悲哀中解脱出来。护理人员要利用适当时机，对死者家属进行有关死亡的科学教育，使之尊重生命的过程，勇敢地面对现实、接受现实；同时，要劝导其节哀保重，以健康的心态度过悲伤，安排好日后的工作与生活。

（三）尸体处置，妥善负责

在尸体护理中，护理人员必须要担负对他人、社会的道德责任，妥善处置尸体。患者死于医院病房，可能惊扰其他患者，使之受到不良刺激。因此，护理人员在患者临终时，应将患者转移至抢救室或单人病房，以便进行临终前的必要处理及死后尸体护理；若床位紧张，亦应设置屏风遮挡视线，以防同一病房其他患者受到不良刺激。患者死后尸体应尽快移出病房或送太平间。遇有传染患者死亡，其尸体护理必须严格按隔离消毒常规进行，病室及死者用物应给予彻底消毒，以防传染病传播，以维护他人健康和社会安全。

（四）遗嘱遗物，妥善处理

死者的遗嘱、遗物对其家属来说十分重要，所以护理人员要尊重死者意愿，尽心尽责，妥善清点、保管和处理好死者的遗嘱、遗物。如果死者家属在场，应将其及时转交给家属；如果家属不在，应由两名护理人员共同清点、记录，并交有关人员代为保管，并通知家属前来认领。护理人员绝不可草率行事，对死者遗嘱、遗物不管不问，随意处理；更不能将死者贵重物品占为己有，违背基本道德。死者遗嘱具有法律意义，护理人员担当见证人时一定要慎重行事，如有死者生前委托，一定要按照其意愿，将遗嘱交给其家属或单位领导或他人。同时，要尊重死者的“隐私”，切不可到处乱传遗嘱内容。

本章小结

1．临终关怀是对临终患者及其家属提供的一种全面照护。临终护理的伦理规范包括：第一，尊重临终患者的权利；第二，加强临终关怀教育；第三，了解患者的生理状况及需要，减轻患者的疼痛，做好生活照护；第四，耐心做好心理治疗和护理，尽量减轻患者对死亡的恐惧和忧虑；第五，同情和关心临终患者的家属。

2．尸体护理是护理人员在患者死亡后对死者尸体所进行的一项护理。尸体护理的伦理规范包括：第一，尊重死者，尽心护理；第二，劝慰解释，安抚家属；第三，尸体处置，妥善负责；第四，遗嘱遗物，妥善处理。

思考题

1．对临终患者的愤怒期护理人员应如何处理？

2．护理人员在临终护理中应遵循哪些伦理规范？

3．简述尸体护理的伦理规范。

（贾珍珍）

第八章 护理科研伦理

学习目标

识记：

1. 说出护理科研的基本内容、原则和伦理原则。
2. 说出人体实验的基本设计原则、类型以及伦理原则。

理解：

1. 解释护理科研的定义，列举护理科研应注意的伦理问题。
2. 解释人体实验的含义，列举人的生物医学研究史上违背人类伦理的事件。
3. 列举人体实验的伦理规范文件、人体实验的伦理问题。
4. 解释医院伦理委员会的特性和作用。

应用：

能在护理科研实践中规避伦理问题，遵循伦理原则。

第一节 护理科研及其伦理意义

任何一门学科的发展都依赖于科学研究，护理学也不例外。护理科研是用科学方法反复地探索、回答和解决护理领域的问题，直接或间接地指导护理实践的过程。护理学作为一门以实践为基础的综合性学科，要从理论、专业技术到实践不断取得进步，其总工作量的5% ~ 10%应该用于科学研究。随着社会的发展，人们越来越呼唤科学的护理，护理科学研究作为护理学的一个重要组成部分，越来越受到重视并取得一定的成果，对护理学的发展起着推动作用。

案例 8-1

沙利度胺，又名反应停，1956 年在联邦德国首次作为处方药上市，科学家们说它能在妇女妊娠期治疗孕吐反应，并有安眠作用，疗效明显，于是它成了“孕妇的理想选择”。“反应停”被大量生产、销售，迅速流行于欧洲、亚洲、北美洲、南美洲的 17 个国家，仅在联邦德国就有近 100 万人服用过“反应停”。随之而来，许多出生的婴儿都出现四肢短小以及器官畸形，形同海豹，被称为“海豹肢畸形”。1961 年，该症状终于被大量的流行病学调查和市场实验证实是孕妇服用“反应停”所导致的，短短的几年中导致 12 000 多名婴儿的畸形。经过媒体的进一步披露，人们才发现，这起丑闻的发生是因为在“反应停”出售之前，有关研究机构与人员并未仔细检验其可能产生的不良反应。美国媒体将反应停事件列为 20 世纪十大科学错误之一。

思考：“海豹畸形儿”事件带给人类的警示是什么？

一、护理科研的相关概念与现状

（一）护理科研的定义

护理科研是运用科学方法，对护理学领域的未知事物进行反复的探索、系统的观察、有目的的收集资料、严谨的科学分析的一种认知活动。简单地说，护理科研是用科学的方法反复探索、回答和解决护理领域的未知问题，直接或间接地指导护理实践的过程。

（二）护理科研现状

1．国外护理科研现状 任何一门学科的发展与进步都离不开科研活动，护理科研是推动护理学科发展，提高临床护理质量的重要手段。20 世纪 50 年代护理科研在美国兴起，60 年代之后，美国、加拿大等国家的学者才陆续提出一些护理科研的道德原则。

1968 年，美国护士协会研究委员会制定了一系列的护理科研道德原则，其中要求护理教育界应指导学生保护科研对象的人权。1985 年又发表了《护士临床及其他研究人员的人权指引》，其内容主要为：研究要征得受试者的书面同意；保护受试者的隐私；在协作发展护理研究、促进服务质量的同时，也负起保障人权的责任；护士应主动监督科研对象的人权保障情况。

1983 年，加拿大护士协会也发表一份《护理研究运用于人类的伦理指引》，其内容简要如下：必须具体说明研究的益处，把不成熟的研究运用于人是不合伦理的；必须向研究对象保障其参与研究属于自愿，其隐私权会受到保护；对无行为能力的人应予以适当的保护；必须保护研究对象使其不受精神、情绪、道德或身体的伤害；从研究获得的益处应远超过潜在的危险性。

美国的波利特和亨格勒 1987 年在她们所著的《护理研究：原则与方法》一书中提出，护理在进行科研时应考虑下面几个道德原则，即尊重研究对象的知情同意权、免于伤害权、隐私权和匿名权。

国外在论及护理科研道德原则时多侧重在研究对象的权利方面，较少论及其他方面。事实上，护士在进行科研时，不仅应尊重研究对象的人权，还应考虑到研究对象的心理感受、休养环境的物质条件等方面，这样有利于满足研究对象的各种合理要求，对其健康进程有益。

2．我国护理科研现状 我国护理科研尚处于起步阶段，受国际大环境的影响，我国的护理科研发展也取得了可喜的成就。

（1）研究成果初显科学性。随着我国高等护理教育的发展与完善，护理人员的综合素质有了很大的提高，尤其是科研素质提高较快。从 20 世纪 80 年代开始，护理人才培养从专科层次提高到本科层次，再从硕士研究生提高到博士研究生。高等护理教育的发展培养了护理研究人才，掌握科研知识及写作能力的高级护理人才增加，护理论文由以往的描述性和叙述性文章转向有严谨科研设计和统计学处理的文章，使护理研究不断深入，研究成果的可信度提高，促进了护理科研的发展。

（2）护理研究范围扩大。当前临床护理研究的范围包括临床护理理论、临床护理技术、急救护理、重症监护、心理护理、护患关系、医疗新技术及新业务的配合护理等方面。除了临床护理研究，还有护理教育、护理管理、社区护理、护理伦理与法律等方面的研究，家庭护理也在不断地开展和深入。

3．目前我国护理科研仍存在诸多的问题，主要表现在三个方面：

（1）护理科研发展缓慢。一是研究范围不够广泛。我国护理学研究的范围多局限于医院中，未深入社会、家庭、健康人群中，内容也以专科护理为主。很多护理领域的研究处于刚刚起步阶段，心理护理、人文护理等的研究远远落后于发达国家。二是具体问题方面的研究不够深入。只有大的框架，而无具体详尽的内容。三是科研内容重复无创新。由于护理人员人文科学知识的匮乏，护理科研的理论层次得不到提高，加之护理人员查新意识淡薄，所选课题经常重复，研究的内容更谈不上创新性。

(2) 科学性须进一步提高。虽然我国的护理研究取得了较大进步，但还有很多不足之处，影响到我国护理科研结果的可信度。一是国内护理文献中前瞻性的研究文章和系统的有特色的专科护理文章仍然较少，许多是临床护理工作经验的总结、介绍，回顾性研究多于前瞻性，观察或调查性应用研究多于实验研究。二是选用量性研究方法的多，并以调查法（问卷调查）收集资料为多见，而质性研究方法采用较少。三是科研思路不够开阔，只停留在解决问题的阶段，还未上升到研究的阶段。

(3) 科研成果不能及时应用于实践。护理科研的最终目的是为指导和推动护理实践的发展，但现实中，护理研究成果在临床护理实践中推广困难，一些有价值的研究成果，包括实验研究、经验总结等，在实际的临床工作中很少得到应用。同时，科研护士与临床护士缺乏沟通，临床护士没有时间阅读科研资料等是科研与临床难以结合的原因。护理人员缺乏科研意识和信息意识，导致研究的成果即使发表在各类期刊中，也无人及时发现和运用，这也增加了护理研究成果推广的难度。

二、护理科研的基本内容和原则

（一）护理科研的基本内容

1．护理学基础理论的研究　护理科研要从护理学的任务与范围出发，以现有的自然科学、社会科学等方面的成就为基础，形成本学科的理论。解释、说明各种护理技术、护理操作及护理要求的基础理论，加强护理规范与医学基础理论的联系，使二者有机地结合起来；按照加强、做好心理护理的要求，以当代心理学、社会学、行为学的成就为基础，形成心理精神护理学与社会护理学，并使之成为护理学的重要理论基础；护理学基本模式或指导思想的研究；护理组织管理学也是护理学基础理论研究的一个重要方面；此外，还应研究护理如何进入社会、家庭，如何参与疾病的预防，以及健康的保持与健康水平的提高等问题。

2．基础护理与各专科护理理论及技术的研究　用当代医学新知识对各种护理规范作出理论解释，使护士不仅知其然，而且知其所以然，增加知识深度，发挥护士的创造性。在基础护理中运用物理学、生物学、生物化学等知识，对常见的护理难题进行研究，如预防褥疮、营养支持等。在临床护理中不断总结经验教训，去粗取精，创造护理新技术、设计新器械、提出新观点等。

3．保健中的护理工作研究　社会保健的领域十分广泛，其中包括社会保健的组织、疾病的预防、心理卫生的咨询、家庭卫生指导、各种特殊人群（如老年人、儿童、孕妇、残疾人等）的保健工作。护士在参与一系列的社会保健工作中，对各种存在或潜在的问题，都可以逐一研究。

（二）护理科研的原则

1．需要原则——研究的方向　包括实际工作的需要和科学理论体系的需要两个方面。

(1) 有违科研导向的不选。护理杂志有导向和宣传作用，不刊登和当前政策法规、行业规则、学术导向相违背的研究论文，不刊登严重责任事故以及违反护理职业道德的个案报道。

(2) 可能导致法律纠纷的不选。随着我们国家法制的健全和公民法律意识的提高，护理行为和护理文书记录越来越多地赋予了法律意义，在论文写作中同样应提高法律意识，以免陷入法律纠纷中。

（3）护理质量不高的不选。刊登的科研论文应以其科研成果的先进性成为学术交流的促进者，因此，太低的质量就失去了别人借鉴学习的意义。

2．创新原则——研究的本质特征 科学研究贵在创新。所谓创新，就是要走前人没有走过的路，研究解决前人未能解决或尚未完全解决的问题。

3．可行原则——研究的现实条件 可行性包括理论上的可行性和实践上的可行性。可行性在很大程度上取决于研究者本人和研究者所在单位的主客观条件。与自己专业差距较大的课题不选，与自己实际水平、知识结构距离较远的课题不选，资料来源有困难的不选，应在自己熟悉，资料较多，与自己的实际业务水平相近的领域内选题。

4．科学原则——研究的内在要素 所谓选题的科学性，即命题的提出必须以理论依据和实践依据为基础。因此提出的假说必须与科学的原理和规律性相符合，评价技术路线和指标的参照标准必须具有相应的理论和实践依据，必须要有严格的统计学分析等。

5．适中原则 选题涉及的范围要适中，针对性要强，把问题写深写透，不可贪大求全，不宜小题大做。

三、护理科研的伦理原则

案例 8－2

韩国科学家黄禹锡在动物克隆领域掌握的技术已得到世界科学界的承认，他得到了政府极大的支持和民众近于膜拜的景仰，拥有着“克隆之父”“民族英雄”以及“韩国最高科学家”等耀眼的光环。但这个放牛娃出身、经不懈奋斗才获得成功的科学家，最终在虚荣心膨胀、急功近利的心态下制造了科学研究的骗局。

2006 年 1 月 10 日，韩国首尔大学公布了黄禹锡造假事件的调查结果，确认他在国际权威杂志《科学》上发表的两篇论文确属编造数据，随之韩国政府取消其“最高科学家”称号，免去其担任的一切公职，黄禹锡等六人因涉嫌欺诈罪、挪用公款罪并违反《生命伦理法》被提起诉讼。

思考：黄禹锡学术造假案提示护理科研工作者应该具备哪些伦理素质？

（一）造福人类的伦理原则

推进医学发展，造福人类，是护理科研的根本原则。按照什么样的原则选题，常常涉及护理科研的方向和为谁服务的问题。在医学科学发展史上，研究者以他们崇高的精神和坚强的毅力，不断开拓医学研究的新领域，为人类的健康作出了杰出的贡献，确保科学研究沿着造福人类服务社会的方向发展。1900 年美国医生拉奇尔为探究黄热病的传染源，消除黄热病对人类的危害，让蚊子在自身叮咬做试验，染上了黄热病，从而证实蚊子是黄热病的传播媒介，34 岁的拉奇尔因此而献身，并得到世人的敬仰。第二次世界大战期间，日、德法西斯为了达到非医学目的，在被侵入国家进行残忍的“人体实验”，把神圣的医学科学研究变成了赤裸裸的杀人试验，把医学变为残害人类的武器，利用医学手段为罪恶的战争效劳，背离了医学的宗旨和目标。只有目标指向符合国家、社会和人民的需要和利益，才是善的、允许的，才是符合护理科研的伦理原则。

（二）献身医学的伦理原则

献身医学是医学道德的最高境界，是医学科学追求造福人类崇高目的的具体体现。科学研究是一种探索性的活动，在未知世界未被认识之前是无法驾驭的，往往隐藏着危险性。同时，医护科研劳动具有特别的艰苦性，需要付出巨大的精力和毅力，一个重大研究课题的突破，往往需要科研人员多年的呕心沥血，经过若干次失败才能获得成功，任何科研成果都凝结着科研人员辛勤的劳动和无私奉献。一代伟人居里夫人，1900 年为了了解镭对人的皮肤的烧伤状况，专门把氯化镭包在自己的前臂上，几小时后观察反应，取得了第一手的数据。她一生献身于放射性元素的研究，自己也最终死于放射线引起的恶性贫血。

（三）严谨治学的伦理原则

严谨治学就是在尊重科学、尊重事实的前提下，以严肃的作风、严格的要求、严密的方法，探索事物发展变化的客观规律，反映客观事物的本质。医护科研是项艰苦细致的工作，需要进行大量的试验，许多医学科学的成果都是在试验基础上，经过认真严密的综合分析概括总结后产生的。

严谨治学是医护科研造福人类的科学保证，是医护科研发展的前提条件，也是医护科研最基本的道德原则。医护科研所揭示的是关于人的生命健康疾病的规律，是对人的生命和健康负责，离开实事求是就谈不上科学，更谈不上道德。1973 年 4 月，美国著名科学家塞宾在美国科学院的一次集体会上宣布，他发现疱疹病毒可以引起某些人体肿瘤。但一年后他又宣布收回以前发表的材料，因为在以后的实验中无法证实其科学性。这种敢于修正错误的胸襟是严谨治学的表现，值得后人学习和发扬。

医护科研中一切虚假和欺骗现象可能暂时会蒙蔽一时，但假象和谬论随着时间的推移终究会被戳穿和否定，并为社会所不齿。医护科研史上，有不少自毁声誉者。1987 年，英国《自然》杂志披露：截止到 1981 年被揭露的 12 年间，“年轻的心脏病研究者约翰·达西博士共编造假论文 100 篇以上”。该事件成为国际上臭名昭著的“达西事件”。

（四）团结协作的伦理原则

现代医学的突出特点是跨学科、多层次的联合，团结协作是医学发展的必然要求。团结同道，通力协作，优势互补便成为医护科研的道德重要原则。现代电子技术，信息技术，核物理技术等在医学上的应用，使医学和科研水平有了大幅度的提高。医学科学的研究领域在不断拓展，这也带动了相关学科、边缘学科的发展，集体攻关成为现代医护科研的突出特征。有资料显示，获诺贝尔奖的科学家中，有三分之二是与别人合作研究而出成果的。控制论的创始人维纳说过：“现代科学研究由个人完成重大发明的时代，已经同爱迪生一去不复返了”。科研成果的取得，离不开个人的作用。个人在科研中的思维和作用应当得到充分的尊重和肯定。我们在肯定个人作用的同时，又不能忽视集体力量的作用，个人是离不开集体的，尤其是现代医学科学的研究，个人的力量显得非常单薄和狭窄，必须依托集体的合作。

团结是在尊重科学的前提下实现的，正常的学术观点的争论并不违背团结的原则；协作是在平等合作的原则下建立起来的，贡献有大小之分，水平高低往往表现在不同的研究领域，博采众家之长才是科研协作的根本内涵。

（五）合理保密的伦理原则

医护科研活动中有保密问题，但对保密范围程度应作具体分析。合理保密是对医护科研工作者劳动成果和创新积极性的保护，也是维系医护科研秩序的保证，有利于医护科研的活动连续性，促进医学科学发展，因而具有道德意义，是医护科研道德的重要原则。

医护科研的每一项发现和成果，都是为人类谋利益的，都是为了医学科学的发展和进步。从这个意义上讲，医学科学是公开的面向全世界全人类的，没有绝对保密。可是，由于现实社会生活和世界趋势的复杂性，医护科研活动常常会受到社会上政治、经济等多种关系的影响和制约。所以世界各国的医护科研都会在一定时期或一定范围内存在保密的问题。

合理保密不只是为了整个国家和人民的利益，为了保证某项研究能排除外界的干扰，在有限的时间内顺利地完成，也是为了保护个人的合理利益，保护知识产权，但并不排斥互相之间必要的学术情报交流，不排斥成果转让或共享。

四、护理科研应注意的伦理问题

（一）选择护理科研课题应注意的伦理问题

选择护理科研课题是整个护理研究的开始，也是护理研究的关键。决定一项研究课题可行性的因素很多，但其中需重点并优先考虑的是该研究课题是否有违伦理道德问题，如果有，则应放弃或改用动物试验。此外，由于人的生命是不可逆的，在护理科研选题时应当注意遵循有利和不伤害原则。不伤害原则包括不允许有意的伤害和存在任何伤害的危险，不管其动机如何；有利原则是不伤害原则的高级形式，即不仅应当避免伤害患者，而且应当促进其健康，这也是临床护理科研最终的目的和意义所在。尽管护理研究本身就是探索未知的活动，但也不能把不成熟的护理干预措施应用到患者身上。在人体实验前，必须有可靠的动物实验作基础，当动物实验结果证明确实对人体无害后，才能逐步过渡到临床试验或人体实验。因此，护理科研工作必须谨慎、周密，防止可能给人们带来的一切潜在危害。

（二）设计研究方案时应注意的伦理问题

在设计研究方案时应注意遵守护理伦理公平性道德规范，如关于健康教育的研究中，将患者按有无健康教育进行分组研究是不妥当的。众所周知，进行健康教育是护士的基本职业要求，这样人为地剥夺一组患者享受健康教育权利的做法有违护士职业道德，同时也不符合整体护理要求。此外，对于研究方案中的实验组和对照组最好能做到随机分组，使每位患者承受危害和享受到的利益机会均等，要特别注意不要使研究的危害不公平地过分集中在某些患者身上。在进行某些改进的护理措施的有效性研究时，不能为了得到阳性结果而对试验组患者关怀备至，而对对照组患者不理不睬，从而人为造成实验误差。

（三）资料收集时应注意的伦理问题

收集资料时应首先做到使研究对象知情同意，知情同意是对研究对象个人尊严和自主性的尊重，也是对其个人自由选择权的保护。在进行人体实验时必须充分尊重被研究者的利益，必须始终把被研究者的利益放在第一位，应始终以被研究者的人权作为不可逾越的终极界限。人文关怀是护理学的最终目的，在临床护理研究中只有实现了对被研究者的尊重，才能取得大众对护理科研的支持和拥护，护理学也才能实现其人道主义救助和人文关怀的理想。因此，在临床护理科研的实践中，凡涉及人体实验的操作，都必须由从事此项研究的人员对被试验者事先详细讲解该项研究的目的、意义、方法及可能出现的不适和潜在的危险，征得被试验者的理解和同意，使被试验者自愿地参加并配合该项实验。当被试验者有思想顾虑，不愿公开某些涉及个人隐私却对研究结果有用的资料时，研究者应诚恳地解释这些资料对研究的重要性，帮助被试验者消除思想顾虑。当被试验者仍拒绝回答时，应尊重被试验者的隐私权，不能逼迫、要挟，对与研究无关的问题不要主动询问。此外，收集资料时要注意内容对研究对象有无伤害，我们不难想象对临终患者调查其对尸体护理的看法将造成其身心的巨大压力。

（四）分析、整理资料及撰写论文时应注意的伦理问题

分析、整理资料时应注意客观、真实，不可弄虚作假。撰写论文时注意保护患者的隐私，一般说来，应删除能直接表明研究对象身份的内容，如患者姓名、住址、病历号等等。不用“刘某某”等不尊重患者的代号、符号。注意保护患者的秘密，尤其是写典型病例的个案护理时注意不损害患者的声誉，以免给研究对象造成不好的影响和引起不必要的纠纷。

第二节 《赫尔辛基宣言》与人体实验伦理原则

案例 8-3

2006年12月，利比亚一家法庭作出裁决，认定5名保加利亚护士和1名巴勒斯坦籍医生蓄意向400名儿童传播艾滋病病毒，因此判处他们死刑。据利比亚检察机关指控，这些护士和医生1999年在利比亚班加西地区一所医院内工作期间，出于实验的目的给几百名儿童和妇女注射艾滋病病毒，致使数十名儿童死亡。

思考：1．医护人员开展此项人体实验符合科研道德吗？

2．在进行人体实验时怎样规避受试者的风险？

一、人体实验概述

（一）人体实验的含义

人体的医学发展史表明，中西方医学都发端于人体实验。在人类与疾病作斗争的起始阶段，人们就是通过亲身的尝试、体验来发现、研究各种针药的治病效果的，中国古代典籍《淮南子·修务训》记载："神农氏尝百草之滋味，一日而遭七十毒。"《史记·补三皇本纪》介绍："神农氏尝百草，始有医药"。在古希腊也有医神埃斯克雷波斯在荒山野村考察动植物性质的传说。这些神话传说都反映了人类早期的医学活动是离不开人体实验的。近代医学的发展，无一不是建立在人体实验成果基础上的。如哈维（1578—1657）血液循环原理的发现，琴纳（1749—1823）牛痘接种的发明。可以说，没有人体解剖学、实验生理学等一系列的实验医学成就，生物医学的兴起和繁荣是不可想象的。现代医学的发展，无论是基础医学研究，还是临床医学研究，同样依赖于人体实验。从某种意义上说，没有人体实验，就不会有医学的进步。

人体实验是直接以人体作为受试对象，用科学的方法，有控制地对受试者进行观察和研究，以判断假说真理性的生物医学研究过程，它在医学研究中有着极其重要的地位。

人体实验是医学基础研究和动物实验之后，常规临床应用之前不可缺少的中间环节。因为，第一，动物实验的结果不能直接推广应用到人体。由于人和动物毕竟有本质差异，人既具有生物属性，又具有社会属性；既有生理活动，又有心理活动。而且，人体的生命现象和疾病现象是最高级、最复杂的物质运动形式，个体之间也存在着很大的差异；因此，任何一项新生物医学成就，包括新技术和新药物，不论通过理论研究和动物实验创立了多少假说，也不管在动物身上重复了多少次试验，在应用到临床以前，都必须经过人体实验。第二，对于不能用动物复制模型的疾病，更需人体实验。有些疾病是人类所特有的不能用动物来复制疾病模型，对这类疾病的研究，只能做人体实验。如果取消人体实验，而把只是经过动物实验研究的药品和技术直接、广泛地应用于临床，那么，就等于在所有的患者身上做实验。这是对广大人民群众的健康和生命极其不负责任的，也是严重违背医学道德的。第三，排斥人体实验会带来严重后果。排斥人体实验，将没有经过检验的药物进入临床应用，将直接危害人们的健康和生命。

（二）人体实验的基本设计原则

1．对照原则　设立对照组的意义在于使试验组和对照组内的非处理因素基本一致，使处理因素的效应得以显示。对照的基本形式有空白对照、实验对照、标准对照、自身对照、相互对照和历史对照等。

2．随机原则　随机化分组就是使每个受试对象被分配到试验组或对照组的机会均等，分组不受人为因素的干扰和影响。这是保证试验中非处理因素均衡一致的重要手段。可以使用随机数字和随机列表进行分组。

3. 重复原则 所谓重复，就是试验要有足够的样本含量，是消除非处理因素影响的又一个重要手段。

4. 均衡原则 所谓均衡就是各组的受试对象除接受的处理因素不同外，其他影响试验效应的非处理因素要基本相同。只有在均衡的条件下，各组才具有可比性，方可客观地反映处理因素的效应。随机分组是保证各组均衡的重要方法。

（三）人体实验的类型

1. 自体实验 即研究人员利用自己的身体进行试验研究。研究者或者因担心试验会对他人带来不利影响，或者试图通过试验亲自感受以获取第一手资料，或者由于其他某种原因。此种实验结果准确可靠，体现着科研人员为探索真理的崇高献身精神。

2. 自愿实验 即受试者本人自觉自愿参加试验研究。对于某些新药、新技术，参试者可能出于经济目的、健康目的或为了解决某些社会问题而参加试验。受试者可以是患者，也可以是健康人。

3. 欺骗实验 即通过向受试者传达假信息的方式而使受试者参加的人体实验。所谓欺骗，是动机在于传达假信息的行为，使自己以为真却让别人信其为假、自己以为假却让别人信其为真的行为。生物医学研究人员明知试验会有危险，但为了达到试验目的，或利用患者的求生欲望，或利用某些人追求某种利益，采用传达假信息的方式，而使受试者接受的某些试验。

4. 强迫实验 即违背受试者意愿而强制进行的人体实验。一般见之于战争年代，在政治或武力的压力下，强迫受试者接受他们不愿意参加的人体实验。强迫实验不仅侵犯了受试者的人身自由，而且可能对受试者造成严重的身体和精神的伤害。

后两种人体实验无论后果如何，在道德和法律上都应受到谴责和制裁。

（四）人体实验的历史教训

在涉及人的生物医学研究的历史上，发生过无数次的违背人类伦理的事件，成为人类实验史上的惨痛教训。

知识链接

1946年在德国的纽伦堡军事法庭上诞生了世界上第一部规范人体实验的《法典》即《纽伦堡法典》，开启了人类理性规范人体实验的先河。在此之后，人们经过理智的思考，以此为蓝本，制定了包括《赫尔辛基宣言》《东京宣言》等一系列规范人体实验的国际《法典》，并得到了国际社会尤其是医务界的广泛认可，使医学人体实验日益走向规范化，在现代医学和社会发展进步中发挥着日益重要的作用。

1. 德国纳粹的人体实验 在第二次世界大战期间，纳粹医生曾经使用大批完全健康的人（主要是犹太人，也包括吉普赛人、战俘、政治犯和其他人）做人体实验，为纳粹德国发动第二次世界大战服务，杀害了无数的平民百姓，而这些医生很多是当时颇有名望的医学专家。

2. 日本法西斯731部队的人体实验 日本侵略军在侵华期间，为了制造造价低、杀伤力大，又不易发现的细菌武器，于1935年组建了以细菌战为目的的731部队，即石井支队。他们使用健康的中国人、俄罗斯人、朝鲜人、蒙古人和某些欧洲人等进行活体人体实验，使大量的战俘和平民在人体实验中死亡。为了杜绝德、日法西斯分子把人当做实验品的非人道行为，保护医学科学的尊严和人类自身的利益，国际社会多次研究并制定了人体实验的道德准则，使人体实验能在正确的道路上进行。

3．塔斯基吉梅毒研究　从1932年开始，美国公共卫生署在阿拉巴马州的塔斯基吉医院，对黑人进行了一项梅毒不治疗病程将如何进展的研究。1945年青霉素已经广泛使用，这是一种治疗梅毒既安全又有效的药物。然而1945年后，该医院原先的梅毒研究方式并未停止，依然在继续。一直到1971年一家媒体的记者揭露了此事，此项试验才被迫中止。

4．柳溪肝炎研究　纽约斯特登岛的州立柳溪医院是一家专门收治“弱智”儿童的医院，1956年该医院的一个研究所开展一系列预防传染性肝炎方法的实验。弱智儿童的父母被告知除非接受试验才能把孩子送进研究所，否则需要等待两年才能进去。为了了解肝炎的传播途径，试验者给这些儿童喂食人类粪便的粗提炼物，试验后期，在对病原体有了更多了解后，受试者被改喂纯病毒。结果，柳溪医院一年接收的儿童中，85%患上了肝炎。

5．犹太人慢性病医院癌症研究　1963年纽约斯隆-凯特灵癌症研究所对21位患者注射外源的肝癌细胞悬液进行研究，以观察患者身体排斥能力的下降是由于癌症引起的还是由于这些患者的衰弱引起的。他们认为，这项研究是非治疗性的，通常无需患者同意，因此，没有经过他们同意便注射癌细胞。后来，纽约州立大学董事会对此进行调查，揭露了他们弄虚作假、欺骗和违反专业精神的行为。

二、人体实验的伦理原则

案例8－4

1995年，美国哈佛大学公共卫生学院在中国安徽农村进行了15项人体医学研究计划，对象是大别山区西县的农民。根据计划，数以万计的农民参加“体检”，先后被抽了二次以上血样。但是这些农民根本不知道自己和家人的血样被送到何处，以及被做何种用途。2002年3月美国政府“人类研究保护办公室”根据1999年的调查报告认定，哈佛大学在中国农村进行的15项人体研究存在严重违规行为。2002年5月哈佛大学校长劳伦斯萨默斯在访问北京大学并做演讲时，公开承认哈佛大学在中国安徽农村所进行的人体研究行为是极其错误的。

思考：1．本案例侵犯了中国参与受试农民的何种权利？

2．哈佛大学公共卫生学院在我国农村所进行的人体研究行为是否合法？

（一）人体实验伦理规范文件

人体实验具有重大的伦理意义，这决定着我们应该并且必须进行人体实验，而在人体实验中存在许多伦理难题，又决定着我们必须通过理论规范去化解这些伦理矛盾，以保证人体实验符合人类伦理。为此，国际社会和许多国家非常重视对受试者的保护，制定并通过了大量法规文件。

1．《纽伦堡法典》　1945年11月20日至1946年10月1日，在约伦堡对德国法西斯首要战犯进行了国际审判。其中包括对法西斯医生的审判，原因是他们曾经使用大批完全健康的男子、女子甚至儿童进行大量人体实验，为法西斯德国发动第二次世界大战服务。最终23名医学战犯中，7人被处死刑，9人被处无期徒刑或10年以上的徒刑。约伦堡法庭还制定了一些基本原则，作为人体实验的行为规范，即《约伦堡法典》。法典明确提出了人体实验的十条道德要求，其中包括“受试者的自愿同意绝对必要”“对社会有利”“立足动物实验”“避免伤害”“保护受试者”“研究者科学合格”等原则规定。

2．《赫尔辛基宣言》　1964年6月在芬兰赫尔辛基召开第18届世界医学协会联合大会，通过了《赫尔辛基宣言》，它是涉及人体对象医学研究道德原则的理论文件。之后，第 29 届、第 35 届、第 41 届、第 48 届、第 52 届、第 53 届、第 55 届、第 59 届世界医学协会联合大会又对《赫尔辛基宣言》作了修订，使之更适合当代医学发展的情况。2002 年在华盛顿，2004 年在东京分别对《宣言》的第二十九条和第三十条进行了注解，2008 年在首尔对《宣言》进行了进一步的修正，修正后扩展了《宣言》的适用对象，重申并进一步澄清了基本原则和内容，加强了对受试者的权利保护，同时还增加了临床试验数据注册和使用人体组织时的同意等新内容，提高了人体医学研究的伦理标准。

《赫尔辛基宣言》肯定了人体实验在医学研究中的必然性和地位，确定了人体实验的道德准则，强调了人体实验的开展必须以普遍的科学原理和动物实验为前提；突出了自主原则、有利原则、无伤原则及知情同意原则。同时，赋予了临床医师从事涉及人的生物医学研究科学责任和道德使命。目前，《赫尔辛基宣言》成为涉及人的生物医学研究的国际指南。

3.《伦理学和人体研究国际指南》与《人体研究国际伦理学指南》 1982 年，世界卫生组织和世界医学组织理事会联合发表了《人体生物医学研究国际指南》，主要目的是为《赫尔辛基宣言》提供一个详尽的解释，促进人体实验和研究理论原则的正确运用，克服了对知情同意重视不够的缺陷。1993 年，世界卫生组织和世界医学理事会进一步作了修订，联合发表了《伦理学与人体研究国际指南》与《人体研究国际伦理学指南》，强调对一些缺乏有效预防和治疗措施的疾病的患者，人体研究可能成为其可能收益的唯一途径的事实。这两个文件和《赫尔辛基宣言》规定的涉及的生物医学研究的伦理原则，为国际和各国家医学组织和个人所公认和遵守。

4.《贝尔蒙报告》 1974 年 7 月 12 日，美国在国家研究法生效后，建立了国家保护生物医学和行为研究受试者委员会。该委员会的职责之一，是鉴定涉及人的生物医学研究的基本伦理原则，以及制定这类研究应该遵循的符合这些原则的具体准则。委员会经过四年的努力，于 1979 年 4 月 18 日出台了《贝蒙尔报告》。

《贝蒙尔报告》明确提出“尊重人”“有利”“公正”的生命伦理学原则，这三个原则在研究行为中应用的具体体现分别是：要求知情同意、进行风险 / 受益的评价，以及受试者的选择在程序和结果上公平。

5.《涉及人的生物医学研究伦理审查办法（试行）》 我国非常重视医学研究中的受试者保护，卫生部成立涉及人的生物医学研究伦理审查委员会，并于 1998 年制定了《医学研究伦理审查指导》。卫生部依据《中华人民共和国执业医师法》和《医学机构管理条例》的有关规定，于 2007 年 1 月 11 日颁布实施了《涉及人的生物医学研究伦理审查办法（试行）》。该办法规定了为了保护人的生命和健康，维护人的尊严，尊重和保护受试者的合法权益，进行伦理审查的有关规定。成立伦理委员会，依据国际生命伦理原则，遵循伦理审查程序加强对伦理审查的监督管理条例，是涉及人的生物医学审查的关键。

6.《药物临床试验质量管理规定》 为保证药物临床试验过程规范，结果科学可靠，保护受试者的权益并保证其安全，国家药品监督管理局根据《中华人民共和国药品管理法》《中华人民共和国药品管理法实施条例》，参照国际公认原则，于 2003 年 6 月 4 日颁布实施了《药物临床试验质量管理规范》。该规定明确指出，所有以人为对象的研究必须符合世界医学大会《赫尔辛基宣言》，即公正，尊重人格，力求使受试者最大程度可能避免伤害。尤其是在第三章“受试者的权益保障”中规定，“伦理委员会”与“知情同意书”是保障受试者权益的主要措施，并对此进行详细规定。

（二）人体实验的伦理原则

1. 医学目的原则 人体实验必须符合有利于医学和社会发展的医学目的，这是人体实验的根本道德原则。人体实验的医学目的包括三个方面：必须是为了增进诊断治疗和预防等方面的措施；必须是为了对疾病病因与发生机制的了解；可以是为了获得新的医学科学知识，但只能是以患者在诊断治疗的实验中得到益处为前提。

2．维护受试者利益原则　人体实验必须以维护受试者利益为前提，这是人体实验最基本的道德原则。《赫尔辛基宣言》强调，“患者的健康将是我的首要考虑”。根据《赫尔辛基宣言》的要求，人体实验必须站在受试者的立场上，维护受试者的健康。维护受试者的利益，应体现在实验的全过程。

3．知情同意原则　《纽伦堡法典》指出：“受试者的自愿同意绝对必要”《赫尔辛基宣言》中指出：“有知情同意能力的个体作为受试者参加医学研究必须是自愿的，尽管同其家人或社区负责人进行商议可能是合适的，除非他或她自由表达同意，否则不得将有知情同意能力的个体纳入研究中。”医学试验中的一切人体实验，无论是临床的还是非临床的，都应当在试验前，把试验的目的、过程、意向、方法、预期效果、可能出现的后果及其危害，以及试验者将会采取的医疗保护措施和手段等，逐一如实向参试者及其家属交代清楚，使受试者知情，并在没有任何外在压力和诱惑的情况下，自愿同意参加试验。

4．科学性原则　符合医学目的要求，获得受试者的知情同意后，人体实验还必须遵循科学原则，才能真正维护受试者的利益。人体实验从设计到实施，都必须遵循普通认可的科学原理、实验方法和分析方法，整个实验过程，自始至终都有严密的设计和计划，严谨的操作和严格的控制，以保证人体实验在科学规范的轨道上运行。

三、人体实验的伦理问题

（一）实验对象的伦理问题

实验对象从纵向看，包括胚胎、胎儿、新生儿、儿童、青年、老年人、临终者以及尸体；从横向看，包括各类不同病症的患者、正常人，还包括各类特殊人员，如收容人员、囚犯等。虽然人体实验的对象有所不同，但从科研道德而论则是相同的，人体实验必须保护、尊重和促进人的生命价值和尊严。综观护理科研，无论是提高护理质量或是改进和完善临床上常规运用的理论和方法，只要涉及人体实验，就要强调对受试者的利益和尊严负责，最重要的是取得受试者的知情同意和自由选择，避免任何形式的诱导、欺骗和强迫。

（二）实验动机的伦理问题

人体实验存在社会公益和患者利益间的矛盾。以社会公益为目的的实验动机，符合科研道德，但它却是一种心理活动，具有内在性特点，不易判断，如是否隐含个人追求名利，或实验对医学科学发展有利，但存在对受试者造成伤害，这就要求科研人员有高度的伦理学认识及科研道德素养。对人体实验动机和目的的评价必须首先考虑受试者的现实利益和治疗意义，其次才是考虑医学知识的进展和积累。

（三）实验方法和结果的伦理问题

医务人员通常被认为在道德和法律意义上是受试者的信托人。作为实验者应在尊重人的价值原则和医学目的原则基础上选择最佳的实验方案，尽量减少对受试者的伤害，这是对受试方法和受试结果的伦理评价。为减少对受试者的心身伤害，《赫尔辛基宣言》提出了临床实验需要遵循的最基本的四条原则：第一，参试者的人格和尊严必须得到尊重和保护；第二，研究过程必须完整，临床试验必须在临床前期试验的基础上进行，其本身必须是科学、可行的；第三，必须将临床实验的有关事宜通告受试者；第四，只有受过训练及有经验的临床研究人员才有资格从事临床实验工作。

（四）知情同意中的伦理问题

知情同意是一个完整的概念，但包含两层含义，即知情权和同意权。知情是同意或拒绝的前提，同意是知情的结果。知情同意这项国际准则的提出源于国际性的医疗卫生实践所引发的道德难题，而并非出自一般性的理解探讨或哲学思辨。在不同的国家、宗教、文化之间，人们所持有的伦理原则不一致，但无论什么国家、宗教和文化都不能因强调其独特性而回避这些问题。人体实验最早的伦理法典就是《纽伦堡法典》，在十条人体实验伦理规范中，第一条就是受试者的知情同意原则，即接受试验者必须自愿同意参加，必须具有法律能力和自由选择的能力填写同意书，不受任何欺骗、胁迫、劝诱、恐吓或任何强迫手段的驱使。研究者有责任让受试者对实验的主题、时间、目的、方法、可能的伤害、不便、对健康或个人的影响有充足的认识和了解，以便受试者作出决定。1964 年的《赫尔辛基宣言》对知情同意做了进一步、更细致的补充。第一，若断定某一新的治疗方法具有挽救生命、恢复健康或减轻痛苦的作用，应首先采用之。但在采用之前，应向患者解释清楚，征得患者的同意。对无行为能力的患者，必须事先取得法定代理人的同意。第二，必须对受试者说明该研究的性质、目的和危险性。第三，在患者尚未完全知情及表示同意之前，不可对其施行临床研究。若其为无行为能力者，则必须取得其法定代理人的同意。第四，受试者的同意须以书面为凭。

四、医院伦理委员会

（一）医院伦理委员会现状

1. 国外的现状 美国可以说是世界上提出并建立医院伦理委员会最早的国家。回顾美国医院伦理委员会产生发展的过程可以看出，大约在 20 世纪 70 年代中期，美国社会中的一些具有先见之明的医学家、医学伦理学家、生命伦理学家、医院管理学家、哲学家、社会工作者等就萌生并提出了建立医院伦理委员会的主张与设想。1975 年，美国医生 Kitten Ted 在《贝勒法律评论》中，曾提出有关伦理委员会的思想。同年，美国《医学伦理学杂志》第一期刊登了梅伊的文章，讨论了伦理委员会的组成和职能。1976 年，美国新泽西州发生了著名的凯瑞·安·昆兰案件，引起了当时美国人对医院伦理委员会更多的关注与思考。此间，美国在其首都华盛顿召开了有来自 38 个州和加拿大的医生、护士、医院管理者、社会工作者和牧师等共 200 多人参加的全国医院伦理委员会专题会议，与会的代表对什么是医院伦理委员会及其功能展开了讨论。美国医院伦理委员会的实体组织大约普遍建立于 20 世纪 80 年代的初中期。

日本最早的医学伦理委员会成立的历史背景是，世界首例试管婴儿在英国取得成功后，德岛大学医学部妇产科教授森崇英，计划开展这一技术的临床应用，于是向主管部门征求意见，以此为契机，1982 年 12 月 9 日，德岛大学设置了医学部伦理委员会，这是日本最早成立的伦理委员会。委员会最初的议题就是对体外受精、胚胎移植的临床应用进行审议。具体地说，这既不是针对药品的临床试验，也不是针对以人为对象的研究，而是针对治疗的伦理审查。此后，日本各地大学纷纷成立了伦理委员会。

国外产生发展的医院伦理委员会这种新生事物，绝不是什么偶然的现象，而是其国家政治、经济、文化、科技发展的必然结果。它顺应了社会发展的趋势，代表了事物发展的方向。事实证明，它的产生极大地促进了医学科学和医疗卫生事业的发展，和谐了医患关系，保证了医学技术的最大善用，有着极其深远的意义。

2. 我国的现状 医院设有伦理委员会的信息自 1987 年传入我国后，有关建立医院伦理委员会的消息和社会舆论 20 年来从未间断。但是，至今我国医院伦理委员会的建设步伐仍不够大。1999 年 9 月 1 日，国家药品监督管理局下达《药物临床实验规范（GCP）》（2003 年 6 月修订）和卫生部下达相关法规作了明确规定后，为了接受药物临床试验工作或开展某项生物医学技术，才在相关医院建立了伦理委员会。当前，医院伦理委员会建设发展不平衡；伦理委员会行为规范性尚不健全；伦理委员会的工作制度还停留在初建阶段，缺少对伦理委员会的管理监督；有的医院建立了伦理委员会，却不开展活动，形同虚设；对于医院伦理委员会，还存一些异化的理解，认为医院伦理委员会只不过是个“橡皮图章”，是闯关的“通行证”，其审查只不过是走走过场。新时代我国医院伦理委员会的建设与发展，有助于提高我国医院的管理水平，促进我国和谐社会的建设与发展。

（二）医院伦理委员会的作用

1．保障受试者在临床试验中的权益　在药物临床试验中，患者或受试者是“弱势群体”，伦理委员会是保护患者权益的重要组织。有关受试者的权益的保障问题主要是通过伦理委员会对受试者的研究方案、研究人员、受试者知情等进行伦理问题方面的讨论。保障研究方案科学、研究人员资质合格、向受试者说明有关试验的情况充分、通俗，即让受试者完全知情。如一旦出现利弊并存的矛盾，在权衡利弊时应采取“两害相权取其轻”的原则，并尽可能采取措施予以避免，对研究者和临床应用者的计划和行动要作出科学的判断，如对人体有可能出现伤害的情况，应立即予以停止，保障受试者在临床试验中的权益。

2．预防研究者在研究试验中出现的医学伦理失误　伦理委员会通过对本单位进行的医学伦理学方面的知识的宣传和教育，提高广大医务工作者伦理学素质；通过对本单位研究项目的审查，为研究者提供伦理建议，以帮助决定研究方案中是否充分保护受试者，是否完善了伦理要求等，从而避免了研究者在研究中出现的伦理学偏差或失误，保护研究者免受心理的或人身的伤害。

3．保护研究单位、申报单位和社会公众利益　伦理委员会对药物临床试验的审查，保护了受试者的权益，避免了研究者的医学伦理失误，就避免了不必要的经济损失，这就保护了研究单位、申报单位利益。临床研究不出现严重的事件，自然就保护了社会公众利益。

4．咨询服务　国外医疗机构伦理委员会大都负有咨询服务的职责，一些较大的医院甚至在其伦理委员会下设专门的伦理咨询委员会，负责向患者、家属和临床医务人员提供伦理咨询服务，以帮助咨询对象凭借对伦理原则的正确理解妥善处理医疗过程中遇到的伦理问题。随着社会的发展，我国也会开展这方面的服务。

5．宣传与教育　医院伦理委员会应成为医院医学伦理学教育的主体机构并负责具体实施。医学伦理素质是从医者解决医学伦理学问题的认知、判断、价值决策、情感、作风、破解难题能力、优化选择智慧等综合医学伦理学素养和品质。委员会应对本医疗机构的医务人员进行必要的医德医风教育和医学伦理知识的培训，组织必要的考核，并应建议和督促医疗机构有针对性地制订学习计划，形成一定的学习制度，使医务人员理解和掌握医学伦理的基本要求，提高其伦理学素质；同时，委员会还需借助一定的方式开展对患者、家属和公众医学伦理学基本知识的宣传，以唤起人们对医学伦理的关注，增强患者的维权意识，增强对医学临床研究的理解，减少医患冲突。

（三）医院伦理委员会伦理审查的内容

医院伦理委员会负责审查医院开展的涉及人的生物医学研究方案的科学性和伦理性，包括药物和医疗器械（注册）临床试验，采用现代物理学、化学和生物学方法在人体上对人的生理、病理现象以及疾病的诊断、治疗和预防方法进行临床研究。

1．伦理审查申请文件　医院伦理委员会对各类临床试验进行审查时，需试验者提供以下申请文件：

（1）药物（注册）临床试验

（2）医疗器械（注册）临床试验

（3）医院临床科研

2．伦理审查的主要内容　包括研究方案的设计与实施；试验的风险与受益；受试者的招募；知情同意书告知的信息；知情同意的过程；受试者的医疗和保护；隐私和保密；涉及弱势群体的研究。

(1) 研究方案的合理性。包括权衡受试者预期的利益与风险是否合理；选择对照药品的依据（选择安慰剂做对照时，需对安慰剂在伦理学上是否合理作出评价）；中途退出 / 终止标准；对高风险试验是否有充分的质量与安全控制；是否有相应的应急措施。

(2) 研究单位、人员的资质。包括研究者须具有相应专业技术职务、行医资格与经验；无潜在利益冲突；有足够的参与人员；是否有合适的试验场地、设施。

(3) 受试者保护情况。包括知情同意书内容是否充分尊重受试者、提供信息是否完整易懂，能否保证自愿；对试验相关过程有无说明，获得知情同意的过程是否详细，风险是否详细描述；对可能给受试者带来的利益和其他可供受试者选择的治疗方法是否作出说明；是否强调受试者应自主决定是否参加试验，即使拒绝或退出也不会遭到报复、歧视；受试者的支出与补偿是否恰当；受试者个人信息隐私的保护是否妥当，对生物学样本的二次或多次使用是否作出说明。

（四）加强我国医院伦理委员会建设

目前，我国的医学伦理委员会尚处于起步阶段，需要不断地实践和探索。借鉴欧美、日本等发达国家医学伦理委员会的经验，可以得到以下几点启示：

1．消除顾虑，加快建设医学伦理委员会的步伐 一些医院的领导和医务人员，似乎对伦理委员会心存顾虑，以为它是专给医院找麻烦的。实际上，医学伦理委员会所提供的是对医患双方的保护，它的目的和效果，是使医疗服务的质量更佳，患者对医院更加信任，而不是跟医院和医生作对。

2．努力挖掘传统文化 挖掘传统文化，包括传统医学文化中优秀的伦理精神，将其整理成为符合中国国情的伦理原则或理念，这是完成培养作为机构的伦理见解、制定机构的伦理政策之任务的必要前提。著名生命伦理学家恩格尔哈特说：“伦理委员会帮助人们去认识自己，去明确扎根于各自土地上的道德元素”“不应该简单地、被动地、盲目地接受美国的标准。”我国优秀的儒家、道家等传统文化思想所包含的伦理精神博大精深，对亚洲邻国甚至世界的哲学思想产生了巨大的影响，只有扎根在中国的土地上，才能建立起真正保护中国百姓的生命伦理原则。

3．重视理论联系实践，勇于创新 从上面论述的历史背景可以知道，医学伦理委员会的产生是由于医学研究和医疗技术的进步，为治疗疾病提供了多种选择的可能性，并要求人们作出选择。医疗决策如何进行？应该由医生决定？患者决定？家属决定？还是共同决定？伦理委员会需要依据伦理原则进行伦理判断。伦理的判断有两个因素：一个是原则，即理论；一个是判断，即实践。随着医疗和社会的不断进步，可供选择的方案越来越多。伦理委员会必须紧密结合医疗实践，不断提高理论和伦理判断的能力。

4．加强对生命伦理学专业人才的培养 生命伦理学的研究是一门新兴的跨学科的研究，自 20 世纪 70 年代兴起，逐渐形成了理论的框架。目前我国具有生命伦理学系统专业知识的人才少，影响了伦理委员会发现问题和进行伦理审查的能力，医学院校应大力促进生命伦理学的教育和研究。

5．增强横向联系，推动医学伦理委员会之间的交流 日本从 1988 年就开始了医学院校伦理委员会的网络化，各医学院校联合起来，自主成立了“医科大学伦理委员会联席恳谈会”，2000 年改名为“医科大学伦理委员会联席会议”，作为交流信息的平台，实行会员制，用年会费来进行运作，开展活动。每年召开两次研讨会，由各大学巡回主办，针对当时的热门问题，介绍各大学所做的工作。单个医院或研究机构所碰到的事例毕竟有限，同行之间共同讨论，互通有无，交换意见，一定能极大地推动医学伦理委员会的发展。

本章小结

1．护理科研的基本内容包含对护理学基础理论的研究、基础护理与各专科护理理论及技术的研究、保健中的护理工作研究；其原则包括需要原则、创新原则、可行原则、科学原则、适中原则；其伦理原则为造福人类的伦理原则、献身医学的伦理原则、严谨治学的伦理原则、团结协作的伦理原则、合理保密的伦理原则。

2．人体实验的基本设计原则包括对照原则、随机原则、重复原则、均衡原则；其类型为自体实验、自愿实验、欺骗实验、强迫实验；其伦理原则为医学目的原则、维护受试者利益原则、知情同意原则、科学性原则。

思考题

1．护理科研的伦理原则和应注意的伦理问题有哪些？

2．人体实验的伦理原则有哪些？

（张倩倩）

第九章　现代医学发展中的护理伦理难题

学习目标

识记：

1. 说出计划生育中的护理伦理问题及伦理原则、人类辅助生殖技术的护理伦理原则、器官移植中的护理伦理问题。

2. 说出人类辅助生殖技术的伦理问题、安乐死的伦理价值。

理解：

解释优生学的护理伦理问题及伦理意义、器官移植的伦理问题、安乐死的伦理争议。

应用：

在现代医学发展实践中能够遵循伦理原则。

第一节　人口控制与优生中的护理伦理

案例 9-1

赵某，50 岁，旅游业老板，年收入近百万。膝下已有两个儿女。不久前，他的妻子再次怀孕，妻子主张做人工流产，可赵某坚决主张把孩子生下来。赵某的理由是："儿女们长大了，自己也渐渐老了，把孩子生下来，可增添点绕膝之乐，即使多交一些社会抚养费也无所谓。"显然，对于赵某这样收入的人来说，罚款不是他们首先考虑的问题。赵某说："我家几代单传，现在终于能有两个儿子了。而且多个孩子有什么不好，又不要国家养活。"

思考：生儿育女与社会伦理的关系？

人口过度增长是当今人类社会面临的重大问题之一，截至 2018 年 3 月，世界人口已达到 75.9 亿；其中中国人口达 13.95 亿，依然世界第一。2025 年世界人口将突破 80 亿。人口过度增长不仅会引起自然资源的短缺、生态失衡、环境污染加剧，还可能导致交通堵塞、就业困难、贫困等一系列严重社会问题以及饥荒、疾病肆虐等严重后果。因此，有效、合理地控制人口数量和提高人口质量是非常必要的举措，但这些举措的实施因关乎对人类生殖及生育权的尊重问题，故不可避免地引起相关伦理争议。

一、人口控制概述

（一）生育控制

生育控制是指采用一种计划或方法来避免或减少生物产生后代。生育控制不等同于家庭计划或计划生育。通常可以采用生物的、医学的、社会的和法律的手段，通过避免或终止妊娠等方法，干预人类的生殖过程。生育控制的方法主要包括避孕、人工流产和绝育。

生育技术通过科学的方法控制生育，有计划地生育子女，是控制人口数量、提高人口质量的有效方法。该技术还能起到保护女性生育健康、减轻意外怀孕的心理压力、提升家庭生活质量和幸福感的作用，同时，也深化了人类生育文明的内涵。

（二）计划生育

计划生育主要内容及目的是提倡晚婚、晚育，少生、优生，从而有计划地控制人口。我国《宪法》第二十五条规定：国家推行计划生育，使人口的增长同经济和社会发展计划相适应。计划生育作为我国的一项基本国策，一方面要求节制生育，有利于降低我国人口的自然增长率，使人口的增长与国民经济的增长和资源环境承载能力相适应；另一方面，还提倡优生优育，讲究科学方法，有利于人口素质的提升。

中国从20世纪70年代实行计划生育政策以来，人口和计划生育工作取得了重要成就，使得我国的人口出生率和自然增长率都明显下降，人口过快增长的势头得到了有效遏制，有效缓解了人口增长对资源环境的压力，极大地改善了国民的生存与发展状况。除了人口数量的控制，人口素质也得到了很大提高。中国的大学普及率已达43%，高等教育由精英化转向大众化。有专门技能人才的比例以及劳动力的整体素质都在不断提高。此外，与经济发展相关的人口方面的指标也表现出良好的发展态势，中国居民人均预期寿命达到76.7岁，居于发展中国家前列。婴儿死亡率也处于世界较低水平。生育率降低确实是一个明显的成绩，但是最根本的、最重要的、最长期起作用的是生育观念的转变，生育观念的形成是个长期的过程，与经济、社会体制、价值观紧密相关。按照中国的国情，生育政策会随着社会的需要而作出相应的调整。2016年1月1日起施行的《中华人民共和国人口与计划生育法》修正案第十八条规定：国家提倡一对夫妻生育两个子女。这一政策的实施可以增强家庭抵御风险能力，促进家庭幸福与社会和谐，可以优化人口结构，减缓人口老龄化压力，促进经济社会持续协调发展。

二、计划生育中的护理伦理问题及原则

（一）避孕及其引发的伦理问题

1．避孕概述　避孕是指运用一定的技术或方法，防止或阻止妇女怀孕的一系列措施。自古以来，人类就有关于避孕的方法和行为，但科学的避孕方法则始于20世纪。目前广泛运用的避孕方法主要有两类：一类是自然控制方法，即根据女性生殖系统周期性的生理变化，避开易受孕的排卵期，从而达到避孕的目的；另一类是人工控制法，即应用药物或器具（口服避孕药、避孕套、阴道环等），以达到避孕的目的。

避孕作为控制生育的重要手段被越来越多的人所采用和接受的同时，也引发了一系列的伦理问题。反对者主要秉持宗教和传统世俗的观念，认为生育与婚姻、夫妻性行为紧密相关，男女双方的结合、婚姻，其主要任务就是生育子女、繁衍后代。而运用先进的避孕技术，则会切断性生活、婚姻与生育之间的神圣关系，干预了生命的自然过程，引发社会和家庭问题。更有甚者，担心广泛使用便利、经济的避孕工具，是否会引发性关系混乱以及婚姻、家庭的破裂等。

2．避孕伦理问题　支持者认为，避孕是促进人们生活安康的有效方式。随着社会文明的进步，人们在性、婚姻、生育、家庭等问题上的观念已发生了很大的变化。性与生育、婚姻生活相分离的观念及行为，已日益广泛地为人们所接受。有些受过良好教育的女性，为了自身的事业发展和无羁绊的生活，自愿选择不要孩子；有些夫妇害怕在激烈的职场竞争中失去工作或影响事业，不愿意过早生育子女；不少家庭，迫于经济等原因，无力生育与抚养更多的孩子；

当然，也有一部分人为了寻求性快乐，不愿承担婚姻、家庭的义务和责任，保持着单身或非婚同居的生活……凡此种种，使避孕成为一种必要的选择。即便是倡导避孕技术，也不可能导致多数家庭完全排除或放弃生育，许多夫妇还是选择在科学、合理地使用避孕技术的情形下，既有节制地生育子女，又过着美满的性生活，以享受天伦之乐。事实上，随着时间的推移，这方面的道德争议已经日趋平息。但实施这项技术应注意几个方面的问题：①有效性和安全性。一方面指避孕药物效果的可靠性，另一方面避孕技术操作的安全性。②是否在充分知情和宣传的基础上得到本人或夫妻双方的自愿同意。③对于避孕效果是否进行了切实有效的随访监测。④在避孕措施的研发中有无性别偏向。至于性关系混乱的说法，其根本原因应从社会环境、文化氛围，以及人们的生理、心理的变化中去寻找，而不应归咎于避孕技术的应用和推广。当然，加强青少年的性教育，对全社会进行正确的道德观念引导，建立相应的道德、法律规范，也是很重要的途径。

（二）人工流产及其引发的伦理问题

1．人工流产概述 人工流产是指由孕妇本人或他人（通常是医生或助产士）以人工手段有意施行的终止妊娠的措施。人工流产一般可以分为治疗性人工流产和非治疗性人工流产。治疗性人工流产通常是因为孕妇患有某种疾病不能继续妊娠，或妊娠危及孕妇的生命健康，而不得不采取的终止妊娠的方法；非治疗性人工流产涉及的方面较多，如在妊娠期被诊断出先天遗传性疾病或畸形的胎儿，未婚先孕、婚外孕、遭强暴怀孕等，都有可能采用人工流产的方法进行处理。从社会控制生育或个人计划生育的角度，因为避孕失败引起的计划外妊娠或意外妊娠，人工流产也是被广泛使用的补救措施。但是，必须认识到，计划生育主要依靠的是避孕措施，而不是人工流产，因为人工流产不利于女性的健康，只能作为节制生育的一种补救措施。

2．人工流产的伦理问题 人工流产作为终止妊娠的方法时间已久，但其伦理争议仍然存在。争论的焦点主要集中在“胎儿有没有生命”“胎儿是不是人”这一问题上。反对人工流产者认为，胎儿是生命，胎儿是人。人的生命始于受孕之时，即从受精卵形成便开始，受精卵应该享有人的生存权利。人工流产无异于杀害人的生命，是谋杀。主张人工流产者认为，胎儿不是人，只是孕妇体内的一块特殊的组织，人工流产在伦理上是可以接受的。

胎儿究竟算不算人，有没有生命，这是一个很复杂的问题。因为关于人，人的生命，不仅要从生物、医学角度去界定，还必须从人文、社会等角度去思考。像这样的伦理难题，我们大致可以从三个层面去分析：

首先，“胎儿有没有生命”“胎儿是不是人”这一问题属于生命哲学范畴，可以用悬置的方法存而不论，因为这样的讨论在相当长的时间内是不可能有定论的。

其次，从生物学、医学以及对母亲和胎儿本身的健康角度考虑，对妊娠期间的胎儿成长可以划分若干阶段，并拟定一个界限（一般为怀孕12周），在此界限之前一般可以允许人工流产，在此界限之后，原则上不能允许，因为这样会剥夺已经成熟的胎儿的继续发育，并直接威胁到母亲的生命与健康。我国政府2012年全国人口和计划生育工作会议提出重点要求之一，就是要坚决杜绝大月份胎儿的引产。然而，如果属于这样的情况，如孕妇发现胎儿出生后会有严重畸形，而这一点直到孕后四个月左右才能确定，那么妊娠后期的人工流产也应该得到允许。

再次，从马克思关于人的本质的理论去思考，人的本质不仅在于生物属性，更在于社会属性。胎儿无论发展到何种程度，在其没有离开母体以前，不具有人类的人格生命，而生存必须遵守社会规则。在人口过度膨胀的中国，人口数量极大地影响了社会生产和人民的生活。放宽对人工流产的限制，符合人民的利益和计划生育政策；因此，根据母亲的身体状况和意愿以及社会利益，为节制生育而施行人工流产，在伦理上应当是肯定的。

当然，对于人工流产，一定要采取谨慎的态度。有两点特别值得注意：第一，虽然我们对胎儿是否是人目前还无法作出明确的结论，但至少要认识到，胎儿绝不是母体内的一块无足轻重的组织。有些学者强调，胎儿是母体内具有特殊性的生物体，虽然还不是人，但是有发育成人的潜能。因此，除非与国家的计划生育政策有抵触，除非将危害到母亲的身心健康，一般不要轻易、草率地做人工流产。第二，不能因性别选择而滥用人工流产。在现实社会中，不少人之所以要利用人工流产技术，只是想达到符合自己繁衍后代的某种目的，比如受重男轻女等传统观念的影响，为了获得男孩，不惜流掉女胎。这种做法会导致严重的社会后果，一方面，引起社会男女性比的失调，进一步引出其他的社会问题；另一方面，会导致人工流产的滥用，也可能促使遗传性疾病的增多。据资料反映，在目前已发现的6千多种人类遗传性疾病中，有250种疾病只发生在男性身上，于女性十分罕见。因此，违反男女性别的自然比，滥用性别选择与人工流产，势必给社会、家庭带来严重的威胁与损害，这显然是有悖于伦理道德原则的。

我国承认人工流产是合理的，但并不意味着能滥用。只有在以下情况下才能实施：①为了母亲的身心健康。②妊娠可能或肯定是一个严重的缺损胎儿。③未婚先孕及其他社会原因。④夫妇无抚养能力，或由于家庭原因不宜生育。⑤控制人口增长或计划外怀孕，需要终止妊娠。

（三）绝育及其引发的伦理问题

绝育通常是指对男性输精管或女性输卵管做手术，以切断、结扎、电凝、环夹或用药等手段，阻止精子与卵子相遇，以起到长久或永久避孕的作用。

绝育应该是为了以下目的：①治疗的目的。如果继续妊娠，会给母体和胎儿带来致命的危险，通过绝育可以保证母体平安。②优生的目的。防止患有严重遗传性疾病夫妇的不良遗传基因传给下一代，改善人类基因库的质量，造福于社会。③避孕目的。由于夫妇的个人考虑，或由于控制人口数量、提高人口质量等社会的需要，使夫妇不再生育。

绝育使人永久地丧失了生育能力，从旧的伦理观来看是不道德的，但从绝育的目的来看，无论对个人还是社会，都是合理的、道德的。为了控制人口的激增，我国鼓励已有孩子的夫妇绝育，是有利于国家、有利于个人和子孙后代的。

（四）护理人员在生育控制中的伦理规范

1．热情宣传，具体指导 生育控制技术服务的对象大多是健康人，他们来医院检查和接受手术时，往往存在着各种思想顾虑，有时甚至有抵触情绪，医护人员要针对服务对象开展宣传教育，做好思想工作。对那些有抵触情绪者，要宣传生育控制技术服务的意义，帮助他们澄清不正确的认识；对惧怕手术者，要理解他们的心理，详细说明该项技术的安全性、可靠性，使他们相信科学，克服恐惧心理。此外医护人员要加强生育控制技术服务的具体实施指导，根据不同服务对象的具体情况，介绍各种方法的实际效果，以指导服务对象采取最适当的措施。

2．钻研技术、精益求精 生育控制技术服务虽属于小手术，但对接受者个人、家庭、国家的影响都很大，所以医护人员必须确保手术安全，采取一切可能的措施保护受术者的身心健康。在实施手术前要做好各项检查，严格掌握手术适应证和禁忌证；术中积极配合好医生完成各项操作，保证各项技术实行的质量，严谨细致；术后精心护理，钻研技术，不断提高护理技能，使受术者早日恢复健康。

3．尊重人格，严守秘密 在生育控制技术服务中，坚持保密原则、尊重受术者人格，对医护人员来说是极其重要的道德要求。如在人工流产、引产手术中，医护人员要对未婚先孕、未成年怀孕的女子一视同仁，要尊重她们的人格，保护其隐私，不能刁难甚至用粗鲁的方式对待她们以示惩罚，更不能利用工作之便采取任何轻浮放荡的行为侮辱其人格。

4．执行政策，遵纪守法 生育控制技术服务是一项政策性很强的工作，强迫命令的强制性做法违反政策，更是非人道的行为。医护人员要遵纪守法，不得参与非法的人工流产和引产，不能参与非法取环、开假证明等行为，更不能从中谋取私利。

三、优生工作的护理伦理问题及伦理意义

（一）优生概述

优生的思想自古有之，原始部落的乱伦禁忌、斯巴达人的“去劣存优”习俗、《犹太教法典》中禁止表亲结婚的教律，以及我国《左传》中“男女同姓，其生不蕃”的记载，明确指出了近亲婚配带来的实际危害。但真正从人类的遗传学观点开展研究工作，作为一门科学开展活动，仅100余年的历史。可以说，优生学是一门古老而又年轻的科学。英国生物学家高尔顿（Francis Galton）于1883年首先采用了“优生学”这一术语。后来美国遗传学家斯特恩（Stern）于1960年又将优生学分为预防性优生学和演进性优生学。前者如遗传咨询、产前诊断等，致力于预防严重的遗传病和先天性疾病个体的出生，即劣质个体的减少和消除；后者如生殖工程、遗传工程等，是促进体力和智力优秀的个体繁衍，即使优秀个体扩展。优生学在20世纪20年代传入我国，几经波折在20世纪70年代后，由吴旻等专家重新提出了我国实行优生的重要性。《中华人民共和国婚姻法》第七条明确规定，禁止有直系血亲和三代以内的旁系血亲关系的人结婚。它对于落实计划生育政策，对千家万户下一代的健康和整个民族的繁荣昌盛，有着十分重要的意义。

（二）优生服务的内涵及伦理问题

1．优生服务的基本内容 医护人员根据优生学原理向社会提供优生服务，主要着眼于我国人口的先天素质。其基本内容是通过优生咨询、产前诊断及孕期、围生期的保健等具体手段，防止有严重遗传缺陷和先天性疾病的胎儿出生，向社会提供优生优育的技术性指导。

2．优生服务的相关伦理问题

（1）优生是否只重视社会利益而导致个人权利受到侵害。优生涉及对生育者个人生育愿望和生殖行为的限制，不可避免会遭遇生育者个体生殖权利和社会要求的冲突。在这一问题的观点上，有学者认为代表个人利益的个人权利是建立在多数人整体利益的基础上的，如果个人行使的权利影响了社会整体利益，个人的权力就必须作出让步。另有观点认为，优生的实行减少了缺陷胎儿的出生，提高了生育者后代的质量，是减少家庭不幸、促进家庭幸福的措施，长远地看，符合生育者个人及其后代生活质量的利益；因此，优生本质上是有利于生育者个人和社会的双赢行为，个人权利和社会利益间的关系不是对立的，而是统一的。

（2）遗传因素在个人素质方面究竟起多大作用。不少疾病的主要原因在于其基因存在问题的观点已经得到普遍认同，但基因决定论夸大基因等生物因子的作用，把人类的疾病、特性和行为方式都归结为基因就有失偏颇。除了少数疾病和特性外，大多数人们的疾病是多基因与环境相互作用的结果，如精神疾病，社会文化的作用是不可忽略的。同样，尽管导致某些癌症发作的基因业已发现，但没有人能否认人类行为和环境因素，例如吸烟、辐射和致癌化学物等的影响；因此，在优生的问题上，既要重视遗传因素的影响，也不要片面地夸大它在个人素质形成中的作用。

3．优生的伦理意义

（1）有利于改善和提高社会人口的体力和智力。提倡优生，采用优生技术，能够控制和减少劣质胎儿的形成和出生，阻断不良遗传基因在后代中蔓延，提高人群中具有优良遗传素质人口的比例，相应地改善和提高人口的体质和智力水平。

（2）有利于改善个体遗传素质，提高智力投资的经济效益。优生有助于产生优秀的个体，他们更容易被培养成高素质的社会人，这不仅能减轻家庭和社会的负担，还能为社会创造更多的物质财富和精神财富。

（3）有利于贯彻执行计划生育政策，创造推进社会进步的医德实践环境。采用优生技术可以相对地保证孩子出生的质量，减少家庭的后顾之忧。在优生优育的社会文化氛围中，既优化了人们的家庭生活方式，提高了人们的生活质量，又能使计划生育政策更加深入人心，还能

为从事计划生育服务的医护人员创造一个和谐、有利的医德实践环境。

第二节　人类辅助生殖技术中的伦理问题

案例 9-2

男子患有无精症，妻子渴望有一个孩子，夫妻双方协商后决定，采用供者精液人工授精技术，受孕成功产下一名男婴。可一年之后，婆家越来越不能接受这个跟自己没有血缘关系的孩子，结果导致夫妻双方离婚。

思考：人类辅助生殖技术带来的伦理问题？

人类辅助生殖技术主要是指代替人类自然生殖过程某一环节或全部环节，按照人的意图，在人工操纵下的一种生殖方法。辅助生殖技术的创立与运用，主要是为了帮助不孕不育的夫妇获得后代。但是，它在一定程度上改变了人们的自然生殖过程，并且随着这种生殖过程的改变而使人际关系复杂化，因而会引发一系列的社会、法律和伦理问题。

一、人类辅助生殖技术的主要形式

（一）人工授精

人工授精是指用人工的方法将男性的精子注入女性的体内，以达到受孕目的的生殖技术。人工授精按精子来源，可以分为两类：一类为丈夫精液人工授精，也可称作同源人工授精。另一类称作供精人工授精，亦称异源人工授精。人工授精为男性不育患者带来了福音，同时为优生学作出了很大的贡献。

（二）体外受精

体外受精俗称“试管婴儿”，完整的说法是：体外受精—胚胎移植，这项技术是分别取出精子和卵子，在试管中使卵子受精，待卵裂进行到 4 ～ 8 个细胞时，将胚胎植入子宫内，让其继续发育至分娩。这是 20 世纪 70 年代发展起来的一项难度较大的新生殖技术。这项技术主要用于解决女子不育症。为了储备卵子和胚胎，生殖学家们在建立冷冻精子库的基础上，又建立了冷冻卵子库和冷冻胚胎库。由于体外受精的胚胎可以植入任何一个可以怀孕的妇女子宫内孕育，于是在世界各地包括我国内地和港澳台地区也先后出现了代人怀孕的“代孕母亲”和经营这类“业务”的代人怀孕生育公司。

知识链接

试管婴儿之父

2010 年的诺贝尔生理学或医学奖得主是英国科学家罗伯特·爱德华兹。他创立了体外受精技术，因此又被誉为“试管婴儿之父”。

医学统计显示，世界上约有 10% 的夫妇有生育问题，而体外受精技术可以帮助其中绝大多数夫妇实现有自己后代的梦想。至今，全球已有 400 多万人通过试管婴儿技术出生，其中许多人以自然受精方式生育了后代。

（三）克隆

克隆是将单一供者的体细胞移植到多个去核的卵子中，从而培养出有相同遗传特性的后代的生殖方式。新的个体的产生不是卵子与精子结合，而是一个已经存在的基因型拷贝，因此，它类似于简单生命的无性繁殖方式。但克隆与无性繁殖不同。无性繁殖是指不经过雌雄两性生殖细胞的结合，只有一个生物体产生后代的生殖方式，常见的有孢子生殖、出芽生殖和分裂生殖。而绵羊、猴子和牛等动物，没有人工操作是不能进行无性繁殖的。科学家把人工遗传操作动物的无性繁殖过程叫克隆，这门生物技术叫克隆技术。1997 年 2 月 27 日的英国《自然》杂志报道了一项震惊世界的研究成果：英国爱丁堡罗斯林研究所宣布成功地利用羊去核卵细胞质和成年羊乳腺细胞克隆了绵羊“多莉”。克隆羊“多莉”的诞生已不再是科幻和假设。单从技术上看，在 21 世纪从实验室里“制造”出人来并非不可能。这也是社会学家、伦理学家最为关注的问题和争论的焦点。

二、人类辅助生殖技术的伦理问题

人类辅助生殖技术的应用发展，为广大不孕症夫妇带来了希望，为优生学研究提供了技术，为计划生育的实施增加了保险，受到医学界和全社会的关注和重视。但是，由于人类辅助生殖技术在时间和空间上都脱离了人体，给社会带来了复杂的道德问题，引起人们的伦理争论。

（一）辅助生殖与传统婚姻关系的冲突

人类辅助生殖技术可以使生育与性和家庭相脱离，不通过夫妻之间的性生活而通过人工授精生子，对传统的婚姻生活将产生极大的冲击，有些人甚至愤怒地称人工授精是降低人格的“受孕配种”，认为异源人工授精把第三者介入到夫妻最神圣的生活领域，与通奸无异。但也有人认为，人类辅助生殖技术为不孕症夫妇带来了福音，增进了婚姻和家庭的幸福。而完全知情同意的异源人工授精也是人们自愿接受的合理合法行为，技术的操作者是在利用先进的技术帮助不能生育者摆脱痛苦，根本谈不上道德沦丧，反而是人道的。如果把异源人工授精与通奸相提并论，显然是错误的。因为在实际生活中，供精的受体并不与供精者本身相接触，并不发生性行为，且在实施供精技术中，实施互盲原则，这与通奸是不同的。

（二）谁应该是孩子的父母

人类辅助生殖技术的应用，使父母与子女间的生物联系发生了分离，孩子可有多个父母，包括遗传父母（提供精子和卵子的父母）、养育父母（孩子出生后负责养育的父母）。在这种情况下，谁应该成为孩子的父母呢？传统观念强调亲子之间的遗传关系，在这种观念中，孩子的父母应该是遗传父母，但这样的认定会破坏异源性人类辅助生殖技术的夫妻与子女之间的关系，不利于家庭稳定和生殖技术的开展，也有悖于异源性人类辅助生殖技术发展的初衷。目前，包括我国在内的多数国家均主张遵循抚养—赡养的原则，以法律形式确认养父母为真正父母，认为养育比遗传物质更为重要，同时也更有利于家庭的稳定和辅助生殖技术的开展。基于该观点，一般主张对孩子保守遗传父母的秘密，但也有少数国家认为孩子有了解遗传父母的权利，如英国允许孩子了解不提供姓名的供精者的部分情况；瑞士、澳大利亚等国也允许辅助生殖的孩子在成年后查阅遗传父母的情况，但这样保证孩子知情权的同时也潜藏着孩子和养父母关系破裂的危险因素。

（三）代孕母亲的问题

代孕母亲是否合乎道德？这个问题一直争论不休。赞成者认为，人类道德是不断扩展的，为了帮助别人，代孕母亲作为胎儿获得营养和保护的宿主，应当理解为现代的助人为乐的高尚行为，获得合理的营养费也是理所应当的。反对者认为，代人怀孕不是灵丹妙药，代孕行为的商业化是难以回避的一个重大问题。对于商业性代孕母亲人们普遍认为在法律上应该禁止或视为非法行为，如果妻子可以生育但不愿妊娠，却租用代孕母亲的子宫，这更是不道德的。这是因为，其一，这是对妇女基本权益的损害。把子宫商品化，把妇女当做生孩子的机器，是对有理性的人的异化。其二，雇用代孕母亲可能引发民事纠纷案件。如代孕母亲分娩后不愿放弃孩子，或要求增加代孕费；由于妊娠而发生严重并发症、意外事故也可引发不孕夫妇与代孕母亲（及其丈夫）之间的纠纷；若婴儿出生前，“雇主”夫妇离异，孩子出生后可能无人承担抚养义务等，这些都将给社会增加不安定因素；因此，中国内地从 2001 年 8 月 1 日起明文规定禁止实施任何形式的代孕技术，香港地区允许代孕行为但不允许商业化代孕。

（四）精子、卵子和胚胎的商品化问题

目前，精子、卵子和胚胎的买卖不足为奇，在美国、墨西哥等国家均有出售。对此，人们的看法不同，特别是精液能否商品化有两种意见：反对者认为，提供精液应该是一种人道行为，应该是无偿的；精液的商品化可能使精子库为追求利益而忽视精液的质量，供者也可能为金钱隐瞒自己的遗传缺陷或传染病，从而影响辅助生殖技术繁衍的后代的身体素质；精液的商品化还可能导致供精者多次供精，造成同一供精者的精液为多位妇女使用的情况，最终引发概率较大的近亲婚配；精液的商品化也会产生连锁效应，引发人体其他组织或器官的商品化。支持者则认为精液商品化可解决目前精液不足的情况；精液商品化虽然可能引起精液质量下降或多次供精，但采取适当措施是可以加以控制和避免的；此外，精液和血液一样是可以再生的，收集适当的精液是非侵害性的，这与摘取人体的活组织器官不同，因此精液可以商品化而组织器官则不能。目前各个国家总的趋势是倾向于立法禁止精液、卵子和胚胎的商品化。我国卫生部 2001 年 2 月发布的《人类精子库管理办法》用法律的形式对精子库采取限制的措施：限制同一供精者供精的次数；控制同一份精液的使用次数；不断更换供精者，在不同地区分散转换供精者的冻精等，以保证现代生殖技术在临床上的应用向健康轨道发展；禁止以任何形式买卖配子、合子、胚胎。

（五）体外受精—胚胎移植后剩余的胚胎是否可用作科学研究

体外受精—胚胎移植后剩余的胚胎具有科研价值，有人认为从技术上可用他们做试验材料，如在体外试验抗不孕药物的有效性，通过体外试验来评价有毒物质和致畸因素对胚胎的作用，研究产生唐氏综合征的发病机制，提取胚胎干细胞进行研究和应用等，但伦理上是否可行争议很大，由于人们对生命标准的认识不同，各个国家的立法不同，有的国家不允许用胚胎进行研究，有的国家在严格的控制下可进行胚胎研究。但即使同意以胚胎作为对象进行研究，这些国家也明确规定：试验要征得夫妇双方的同意。我国内地也规定，辅助生殖技术完成后剩余的胚胎由胚胎的所有者决定如何处理。可见，利用体外受精—胚胎移植后剩余的胚胎进行科学研究应该取得胚胎所有者的同意是国际共识，并对其进行严格的控制。

（六）克隆人的伦理争议

克隆羊“多莉”的诞生，表明应用克隆技术复制哺乳动物的最后技术障碍已被突破，也就意味着克隆人的诞生并非遥不可及。但是，如果进行克隆人实验，必将带来一些有争论的伦理问题。

1．克隆人是否违背人道主义原则　克隆人胚胎成功率低，寿命短。据报道，克隆的卵子中只有 2% ~ 5% 最后能成功地诞生出能存活的动物，克隆动物大多短命，克隆人的寿命可能更短。不仅如此，克隆人的生命质量也无保障。在克隆技术过程中可能造成克隆人先天性生理缺陷和遗传缺陷，生下的婴儿可能身有残疾。如果人们在赋予“克隆人”生命时，又使他们承担种种危及生命的风险，那就是对人生存权的侵害，是不符合人道主义原则的。

2．克隆人对人类生育模式的挑战　传统上来讲，人类的生育模式是两性生殖，缺少男女一方都不可能实现，而克隆技术是一种无性生殖，女性的重要性凸显，而没有男性似乎变得无所谓。同时，人类还可以依靠克隆技术对人类的性别进行选择，这将使社会结构失去平衡。

3. 克隆人可能造成人伦关系混乱 如果人类允许克隆，很可能造成人伦关系混乱。传统上，每个人都有自己的亲生父母，而克隆人是对单个人的复制，那么提供克隆细胞的人与克隆人本身是什么关系？几个共同母体细胞所克隆出来的人属何种关系？假如某男子将其体细胞核移植入其女儿的去核卵中，并让重构卵在女儿子宫中孕育至分娩，那么父女和“克隆人”之间的人伦关系如何确定？推而广之，其人伦关系就更为荒唐。人类将失去确定亲子关系的标准，家庭人伦关系将变得模糊、混乱乃至颠倒，人类现有代际关系的道德规范和法律规范将失去效力。

4. 复制杰出人物的伦理问题 为了让某些杰出人物能永远为人类造福，有人设想用克隆技术复制他们。复制人只是原版人的基因型拷贝，在智力上和能力上不一定就是原版人的再现。那么社会如何对待这些复制人？另外，既然能允许复制杰出人物，也就很难制止反社会分子复制他们所需的特殊人物。如果复制出一批批带有暴力基因的暴徒怎么办？如果这样，克隆技术会成为恐怖主义分子犯罪的工具。

三、人类辅助生殖技术的护理伦理原则

人类辅助生殖技术是治疗不育症的一种医疗手段。为安全、有效、合理地实施人类辅助生殖技术，保障个人、家庭以及后代的健康和利益，维护社会公益，应遵循相应的伦理原则。

（一）有利于患者的原则

综合考虑患者病理、生理、心理及社会因素，医护人员有义务告诉患者目前可供选择的治疗手段、利弊及其所承担的风险，在患者充分知情的情况下，提出有医学指征的选择和最有利于患者的治疗方案；禁止以多胎和商业化供卵为目的的促排卵；医护人员不得擅自处理人类辅助生殖技术过程中获得的配子、胚胎，更不得进行买卖。

（二）知情同意的原则

人类辅助生殖技术必须在夫妇双方自愿同意并签署书面知情同意书后方可实施。包括实施该技术的必要性、实施程序、可能承受的风险以及为降低这些风险所采取的措施；该机构稳定的成功率；每周期大致的总费用及进口、国产药物选择等与患者作出合理选择相关的实质性信息；中止该技术的权力；接受人类辅助生殖技术的夫妇及其已出生的孩子随访的必要性；对实施人类辅助生殖技术过程中获得的配子、胚胎拥有其选择处理方式的权利。

医护人员有义务告知捐赠者对其进行健康检查的必要性，告知捐赠者不可查询受者及其后代的一切信息，并获取书面知情同意书。

（三）保护后代的原则

医护人员有义务告知受者通过人类辅助生殖技术出生的后代与自然受孕分娩的后代享有同样的法律权利和义务，包括后代的继承权、受教育权、赡养父母的义务、父母离异时对孩子监护权的裁定等；对该技术出生的孩子（包括对有出生缺陷的孩子）负有伦理、道德和法律上的权利和义务；如果有证据表明实施人类辅助生殖技术将会对后代产生严重的生理、心理和社会损害，医护人员有义务停止该技术的实施；医护人员不得对近亲间及任何不符合伦理原则的精子和卵子实施人类辅助生殖技术；严格控制同一供者的精子、卵子最多使用人次。

（四）社会公益原则

医护人员必须严格贯彻国家人口和计划生育法律法规，不得对不符合国家人口和计划生育法规和条例规定的夫妇和单身妇女实施人类辅助生殖技术；根据《母婴保健法》，医护人员不得实施非医学需要的性别选择；医护人员不得实施生殖性克隆技术；医护人员不得将异种配子和胚胎用于人类辅助生殖技术；医护人员不得进行各种违反伦理、道德原则的配子和胚胎实验研究及临床工作。

（五）保密原则

保持三方互盲。凡使用供精实施的人类辅助生殖技术，供方与受方夫妇应保持互盲、供方与实施人类辅助生殖技术的医护人员应保持互盲、供方与后代保持互盲。

机构和医护人员对使用人类辅助生殖技术的所有参与者（如供方和受方夫妇）有实行匿名和保密的义务。匿名是藏匿供方的身份；保密是藏匿受方参与配子捐赠的事实以及对受方夫妇有关信息的保密。

（六）严防商业化的原则

机构和医护人员对要求实施人类辅助生殖技术的夫妇，要严格掌握适应证，不能受经济利益驱动而滥用人类辅助生殖技术。供精、供卵只能是以捐赠助人为目的，禁止买卖，但是可以给予捐赠者必要的误工、交通和医疗补偿。

（七）伦理监督的原则

为确保以上原则的实施，实施人类辅助生殖技术的机构应建立生殖医学伦理委员会，并接受其指导和监督；生殖医学伦理委员会应由医学伦理学、心理学、社会学、法学、生殖医学、护理学专家和群众代表等组成；生殖医学伦理委员会应依据上述原则对人类辅助生殖技术的全过程和有关研究进行监督，开展生殖医学伦理宣传教育，并对实施中遇到的伦理问题进行审查、咨询、论证和建议。

第三节　器官移植中的伦理问题

案例 9-3

男子患尿毒症，母亲劝说其弟给患者换肾，其弟媳妇不同意。其弟顾及亲情及外在压力，去医院检查配型合适后，毅然同意给患者捐献了一个肾。结果导致夫妻双方离婚。

思考：器官移植带来的伦理问题？

器官移植是人类关于自身科学的伟大成果之一，对于挽救终末期器官功能衰竭患者的生命具有重要意义。随着外科技术的进步，保存方法的改进，高速交通的日益发达，移植中心的建立，特别是新的副作用少、效力强大的免疫抑制剂的应用，器官移植的疗效广为提高，越来越多的人选择进行器官移植来延长生命。然而，我们也应该看到器官移植中所涉及的伦理问题。

一、器官移植的概念

器官移植是将健康的器官移植到通常是另一个人体内使之迅速恢复功能的手术，目的是代偿受者相应器官因致命性疾病而丧失的功能。广义的器官移植包括细胞移植和组织移植。若献出器官的供者和接受器官的受者是同一个人，则这种移植称自体移植。供者与受者虽非同一人，但供受者（即同卵双生子）有着完全相同的遗传素质，这种移植叫做同质移植。人与人之间的移植称为同种异体移植。不同种的动物间的移植（如将黑猩猩的心或狒狒的肝移植给人），属于异种移植。

二、器官移植技术发展中的伦理问题

（一）关于器官的来源

器官的来源一般有自愿捐献、推定同意、克隆器官、人造器官和商品化等途径。另外，器官来源有活体和尸体之分。器官移植由于供体器官来源短缺，器官难以长期保存，各种并发症难以预防，抑制免疫问题复杂，手术难度大等障碍，使得约有1/3心脏病患者，1/4肺病患者因供体器官短缺而死亡，因此，解决供体器官来源问题已成为发展器官移植技术的首要社会和伦理问题。从医学的角度来说人体活器官是最佳的供体器官，而人体器官供体来源主要是以尸体为主，还有胎儿器官和活体器官。器官可以来自活体，也可来自尸体。但从活体上摘取单个器官无疑等于杀死或杀伤一个人去救另一个人，这必将被视为违法的行为，也是伦理原则所不容的。

（二）器官的摘取时机问题

摘取的器官当然越新鲜，质量越高，但摘取器官的时机与死亡的界定有直接关系，所以器官移植又与死亡的伦理学问题有关。在我国，“脑死亡”概念还未被认定，法律不允许从心脏还搏动的“尸体”上摘取器官，使器官供体来源更加奇缺，质量也不高。

（三）器官的分配问题

由于器官来源的奇缺，加之需要接受器官移植的患者众多，如何分配器官成为不得不重视的伦理问题。器官分配应遵循什么原则值得我们讨论。当前，为了让人体器官资源得到公平、透明、高效的分配，中国正通过日臻完善的人体器官分配与共享计算机系统，筑牢社会公众的信任基石。明确器官分配遵循区域有限原则、病情危重优先原则、组织配型优先原则、儿童匹配优先原则、血型相同优先原则、器官捐献者直系亲属优先原则、稀有机会优先原则、等待顺序优先原则等国际医学共识。规定任何机构、组织和个人不得在器官分配系统外擅自分配捐献器官。确保人体器官分配与共享计算机系统在几秒钟内自动运算出最匹配的患者名单，缩短器官捐献到器官移植中所耗费的分配时间，大幅提升分配效率。

（四）异种器官移植问题

异种器官移植，特别是大脑移植，身份如何界定，究竟应以哪一部分来界定人的身份。这些问题使异种器官移植，特别是大脑移植的伦理认同变得非常困难。

三、器官移植中的护理伦理原则

（一）知情同意原则

知情同意是实施器官移植术所必须要避循的首要伦理原则，该原则应包括人体器官移植的接受者和器官捐献者双方的知情和同意。

（二）患者健康利益至上原则

该原则是指在人体器官移植术的应用中，必须把符合患者健康利益作为判断人体器官移植行为是否合乎伦理的第一评判标准。

（三）唯一性原则

唯一性原则是指选择使用人体器官移植术的前提，即在针对受者的所有治疗方案中，其他治疗方案已不能使病人继续存活，器官移植术应该是现阶段具有救治希望的唯一方案。根据这一原则，器官移植技术应作为最后的治疗手段来使用。

（四）自愿、无偿与禁止商业化原则

首先，人体器官移植应当遵循自愿、无偿的原则，任何组织、个人不得强迫、欺骗或者利诱他人捐献人体器官。其次，任何组织或个人不得以任何形式买卖人体器官，不得从事与买

卖人体器官有关的活动，医疗机构在实施人体器官移植手术中，除向接收人收取摘取、植入人体器官的手术费，保存和运送人体器官的相关费用，摘取、植入人体器官所发生的药费、检验费、医用耗材费以外，不得收取或变相收取任何规定以外的额外费用。

（五）尊重和保护供者原则

在人体器官移植中，人们的注意力较多集中在器官移植接受者身上，较容易导致对器官供者利益的忽视。事实上，对器官移植术中的供者更应给予足够的尊重和必要的保护。

（六）保密原则

保密原则要求开展人体器官移植的医护人员对人体器官捐献、申请人体器官移植手术病人的个人资料进行严格保密。在器官移植术中，医护人员应该对供者和受者，以及与此手术相关的所有信息最大限度地予以保密。

（七）公正原则

公正原则主要是指在众多等待器官移植的病人中，公平，合理地选择最合适的移植器官获得者。

（八）伦理审查原则

伦理审查原则是要求在摘取活体器官前或尸体器官捐献人死亡前，负责人体器官移植的执业医师应向当地医疗机构的人体器官移植技术临床应用与伦理委员会提出摘取人体器官申请，通过该伦理委员会对此进行的审查，以保证人体器官移植符合医学伦理。

第四节　安乐死的伦理问题

案例 9-4

患者李某，男，40 岁，因患肝癌转移在家接受一般性治疗。由于患者疼痛难忍，多次恳求妻子王某帮他结束生命。夫妇俩平日感情深厚，王某不忍丈夫在生命的晚期再承受这些痛苦，于是王某含泪给丈夫服了农药，丈夫不久死亡。事后李某的弟弟向法院起诉王某，结果王某被判处有期徒刑 3 年。

思考：由谁执行安乐死带来了什么伦理问题？

一、安乐死的定义

安乐死指对无法救治的患者停止治疗或使用药物，让患者无痛苦地死去。“安乐死”一词源于希腊文，意思是“幸福”地死亡。它包括两层含义，一是安乐的无痛苦死亡；二是无痛致死术。中国的定义指患不治之症的患者在垂危状态下，由于精神和躯体的极端痛苦，在患者和其亲友的要求下，经医生认可，用人道方法使患者在无痛苦状态中结束生命过程。《宪法》规定公民人身自由与人格尊严不受侵犯，是有特定含义的。公民个人有权选择生存的方式，在特定条件下也有权选择死亡的方式。“安乐死”是一种在特殊情况下，在不违背国家、社会和他人利益的情况下所采取的一种对生命的特殊处理方式，这种处理是有严格的条件与程序的。欧洲一些国家所实行的“安乐死”立法都是在传统道德与现代法律之间所作的选择。因此，认为“安乐死”有悖宪法这种言论，是缺乏基本的构成要件的。

二、安乐死的实施程序

实施安乐死的行为在满足法定的实体条件的前提下，还必须严格按照程序规则安乐死来操作。在程序设计上，有四个关键的内容需要规范：一是患者的申请；二是医师的诊断；三是患者与医师协议的达成；四是医师实施安乐死的行为。而贯穿始终的是法院的主持和监督以及公证机关的公证。法院和公证机关的“第三者”的中立姿态在此程序中必须得到充分的展现。

三、安乐死伦理争论及其趋向

现代意义上的安乐死涉及了不同的人或群体，包括安乐死者本人、医务人员、安乐死者亲属及其他需要医疗救助者。由于各方的社会身份、社会角色、责任和义务的不同，世界观、人生观、价值观不同，导致不同的人或群体具有不同的安乐死观念。安乐死引发的伦理争议一方面向安乐死实践提出了挑战，另一方面也暴露出安乐死实践背后隐藏的关于人类自身道德困境的深层矛盾。这些矛盾既有人类所共同面临的生与死的矛盾、医学伦理决策道德原则冲突、人性自身的矛盾以及社会公正问题，同时还包括具有特殊性的传统 " 孝道 " 的片面义务论价值取向。由于安乐死的问题比较复杂，涉及道德、伦理、法律、医学等诸多方面，中国尚未为之立法。安乐死立法不仅是一个法律问题，也是一个社会和伦理问题。对于安乐死的认定要有严格的程序，同时社会应有成熟的生命文化作支撑。

本章小结

1．计划生育中护理伦理问题有避孕、人工流产、绝育等引发的伦理问题。

2．人类辅助生殖技术的护理伦理原则有有利于患者的原则、知情同意的原则、保护后代的原则、社会公益原则、保密原则、严防商业化的原则、伦理监督的原则。

3．器官移植中的护理伦理问题有器官的来源问题、器官的摘取时机问题、器官的分配问题、异种器官移植问题。

4．安乐死引发的伦理争议一方面向安乐死实践提出了挑战，另一方面也暴露出安乐死实践背后隐藏的关于人类自身道德困境的深层矛盾。

思考题

1．人类辅助生殖技术涉及几方面的伦理问题？

2．器官移植中的护理伦理问题有哪些？

3．安乐死引发了哪些伦理问题？

（郑文玲）

第十章　护理伦理教育、修养和评价

学习目标

识记：

1. 说出护理伦理教育的概念和特点。
2. 说出护理伦理修养的概念和特点。
3. 说出护理伦理评价的概念和方式。

理解：

1. 说明护理伦理教育的原则。
2. 说明护理伦理修养的目标。
3. 说明护理伦理评价的方式。

应用：

能根据护理伦理评价标准制定护理伦理教育方法。

护理伦理的基本原则和规范转化为护理人员的道德意识、道德行为和道德品质，主要是通过开展护理伦理教育、修养和评价来实现的。护理伦理教育、修养和评价，是形成良好护理道德的三个要素。这三个要素相辅相成，相得益彰，因此，常开展护理伦理教育、修养和评价活动，有助于提高广大护理人员的职业道德素质，改善护患关系，促进社会主义精神文明建设。

第一节　护理伦理教育

案例 10-1

著名的医学家邓铁涛说："仁心仁术是我的治学格言，要构建和谐的医患关系，首先要从我们医生做起。"他始终认为：患者是自己的服务对象，也是自己的老师，自己的经验是患者以性命相托共同创造的结果，自己的成就中有一半是患者给的。医学是关乎国计民生的大事情、大学问。正如唐代名医孙思邈所说"医学乃至真至危之事"，不能以"至粗至浅之思"而草率从事，必须"精勤不倦"，以人为本，以德为本。因此，作为一名医生，我们应该敬畏生命，善待生命，关爱患者，尊重患者。

思考：从该案例中同学们受到哪些医德教育？

一、护理伦理教育的概念及特点

（一）护理伦理教育的概念

护理伦理教育是有计划有组织地对护理人员进行系统的道德灌输，施加系统的道德影响，为塑造良好护理道德品质打下基础的道德活动。护理伦理教育的内容非常广泛，主要包括世界观、人生观和价值观教育；奉献精神、敬业精神教育；服务意识教育；护理道德原则、规范、范畴教育；职业纪律教育等。

护理伦理教育是一个知行统一的教化过程。评价护理伦理教育效果的基本标准是看教育是否对护理人员产生了有效的道德影响，或是否强化了其道德义务感，是否规范了护理人员的护理行为。进行护理伦理教育旨在对护理人员的品格进行陶冶和塑造，使护理道德原则与规范转化为护理人员的内在品质，以提高护理人员的护理道德认识，培养高尚的护理道德情操，树立坚定的护理道德信念，锻炼坚强的护理道德意志，养成良好的护理道德行为习惯，使护理人员更加自觉地履行自己的职责和义务，更好地为人民健康服务。

（二）护理伦理教育的特点

1．护理伦理教育的实践性 护理伦理学是一门实践性很强的科学，在整个护理伦理教育中，要十分注意贯彻理论和实践相统一的原则，既要加强调查研究，又要重视护理实践。护理伦理教育要适应时代和社会的客观要求，不同时期有不同时期的道德要求。按照护理伦理原则，调整护理道德内容。护理伦理教育要引导护理人员在日常工作中实践护理道德义务，并以此来衡量和检验教育成效大小。进行护理伦理教育时，应充分了解护理学生学习的动机和对护理伦理教育的要求，选取适合的正反两方面典型的案例教学，避免空洞的说教，争取提高教育的实效性。

2．护理伦理教育的长期性 培养护理人员良好的道德品质是一个长期的教育过程，不可能一蹴而就，需要循序渐进。应从护理学生入学时开始教育，逐步培养学生热爱护理职业，做到尊重患者，爱护患者，养成严谨的学习和工作作风。人的知识和道德修养是积累的过程，“人性可化，礼仪可学”。护理伦理教育在护理工作中要常抓不懈，持之以恒，这样才能使护理人员达到更加高尚的护理道德水平。

3．护理伦理教育的多样性 进行护理伦理教育，培养良好的护理道德应从实际情况出发，采取多种途径和多种形式进行，使教育不断深入，取得成效。如邀请当地医院优秀护理人员作报告、观看电教片等方式，用感人事例感染和激励护理人员；开展“假如我是一个患者”的讨论，改善服务态度，为患者提供优质服务；开展文明卫生竞赛活动，为患者创造舒适的、清洁的住院环境；开展“无差错、零事故”活动，增强责任感；开展拒收“红包”礼品活动，廉洁自律，树立护理道德新风等形式进行护理伦理教育。

4．护理伦理教育的同时性和层次性 同时性是指在进行护理伦理教育的过程中，应对形成护士道德品质的诸因素同时展开教育，兼顾护理人员的道德认识、情感、意志、信念和行为习惯等诸要素，使受教育者的各种道德品质得到共同提高。层次性是指根据护理人员的护理道德水平层次，因材施教。由于护理人员的护理道德水准处于不同层次，护理工作专业、职称职务、工作经历也处于不同的层次，加之护理人员的生活经历和所受教育程度也有所不同，因此护理伦理教育应讲究层次规律，承认差别，应该因时、因地、因人区别对待，选择最适合受教育者的内容进行教育，即对不同层次的护理人员提出不同的教育要求，切忌一刀切。

二、护理伦理教育的目的和原则

（一）护理伦理教育的目的

护理伦理教育的过程就是灌输护理伦理知识，培养护士高尚的道德品质的过程。护理伦理教育就是把人们在长期的护理实践活动中所总结出的护理伦理基本原则和规范，转化为护理人员的内心信念及行为的重要过程。概括起来，护理伦理教育的整个过程要达到以下目的：

1．有利于提高护理人员的道德素养 护理伦理教育实际上就是护理道德品质教育，以提高职业道德素养为目标，通过教育使护理人员掌握护理道德理论、原则和规范，从而提高护理道德品质，激发护理道德意识和情感，从而进一步提高护理人员的职业道德素养。在护理伦理教育中有意识地培养护理人员对护理道德的认识水平是十分重要的。一个合格的护理人才，除了要具有较高的护理专业知识、精湛的护理技术外，还必须具有高尚的护理道德品质。只有具备高尚的护理道德品质的护理人员，才能在工作中知道哪些该干哪些不该干，表现出高度的护理道德责任感，才能真正做到急患者之所急，想患者之所想，精心地护理患者，全心全意地为患者服务。

2．有利于提高护理人员的道德情感 护理道德情感是护士根据一定的伦理观念，在处理护理伦理关系、评价护理伦理行为时，所产生的同情或冷漠、爱慕或憎恨、喜好或厌恶等心理反应。护理人员仅仅对护理道德有了认识，并不能自动转化为相应的行为。一个护理人员对自己的护理事业是否热爱、有没有情感以及是一种什么样的情感，这对护理人员对患者采取什么态度和行动有着直接的关系。情感是行为的内在动力。通过护理伦理教育，帮助护理人员真正树立救死扶伤的医学人道主义精神，激发护理人员对患者的高度同情心，使之对护理工作产生强烈的责任感和事业感。护理道德情感是在护理实践和不断提高道德认识的基础上逐步形成和发展起来的。良好的护理情感一旦形成，护理人员会在工作中真正做到急患者所急、痛患者所痛，甚至为了患者不惜牺牲个人利益。因此培养护理道德情感，是提高护理道德水平的重要环节。

3．有利于锻炼护理人员的道德意志 护理道德意志是护士选择伦理行为的决断能力和履行道德义务时克服困难和阻力的毅力。意志是行为的杠杆，是一种巨大的精神力量。护理伦理道德教育不能只限于培养护理人员的道德情感，还需要进一步培养护理人员的道德意志。护理人员在实践中，必然会遇到这样或那样的困难、阻力和曲折。若没有坚强的意志，就可能向困难低头，屈从于错误的思想影响。如果护理人员意志坚强，就能够排除各种障碍，坚定不移地实现自己的信念和诺言。可见，护理道德意志是护理道德行为的杠杆。通过护理伦理教育，对社会主义护理伦理有了正确的认识，就会逐步形成具有坚强的医德意志和坚定的医德信念的医务人员，从而能在护理实践中，不畏艰险，勇往直前。

4．有利于树立护理人员的道德信念 护理道德信念是指护士对护理伦理原则、规范正确性、正义性的信服，并坚定不移地奉为自己的行为准则的观念。它是深刻的认识、炽热的情感和顽强的意志的有机统一，是高级的护理道德意识，是护理道德品质构成的核心要素。护士一旦确立了道德信念，就能在其职业活动中迅速定向，毫不犹豫地按道德常规行事，而且还能在复杂变化的道德冲突情境中辨明是非、善恶，克服内心矛盾，做出合理的行为抉择并加以执行。护理人员一旦牢固地确立了护理道德信念，就能自觉地、坚定不移地依照自己确定的信念来坚定自己的行为。有的护士几十年如一日，工作兢兢业业、任劳任怨，在平凡的工作岗位上干出不平凡的工作业绩，就在于他们拥有强有力的护理道德信念。培养护理人员坚定的护理道德信念是护理道德教育的关键环节。

5．有利于培养护理人员的道德行为习惯 护理道德行为是指护士在一定的护理道德认识指导下，通过情感、意志、信念的支配与调节所采取的实际行动。护理道德习惯是指护士在护理工作中逐渐形成的，不需要任何意志约束和监督，经常的、持续的、自然而然的行为。培养护理道德行为和习惯是护理伦理教育的最终目标。在护理伦理教育过程中，不仅要求护理人员能够自觉地遵守社会主义护理伦理的基本原则和规范，还要求能够将良好的护理道德行为转化为护理道德习惯，护理伦理教育的最高目标是帮助广大护理人员养成良好的护理道德行为习惯。

护理伦理教育的上述五个目的是相互联系、相互作用、相辅相成的。在护理伦理教育过程中，提高护理道德认识是前提和依据，培养护理道德情感、锻炼护理道德意志是必备的内在条件，确立护理道德信念是主导和核心，养成良好的护理道德行为和习惯则是最终目的和归宿。

没有一定的护理道德认识，就不能形成护理道德信念，没有正确的护理道德认识作为指导的行动，也是盲目的行动。同样，只有护理道德认识而没有行动的人，也不能视为有良好护理道德的人。护理伦理教育的过程是晓之以理、动之以情、炼之以志、笃之以念、导之以行的综合的动态的过程。

（二）护理伦理教育的原则

护理伦理教育的原则是指护理伦理教育应该遵守的准则，也是组织实施护理伦理教育的基本要求和重要依据，贯穿于护理教育的始终。护理伦理教育的原则包括：

1．理论联系实际的原则 护理伦理教育既要系统灌输护理伦理学的基础理论和基本知识，培养受教育者的道德意识，使之明白如何去解决有关伦理道德问题，又要使受教育者学会运用护理伦理理论知识去分析和解决护理实践中客观存在的问题，培养护理人员分析和解决问题的能力，还要善于引导、培养护理人员“知信行”统一的作风和乐于践行的求实精神。

2．因材施教原则 教育者应从受教育者的实际情况出发，依据其年龄特征和个性差异，有的放矢地进行施教。一是教育的内容要适合受教育者的知识层次和接受能力；二是教育者必须考虑每个受教育者的独特个性，如性格、脾气、修养等情况，保持教育的针对性。护理伦理教育虽然要求在全体护士中施行，但全员性教育不是一刀切。教育者只有从实际情况出发，分层次、分对象进行教育，有的放矢、恰如其分施教，才可能达到良好的教育效果，否则，易流于形式，难以达到预期目的。

3．情理相融原则 护理伦理教育既要以理服人，又要以情动人。教育者应以理服人、寓情于理、情理结合，并以真诚、信任的态度关心帮助护理人员，调动其自身的积极因素，使受教育者心悦诚服地接受教育。即教育者既要讲清道理，以深刻的道理去教导人、说服人，让受教育者弄清弄懂道理，又要避免单纯的理论说教，忽视情感因素的巨大力量。对受教育者的表扬与批评、帮助与鼓励、检查与评议、比较与分析都要晓之以理、动之以情，寓情于理，情理并举。这样，才能将护理伦理观念深入到护理人员的内心深处，转化为护理人员的实际行动。

4．目标一致原则 护理伦理教育的内容是丰富的，方式也是多种多样的，临床护理实践的环境和条件也是千差万别的，因此护理伦理教育必须与其他方面的素质教育和各种临床实践教育有机地结合起来，并且要保持方向一致，前后一贯，避免相互冲突，彼此矛盾。同时，护理伦理教育也必须与国家卫生事业的管理、医疗改革的大政方针保持一致，不能朝令夕改。

5．法纪教育与道德教育相结合的原则 护理伦理教育既要运用卫生法规和规章对护士进行教育，又要运用道德原则和规范对护士进行教育。教育者既要宣传、讲解有关法律法规及行政规章，增强护士的法纪意识，科学公正地维护护患双方权益，又要讲清伦理道理，增强护士的伦理意识和责任感，使之自觉履行道德义务，全心全意为患者服务，护理道德教育要将两种教育有机结合起来。

三、护理伦理教育的方法

护理伦理教育的方法是指运用多种有效的教育形式或措施，组织实施护理伦理教育。护理伦理教育的方法应该既灵活多样，又不能主观随意，应根据护理伦理本身的特点和教育对象的实际来确定。常见的教育方法有：

（一）正面教育，以理服人的方法

培养和塑造护士优良的道德品质，必须正面灌输系统的护理伦理学知识，要求教育者正面传授护理道德规范等护理伦理学知识，讲清道理，以理服人，启发自觉，又要注意和受教育者进行心理沟通，动之以情，晓之以理，循循善诱。教育者要发扬民主，尊重信任受教育者，与之达到思想一致，产生共鸣，使受教育者能从内心深处接受正确的知识和道理，养成良好的护理道德行为和习惯。

（二）典型引导，榜样示范的方法

榜样或先进典型集中体现着一定时代的道德要求和道德水准。榜样好似一面旗帜，其形象具有说服力、感染力和号召力。因此，教育者要善于利用古今中外护理道德高尚的人物、事例，进行引导、教育，使之受到感染和熏陶，产生共鸣，激发其仿效之情。只要典型事例选择得好，就会在护理伦理教育中发挥重大的作用，甚至可以影响一个人终生的护理行为。

（三）结合临床，案例分析的方法

教育者要善于利用发生在护士周围和自身的“活教材”或典型案例来进行教育，教育者可以利用临床护理实践中发生的个案，采用床边教育方式，或进行临床医学道德安全分析，对护理人员进行具体、形象的警示教育。如对护理差错、事故、伤害患者利益的案例进行分析，揭示其中的道德问题，激发受教育者的情绪反应，理解不良的护理道德的危害性，使护理人员能认真吸取他人的经验和教训，形成牢固而强烈的护理道德信念。

（四）言传身教，集体感染的方法

护理伦理教育中，不仅要求教育者的理论要科学、正确，而且要身体力行，言传身教，这是护理伦理教育的关键，“己不正，焉能正人”的道理就在于此。教育者必须努力做到为人师表，要求学生做到，教师必须首先做到，在护理伦理教育中起到示范作用，从而使护理伦理教育具有更强的说服力。集体是个人成长的土壤，在集体中，人人是教育者，又是受教育者。集体是个人成长的沃土，在一个团结、互助、勤学向上的集体环境中，人们将会受到良好的道德感染和熏陶；相反，正气不足或风气不正的集体，其成员就会受到不良的道德影响。因此，在护理伦理教育中，要尽可能发挥受教育者所在班级或科室内部各成员间的相互影响，建立互相尊重、互相信任、互相学习、互相监督，互相效仿的良好环境，促进彼此护理道德水平的提高。

此外，通过运用社会舆论和集体舆论的力量，扬善抑恶，形成鲜明的是非、善恶观念，通过规范的护理管理和法律法规教育，从而使护士认真执行规章制度和技术规范，增强法纪意识，杜绝差错事故的发生，维护患者利益，全心全意为人民身心健康服务。

第二节　护理伦理修养

案例 10-2

巴桑邓珠是甘孜藏族自治州唯一的藏族男护士，在从事护理工作的三十年中，巴桑邓珠常常没有昼夜之分，没有休息日和节假日之说，忘我工作在临床医护的第一线，把爱心无私地奉献给了患者，受到患者的赞誉。全州十八个县到州人民医院来看病的农牧民患者都知道有一位对患者热情服务的藏族男护士。

甘孜藏族自治州是一个灾多、灾重的地方。巴桑邓珠总是积极主动参与救灾救助工作，到最危险的地方去，到群众最需要的地方去。三十年来，只要发生过疫情或灾害，都曾留下他的足迹。

三十年的辛勤工作，他被誉为藏族农牧民心中的璀璨明珠。卓越的护理技术和无私的奉献精神，使巴桑成了雪域高原的“提灯女神”。2003 年 8 月，巴桑邓珠获得国际护理界最高奖——“南丁格尔奖”，成为中国唯一一位获得该奖的男护士。

思考：结合本案例谈谈护理伦理修养对医务人员的重要性。

一、护理伦理修养的概念及特点

（一）护理修养的概念

“修养”即指“修身”“养性”，广义概念是指人们对思想、学识、技术等方面进行勤奋学习和锻炼陶冶，经过长期努力所达到的涵养水平或者境界。

护理伦理修养是指护士在护理道德的培养形成过程中，依照护理伦理原则和规范所进行的自我锻炼、自我改造、自我陶冶、自我培养的过程和活动，以及经过这种努力和锻炼所形成的护理道德情操和护理道德境界。护理伦理修养是一个循序渐进的过程，只有不断地努力，才能够达到较高的护理修养水平。

（二）护理伦理修养的特点

护理人员所具有的道德品质不是与生俱来的，也不是自发养成的，其培养既需要潜移默化的熏陶，也需要有意识的学习和锻炼，经过后天努力，逐步培养形成。

1．自觉性　护理人员要想具有一定的护理道德情操和护理道德境界，必须发挥自身的主观能动性，自觉地对照护理道德基本原则、规范和范畴，进行反省、检查、自我批评和自我剖析，才能在实践中不断提高自己的道德水平，形成良好的护理道德行为和习惯。护理人员能否严格要求自己，自觉地改造自己的主观世界，是护理道德修养能否形成的关键。

2．艰巨性　护理伦理修养绝不是一朝一夕能够形成的，它是一个长期的艰巨的过程，会遇到阻碍，会出现反复，必须要坚持不懈、持之以恒。古人云：“逆水行舟，不进则退。”只有在复杂的社会环境中不断增强自身的抵抗力，以坚忍不拔的毅力，坚持不懈地进行自我成长和自我改造，才能不断向崇高的道德修养的目标迈进。

3．实践性　护理伦理问题产生于护理实践之中，需要在实践中加以鉴别和处理。只有在护理实践中，在同患者、其他医务人员，以及其他社会活动中，才会发生行为的善恶，才能做出护理道德判断。护理伦理修养绝非脱离护理实践的闭门思过、坐而论道。高尚的护理道德品质只能在护理实践中通过锻炼和修养才能形成。

二、护理伦理修养的目标

护理伦理修养的目标在于不断提高护理人员的素质，强化护理道德意识，提高护理伦理境界，树立崇高的护理道德理想。

（一）护理伦理的境界

护理伦理境界是指护士的道德修养能力所达到的程度和水平。护士在锻炼和修养过程中，其道德水平不断从一个高度达到另一个高度，即从低级到高级不断发展。在现实生活中，由于个人的世界观和对人生价值、社会责任的认识理解能力等诸多方面存在着差异，护理伦理修养水平呈现出不同的层次。根据护士对公私关系的认识及其态度分为四个层次。

1．极端自私的境界　这是极少数道德素质低劣的人的道德境界。这种人的特点是认识和处理一切关系均以满足私利为目的，可以为自己的私利而不择手段。其表现为工作责任心不强，服务态度恶劣，自私自利，一事当前，先替自己打算，在工作上拈轻怕重，推卸责任等；当个人利益不能满足时，甚至会大吵大闹、消极怠工。这种行为，既损害了患者的利益，又使护士的形象受到损害，影响十分恶劣。

2．先私后公的境界　处于这种境界的护士人数也不多。这种境界的护士信奉的原则是“奉公守法”“互惠互利”。他们一般具有一定的职业良心，同情患者，愿意在力所能及的范围内帮助患者，但私心较重，不能处理好个人与他人、个人与集体的关系，在服务态度上表现出不稳定，责任心和服务质量也不够稳定的特点。当集体利益和个人利益发生矛盾时，常常要求集体利益服从个人利益。

3．先公后私的境界　这种境界的护士是多数，在我国已构成了护理队伍的主体。能够做到以患者的利益为重，关心患者的痛苦，服务态度热情、主动，工作认真负责、作风端正，善于和别人团结协作，能正确处理个人与他人、个人与集体利益的关系，当利益关系发生矛盾冲突时，能做到个人利益服从集体利益，当不发生矛盾冲突时，也不忘争取自己的合法权益。

4．大公无私的境界　这是少数优秀护士具备的最高尚的道德境界，是先公后私道德境界的升华，是护理伦理修养的发展方向。其特征是具备毫不利己、专门利人的思想境界。达到这种境界的护士具有全心全意为患者身心健康服务和为护理事业发展献身的精神。他们公而忘私，对护理工作极端负责，对患者极端热忱，处处以患者的利益为重，甚至为患者、集体、国家的利益毫不犹豫地做出自我牺牲。他们无论处于困境还是顺境，不论有人监督还是无人监督，都始终如一地履行护理伦理准则和规范。每一位护士都应把这种高尚的护理道德境界作为自己的目标不断地追求。

（二）护理伦理的理想

理想是人们在实践中形成的具有实现可能性的对未来的向往与追求。理想是高于现实的奋斗目标，又是一种在现实中能找到根据且具有可能性的想象。

护理道德理想是护士在护理实践中形成的对未来所要达到的护理道德境界的向往和追求，是护士进行伦理修养的奋斗目标，也是护士完善道德品格的体现。一个护士要达到崇高的护理道德理想，实现自己的人生价值，得到社会的承认和尊重，必须做好以下几个方面：

1．要热爱自己的职业　护理专业是医疗工作的重要组成部分，患者的早日康复，有赖于医生、护士和其他医务人员的密切配合。护理质量的优劣，关系到患者的生命安危和家庭幸福以及社会的安定，因此，护士的劳动更具有特殊意义。正因为护理工作的性质、特点，以及护理工作的平凡、伟大，所以人们尊称护士为“白衣天使”。因此，护士一定要克服社会存在的对护理职业的偏见和误解，正确理解自己所从事的职业价值，树立热爱自己职业、立志献身于护理事业的道德理想。

2．要为发展护理事业而奋斗　随着医学的发展，医学模式的转变以及人们对卫生保健需求的提高，护理工作也随之进入了全新阶段。这给护理工作带来了新的课题和任务，要求护理工作者适应新形势的变化，不断优化自己的专业知识结构，提高专业知识水平和能力，把进一步发展护理事业作为己任，为人民群众的健康作出自己毕生的努力，这也是护理道德理想的重要内容。

3．全心全意为人民健康服务　无私奉献和全心全意为人民服务既是护士崇高道德境界的体现，也是其所要追求的崇高道德理想和奋斗目标。要恪守“恢复健康和减轻痛苦”的护理职责，牢固树立“一切为了患者”的思想观念，全心全意为患者服务，勤勤恳恳、任劳任怨地做好自己的工作，并使自己的一切护理行为都以维护人民的健康利益为最高标准。

三、护理伦理修养的途径和方法

（一）护理伦理修养的途径

护理伦理修养的过程，实际上是护理人员护理道德品质的形成和完善过程，是一个不断认识、不断实践、不断完善的过程。它不仅需要正确的世界观和人生观的指导，而且必须与护理实践和具体行为相联系，所以护理实践是护理伦理修养的根本途径。护理实践是护理伦理修养的前提和基础。护理人员只有在护理实践中，才能表现出护理道德活动，也只有在护理实践中，护理人员才能深刻认识和理解各种护患关系，才能暴露自己的思想矛盾，认识到自己的行为是否符合护理伦理的要求。护理人员新旧思想斗争是一个长期反复的过程，只有在长期反复、不断深入的护理实践中，护理人员才能形成和完善道德品质，推动着护理道德水平和护理道德品质的提高。护理人员的护理伦理修养程度如何，也只有通过护理实践才能显现并得到检验。因此，护理人员的伦理修养是理论与实践的统一，是学以致用，身体力行的，要把护理伦理原则、规范及其理论知识运用到自己的护理行为实践中去，并在实践中对护理道德的成果进行检验，不断改进自己的工作，提高道德修养。

（二）护理伦理修养的方法

护理实践是提高护理伦理修养的根本途径，也是提高护理伦理修养的根本方法。护理人员要提高伦理修养，达到高尚的护理道德境界，就要掌握如下几种方法。

1．护理伦理修养要加强理论学习 苏格拉底认为“美德出于有知，知识是一切德行之母”，因此，提高护理道德修养，就要加强学习包括理论学习、思想学习和行为学习三个方面。理论学习就是护理人员要加强科学文化知识学习和护理伦理知识学习，提高自身的基本素质，增强善恶、是非、荣辱观念，保证自己护理道德行为方向的正确性，学会做人做事，提高护理伦理修养水平；思想学习就是学习古今中外优秀的护理道德思想，学习同行优秀的道德品质，完善自己的人格，向护理道德理想境界迈进；行为学习就是学习先进人物的护理行为，以榜样的力量来鞭策自己。

2．护理伦理修养要加强实践 护理实践是培养和提高护士的护理伦理修养的根本方法。护理伦理修养来源于护理实践，服务于护理实践。护理实践不仅是护理人员进行护理伦理修养的现实基础，同时也是检验护理伦理修养的唯一标准。一个人只有积极投身于道德实践之中，才可能真正理解道德的内涵，才能培养发自内心的道德情感，养成相应的道德行为习惯。因此，护士只有投身于全心全意为人民健康服务的护理实践中才能真正理解道德的内涵，才能认识到个人的品德和行为有哪些与护理伦理相抵触或不协调的地方，从而促使自己积极地进行思想斗争，积极地提高护理伦理修养水平。 护理实践是进行护理伦理修养的动力，护理伦理修养在护理实践中得到不断提高、不断完善。

3．护理伦理修养要注意内省和慎独

内省是指在自己的内心深处用护理道德标准检查、反省，找出自己道德上的不足或缺陷，并加以克制。内省是靠自觉性来约束的，不自觉或自觉性不高就难以进行内在的自我反省。护理人员在护理工作中难免存在某些缺点、弱点甚至错误，因此，要经常回忆和检点自己的思想、意识、言论、行为，自觉地改正自己的不足。

慎独既是一种修养方法，又是思想修养的境界，是指在没有外人监督的情况下仍坚持自己的道德信念，自觉地按道德要求行事，不因无人监督就肆意妄为。护理人员在护理实践中尤其要做到“慎独”。因为护理职业的特点之一就是护理人员大多数情况下是独立进行工作，且许多护理措施常在无人监督的情况下实施，所以，“慎独”对护理人员尤为重要。护理人员只有养成了良好的自律品格，才既能够用坚强的毅力克服护理工作的各种困难，又可以有效地约束可能发生的不良行为，从而使自己的护理行为时时处处有利于患者和社会。

4．护理伦理修养要持之以恒，坚持不懈

高尚护理道德品质的形成，既非一蹴而就，也不能一劳永逸，必须持之以恒，坚持不懈。护理人员在护理实践中常会遇到这样那样的困难和曲折，有时犹如逆水行舟，不进则退，越是困难，越要发奋图强。只有坚持不断地学习护理伦理理论，不断在护理实践中丰富充实自己，不断加强自我锻炼和修养，持之以恒，与时俱进，才能把自己培养成一个具有社会主义高尚护理道德情操的护理工作者。

第三节　护理伦理评价

案例 10-3

在抗击非典的过程中，北京市有15名医务工作者在防治非典工作中因擅离职守、临危退缩而受到不同程度处理。其中大多数是护师、护士，她们有的临阵辞职，有的私自离开医院，有的不服从工作安排，有的工作不到岗。她们分别受到了开除党籍、团籍，解除聘用合同、取消护士执业资格等组织和行政处理，而原广州省中医院急诊科护士长叶欣，在2003年抗击非典的战役中献出了自己年仅47岁的生命。2003年4月16日《健康报》发表了《永远的白衣战士——沉痛悼念广东省中医院护士长叶欣》的通讯，讲述了叶欣护士长不顾个人安危顽强抗击"非典"的感人事迹。2009年9月14日，她被评为"100位新中国成立以来感动中国人物"之一。

思考：1. 为什么在抗击非典的战斗中，医务人员的表现不一，这其中的原因是什么呢？

2. 医务人员们在抗击非典战斗中的表现导致社会不同的评价，作出评价的标准与依据是什么呢？

在护理活动中，人们总是自觉或不自觉地根据一定的护理伦理规范，去衡量自己或去评价他人的行为，批评和谴责护理道德低下或不道德的护理行为，支持和赞扬符合护理伦理规范要求，并具有高尚道德情操的思想和行为。鉴于此，护理伦理评价堪称为护理行为的"监视器"和护理道德关系的"调节器"。

一、护理伦理评价的概念

护理伦理评价是指在护理活动中，人们根据一定的护理伦理原则和规范，通过社会舆论、内心信念、传统习惯等方式，对护理人员的言行所具有的道德价值作出的判断。护理伦理评价包括社会评价和护理人员的自我评价两种类型。社会评价是指除当事人之外的组织或个人对护理人员或医疗单位的职业行为作出的道德价值判断。自我评价是指护理人员对自己的职业行为所作的自我道德价值判断。自我评价一般依赖于护理人员的道德良知和职业操守。社会评价主要是指社会舆论和传统习俗，是一种客观评价力量；自我评价主要是指内心信念，是一种主观评价力量。两者相互联系，相互影响，共同发生作用。在护理伦理评价中，必须将两种评价结合起来，才能保证评价的客观和公正。

二、护理伦理评价的标准及意义

（一）护理伦理评价的标准

标准是衡量事物的尺度或准则。道德的评价标准是善与恶。护理伦理评价标准，是指衡量护士行为的善恶及其社会效果优劣的尺度和依据。护理伦理评价的具体标准主要包括以下几个方面：

1. 疗效标准　即护士的护理服务行为是否有利于患者疾病的缓解、治愈，保障生命安全。医务人员最基本的医德义务和责任是救死扶伤、防病治病、维护患者的身心健康。因此，疗效标准成了评价和衡量护士的职业行为是否符合道德及道德水平高低的主要依据和尺度。是否有利于患者疾病的缓解、治愈和康复，这是评价和衡量护理人员行为善恶的最根本的标准。凡是有利于患者恢复健康、减轻痛苦、提高生命质量的行为就是道德的，反之则是不道德的。疗效标准要求护理医务人员和护理医疗单位在任何时候都应该把人民群众的健康利益放在首位，以此作为护理医疗行为的出发点和落脚点。

2．社会标准 即护理医疗行为是否有利于人的健康，是否有利于社会的发展和人类生存环境的改善。护理医务人员和护理医疗单位在采取对患者有利的方法与措施时，应考虑这种方法与措施是否会对他人、社会、人类生存环境造成负面影响。应将患者的个人利益与对他人、对社会、对人类生存和发展的整体利益统一起来。如在医院废水、废弃物品及化学、放射性物质的处理时，护理医务人员和护理医疗单位既要考虑患者的卫生安全，又要考虑到医院自身的卫生和安全，同时还要考虑到人民群众的健康安全，以及对生态环境的保护，以利于全人类的生存和发展。像某些医院“前门造福，后门放毒”的做法是极不负责任，极不道德的，甚至是违法的。

3．科学标准 即护理行为是否有利于促进医学和护理科学的发展，是否有利于社会的进步。随着医学新技术在护理实践中的应用，护理水平不断提高，护理功能不断扩大，护理科研不断发展。只要是在对人的身体健康有利的前提下，为了促进护理科学发展和医学的发展而采取的新技术、新方法、新手段都是道德的，反之则是不道德的。

4．互助标准 医学和护理科学的发展离不开医务人员之间的相互支持和配合，离不开各学科之间的协同合作。在护理实践中所讲的互助，主要是指为了维护患者的健康利益和促进医学的发展，各个科室、各部门之间的配合和全体医务人员之间的协作。

以上四个标准是辩证统一的，四者是考核护理行为是否做到了追求局部健康利益与整体健康利益、眼前健康利益与长远健康利益相统一的综合评价标准。进行伦理评价时不要机械套用某一项标准，应将这四个方面结合起来，从整体上去把握。只有这样，才能对护理行为做出正确的选择和全面科学的评价。

（二）护理伦理评价的意义

护理伦理评价是护理道德实践活动中一个重要组成部分。它对于护理人员形成良好的护理道德品质，促进医德医风建设，乃至整个医学事业的发展都有非常重要的意义。

1．有利于形成良好的护理道德风尚 护理伦理评价通过社会舆论等形式对护理人员或医疗单位的护理伦理行为进行评价，通过赞扬或谴责，使护理人员明确护理行为道德与不道德的界限，加深他们对护理道德的理解与深化，从而达到约束和控制不良护理行为的作用，有助于形成良好的护理道德风尚。

2．有利于提高护理人员的道德品质 护理伦理评价明确是非、善恶标准后，还要分析护理行为的目的和手段、动机与效果及其相互关系，护士从中能深刻了解和判断自己护理行为的道德性。护理道德评价的过程，就是向护士推行、宣传、灌输护理道德原则和规范的过程，也是护士接受道德要求的过程。从正面事例中受到激励，从反面事例中得到教育，做到弃恶扬善，克服自身护理道德缺陷，从而逐渐养成个人的优良护理道德品质。

3．有利于促进医学事业的发展 随着社会的进步和医疗科学的不断发展，医学新技术的应用范围越来越广泛，有些与传统的伦理道德相矛盾，新时代护理工作面临新的挑战和考验。如对安乐死、“克隆人”、器官移植、现代生殖技术等，只有在正确的医德观念指导下，依据正确的护理伦理原则、标准和规范，通过护理伦理评价，对医疗护理中出现的重大道德纠纷进行明辨是非，才能做出符合人们利益的正确评价。对这些技术手段带来的伦理道德问题做出正确的评价，并解决这些问题，必将推动护理科学和医药卫生事业的发展。

三、护理伦理评价的方式

护理伦理评价的方式有社会舆论、传统习俗和内心信念。前两种方式是社会评价，属于客观评价；后一种方式是自我评价．属于主观评价。在进行护理伦理评价时，三者相互补充，相辅相成的，必须把三者有机地结合起来，更好地发挥作用。

（一）社会舆论

社会舆论是指一定的社会群体或一定数量的群众，依据一定的道德观念对某些人的行为和某些组织的活动进行议论，施加精神影响的一种伦理评价手段。按照评论主体的不同分为两类：一类是全社会性的评价，即患者、家属和社会各界对医疗卫生单位及护理人员的护理状况进行评价，通过表扬、批评或肯定、否定一些护理行为和做法，从而形成一种扬善抑恶的精神力量。由此增强护理人员对自己行为的社会道德责任感；另一类是同行评价，即医学领域自身的评价，它有利于从护理学科的特点和规律出发，进行深层次的职业道德论证，进而解决技术操作是否符合护理道德规范等方面的问题，是对护理人员实行直接监督的有效途径。

社会舆论是最重要、最普遍的护理伦理评价方式，对护理人员良好护理行为的选择、良好护理道德品质的培养和良好护德护风的建设发挥着特殊的作用。通过社会舆论，人们对护理人员的言行作出肯定、赞许的评价，或发出否定、谴责的评论，给护理人员造成广泛浓厚的道德氛围，具有强大的威慑作用，无形地影响和控制着护理人员的言行举止。受到社会舆论肯定的护理言行，会使受表扬者得到鼓励，继续加以坚持，使其他护士得到感召和引导，使整个社会的护德护风得以形成并得到促进和提高，反之被社会舆论否定或谴责的不道德的护理言行，必将使受谴责的护士感到巨大的社会压力。护理人员应逐步学会以社会舆论作为道德评价的尺子，发扬光大被社会所肯定、高尚的护理道德行为，改正、遏制、消除不道德行为，从而使整个社会的良好护德护风得以形成并提高。但应注意，社会舆论并不都是正确的，在面对社会舆论的时候，护士应该冷静、理智，要明辨是非、善恶和荣辱。一方面，要敢于坚持真理，不让落后的社会舆论蒙蔽自己的眼睛和腐蚀自己的心灵；另一方面，要正视自己的缺点和不足，敢于承担责任，勇于改正错误。

（二）传统习俗

传统习俗是社会风俗和传统习惯的简称，是人们以一定的社会历史条件为背景，在社会生活中长期形成的对某一问题的传统认识，人们习以为常的感情倾向、行为倾向、行为规范和道德风尚。传统习俗不仅具有评价道德好坏、善恶的作用，而且是道德规范的补充。

传统习俗的特点：①形成过程历史悠久。即传统习俗是在社会发展过程中逐渐形成的，是评价护理道德行为最初、最基本的标准。②具有相对稳定性。传统习俗，作为护理道德价值判断的标准，其外在表现形式一旦得到巩固和流传，就会在每位护士的日常生活、工作中形成较为稳定的行为习惯，甚至会成为倾向性的护理道德被予以固定，被一代又一代护士传承。③具有普遍的约束性。传统习俗源远流长、约定俗成，对人们心理和行为上会产生极大的制约，成为一种不言自明的行为规范，对全体成员都具有普遍的约束性。

随着医学、护理学的不断发展，根据当时当地人类健康的需要，各国各地逐步积累并世代相传着许多约定俗成的医护传统习俗。由于传统习俗的形成是以一定历史条件、社会环境、民族情绪、民族文化为背景的，其内容良莠不齐，既包括了优秀的传统美德，也存在着一些历史的陈规陋习。因此，对待传统习俗要有批判的眼光和分析的态度，既要继承和发扬优秀的护理传统，又要剔除其糟粕的东西，注意移风易俗，逐步培养和形成新时期护理新习俗，以推动护理事业的不断发展，更好地为人类身心健康提供优质的护理服务。

（三）内心信念

内心信念俗称“良心”，是指人们根据一定社会的道德原则、规范所形成的某种道德观念、道德理想的真挚信仰，其基本因素是情感。护士的内心信念是指护士发自内心的对护理道德义务的真诚信仰和强烈的责任感，是将外在的护理伦理道德规范转化为内在高度自觉的护理道德意识和护理道德品质，是对自己行为进行善恶价值评价的精神力量。内心信念是护理道德行为最直接的内在动力。一般情况下，外部的社会舆论只有通过内心信念才能起作用，没有道德信念，没有良心，没有荣辱感的人员，社会舆论是不起作用的。

内心信念的特点：①内心信念的稳定性即护理人员内心信念是建立在个人笃信基础上，一旦形成就不会受外界条件影响而轻易改变，且在相当长时间内支配着自己的行为。②内心信念的深刻性即内心道德信念凝聚了护理人员内心深处的道德认识、情感和意志的力量，是反映护理人员对人生真谛的理解和领悟。一个道德高尚的护理人员，必然认为自己所从事的护理职业是光荣的、高尚的，自豪的，并愿意为之奋斗终生。③内心信念的约束性即内心信念作为一种强烈的道德责任感，推动着护理人员进行善恶评价和行为选择，它具有监督性和约束性。

综上所述，社会舆论是现实的力量，具有广泛性；传统习俗是历史的力量，具有持久性；内心信念是自我的力量，具有深刻性。三种护理伦理的评价方式各具特点，在护理伦理评价中发挥着各自的作用，它们也是护理伦理实施的三条途径。只有将三者有机结合起来，才能更好地发挥护理伦理评价的作用，才能更好地培育和形成护士优良的护理道德品质。

本章小结

1．护理伦理教育是护理道德活动的一种重要形式，护理人员不仅要掌握护理伦理教育的方法还要熟悉护理伦理教育的特点、原则和目的以提高道德水平。

2．护理伦理修养的目的是为了使护理人员的道德目的和道德情操达到“业于至善”和“慎独”的道德境界，护理人员不仅要掌握护理伦理修养的方法，还要熟悉护理伦理修养目标。

3．护理伦理评价是护理伦理活动的重要组成部分，它对于提高护理人员的自我修养，形成良好的道德品质，促进医德医风建设具有非常重要的意义，护理人员不仅要熟练掌握评价的标准，还要熟悉评价的意义和方式。

思考题

1．常见的护理伦理教育的方法有哪些？

2．护理人员要进行怎样的伦理修养，才能达到高尚的护理道德境界？

3．护理伦理评价的标准有哪些？

（张振霞）

第十一章　护士管理法律制度

学习目标

识记：

1. 说出护士执业过程中享有的权利。
2. 说出护士执业过程中履行的义务。

理解：

1. 解释护士执业资格考试和注册管理制度规定及违反护理管理制度的法律责任。
2. 说明护理立法的发展历程。

应用：

能在护理执业过程中，依法行使护士执业权利，严格履行护士执业义务。

护士管理法律制度是调整医疗卫生康复保健过程中护理关系的法律规范的总和。其内容主要涉及护理立法的发展、护士执业资格考试和注册管理制度、护士执业的权利和义务以及护士违反护士管理法律制度的法律责任。随着我国护理立法的发展和医疗市场的不断开放，尤其是我国加入世界贸易组织（WTO）以来，为了促进护理工作的可持续发展，我国的护理立法不断完善，以加强护理专业化人才建设，培养高水平的护理人才；围绕“质量安全，人文关怀”主线，提高护理质量，并逐步与国际接轨。

第一节　护理立法的发展

案例 11-1

“丢失”的小纱布

某医院外科张主任、李大夫和手术器械护士小王为一位患者做阑尾炎切除手术，在准备关闭腹腔缝合伤口时，主任问小王：“器械用物清点好了吗？”小王说：“没有，还有一块小纱布没找到。”护士又将所有的用物都重新清点了两遍，还是没找到小纱布。主任这时说：“别啰嗦了，就一块小纱布也那么认真？！关腹，缝合切口了！”

小王急得脸都发红了说：“用物不对数，是绝对不能缝合伤口的！我的职责是一定要点清所有用物无误后才允许医生缝合伤口，我必须坚守我的职责！”这时主任笑着对小王说：“好样的！你将是代表医院考核通过的最称职的手术室护士长人选！看，小纱布拽在我的手心呐！”

思考：护士在执业过程中遵守护士执业法律规定和护理操作规范有什么意义？

一、护理立法的历史发展

（一）我国护理立法历史

西方近代护理学传入中国始于外国人在中国开办教会医院并举办护校，最早来华执业的护士是美国的麦克奇尼（Mckechnie），随后，我国翻译了许多国外护理书籍，如《看护学教程》《护病教科书》等，并创办了第一份中文护理报刊《中国护士季报》。我国1909年成立了中华护士学会，并于1914年在上海召开了第一届全国护士会议首次将“nurse”完整地译成“护士”。1922年国际护士大会在日内瓦隆重召开，正式将我国吸收为第十一个成员国。1936年国民政府卫生署公布了《护士暂行规则》。1948年，在广州召开的第三届中国护士学会全国会员代表大会上，由国民政府卫生部护士主任徐蔼诸提出的“护士法草案提请商讨案”经大会决议，选定由刘干卿、王泰元、聂毓禅、胡惇五、刘效曾为委员，由聂毓禅为召集人的护士法小组经开会讨论，一致通过“护士法草案会商报告请公决案”，但因国内战事未付诸表决。

新中国成立后，国家十分重视护理事业发展，政务院1952年发布了《医士、药剂士、助产士、护士、牙科技士暂行条例》，卫生部1956年发布了《国家卫生技术人员职务名称和职务晋升条例》，卫生部1979年发布了《卫生技术人员职称及晋升条例（试行）》和《关于加强护理工作的意见》等法规、规章和文件，但是我国一直没有建立起严格的护士法律制度，只是先后颁布了一些涉及护士管理方面的法规、规章。如在1982年由卫生部颁布的《医院工作制度》和《医院工作人员职责》中，相应规定了护理工作制度和各级各类护士职责。1988年颁布了《医务人员医德规范及其实施办法》，加强对医务人员职业行为的规范。1993年3月26日卫生部颁布了《中华人民共和国护士管理办法》，自1994年1月1日起实施。以法律的形式对护理人员的资格标准、职责范围、教育培训、实践服务等予以规定。2008年1月23日国务院通过了《中华人民共和国护士管理条例》，并于2008年5月12日正式实施。此外，我国香港特别行政区制定了《香港护士注册条例》，台湾地区在1991年5月颁布了《护理人员法》，1992年4月公布了《护理人员法实施细则》。全国许多省、自治区、直辖市先后制定了《中华人民共和国护士管理办法》的地方性实施细则。我国大陆地区尚未制订护士管理法律，这一立法现状是与护理学的发展现状与现实要求不相适应的。一定意义上看护士管理立法的缺位严重影响了护理科学和护理事业的发展。

（二）西方国家护理立法历史

西方护理学科始于1860年，以佛罗伦斯·南丁格尔（Florence Nightingale，1820-1910）在英国圣多玛医院创建的第一所护士学校为标志。她总结了战地救护和医院护理管理的成功经验，写出了《医院札记》《护理札记》两本书和100多篇论文，为近代护理学的形成奠定了基础。为了促进护理事业的发展，提高护理质量，世界各国和有关护士国际组织非常重视护士管理立法。1903年美国北卡罗莱纳、新泽西等州首先颁布了《护士执业法》，同时期护理立法也在欧洲一些国家开始进行，1919年英国颁布了《英国护理法》，1921年荷兰也颁布了《护理法》。随后，芬兰、意大利、波兰等欧洲许多国家也相继颁布了护理法律、法规。

1947年国际护士委员会发表了一系列有关护理立法的专著。1953年世界卫生组织发表了第一份关于护理立法的研究报告。1953年国际护士协会制定了护士伦理规则，在当年国际护士会议上通过了护士伦理学国际法，明确规定护士的基本职责为“促进健康、预防疾病、恢复健康和减轻痛苦”。1968年国际护士委员会设立一个专家委员会，制定了《系统制定护理法规的参考指导大纲》，为各国的护理立法提供权威性的指导，护理立法在各国得到不断发展与完善，据WHO的报告，到1984年，欧洲18国、西太区12国、中东20国、东亚10国及非洲16国共计76个国家制定了护理法规，正式颁布护理法的国家越来越多。目前，西方许多国家都因人口老龄化严重而面临护士短缺问题。为了鼓励更多的人从事护士工作，政府除了增加护士的工资、福利外，还提供免费的教育机会以及改善工作方式与工作环境，如美国某州制定了《护士 / 患者比例法》（*Nurse-to-Patient Ratios Law*）和《禁止强迫护士加班法》（*Prohibit Mandatory Overtime*）等，这些与护理相关的立法，有力地促进了护理事业的发展。

二、护理立法的分类

护理立法是指特定国家机关按照立法的权限，在其法定职权内，依照一定法定程序，制定、修改和废止规范性护理法律文件的活动。从入学的护生到从事专科护理实践的护士，从在校培训到任职后的规范化培训、继续教育，从护理教育、医院护理到护理专业团体等均有涉及。不同的内容或程序有不同的护理法规及不同的制定和颁布者。各国现行的护理法规，基本上可以分为以下几大类：

第一类，是国家主管部门通过立法机构制定的法律法令。可以是国家卫生法的一个部分，也可以是根据国家卫生基本法制定的护理专业法。

第二类，是根据卫生法，由政府或地方主管当局制定的法规。

第三类，是政府授权各专业团体自行制定的有关会员资格的认可标准和护理实践的规定、章程、条例等。

除上述三类以外，如劳动法、教育法、职业安全法，乃至医院本身所制定的规章制度，对护理实践也具有重要影响。

三、护理立法的意义

护理从本质上说是尊重人的生命、尊重人的权利和尊重人的尊严，为护理对象提供最佳身心健康的职业。以法律的形式对护理人员在教育培训和护理实践工作各方面予以立法，使之规范化、法制化，无论是对于护理工作人员本身，还是护理对象，乃至护理事业都有着非常重要的意义。

1．促进护理管理法制化，保障护理安全，提高护理质量。

护理法的实施，使护理管理法制化，从而保证了护理工作的稳定性及连续性，防止护理差错事故的发生，保证了护理工作的安全及护理质量的提高。

2．促进护理教育及护理学科的发展。

护理法集中最先进的法律思想及护理观念，为护理专业人才的培养和护理活动的开展制定了法制化的规范及标准，使护理工作中有时难以分辨的正确与错误，合法与非法等，在法律的规范下得到统一。促进了护理专业向现代化、专业化、科学化、标准化的方向发展。

3．促进护理人员不断学习和接受培训。

护理法规定的护士资格、注册、执业范围等，是不可变更的，以法律的手段促进护理人员不断学习和更新知识，从而促进护理专业的整体发展。

4．促进护士执业权益受到法律保护。

通过护理立法，护理人员的地位、作用和职责范围有了明确的法律依据，使护理人员在从事正常护理工作的权利、履行自己的法定职责等方面最大限度地受到法律的保护，增强了护理人员对护理专业崇高的使命感和安全感。

5．促进维护患者及所有服务对象的正当权益。

对于不合格或违反护理准则的行为，患者可根据护理法追究护理人员的法律责任，从而最大限度地保护了患者及所有服务对象的合法权利。

第二节　护士执业资格考试和注册管理制度

案例 11-2

“冤枉”的小李

毕业于某中专卫生学校护理专业的学生小李，参加了全国护士执业资格考试，最终成绩合格，取得了《护士执业证书》。毕业后一时没找到合适的工作，于是到亲戚家的诊所帮忙，进行一些注射、测体温等护理操作工作，由于护理操作技术娴熟，还得到了病患的一致好评。当地卫生行政部门在对诊所进行检查校验时发现小李并未按护理执业管理法律规定进行注册，不是合法护士，不能执业，因此依法对诊所和小李进行了处罚。

思考：卫生行政部门是否应该处罚小李和诊所？为什么？

一、护士执业资格考试的制度规定

在我国，凡申请护士执业者必须通过国家卫生部统一组织的执业资格考试，取得《中华人民共和国护士执业证书》，由此确定了我国实行护士执业资格考试制度。它包括考试组织管理、申请参加护士职业资格考试的条件、材料、申请参加资格考试流程、考试内容、获得护士执业资格证书的程序等内容。

实行护士执业资格考试制度，是为了保证护理行业执业人员的业务水准，正确评价申请护士执业者是否具备护士执业所必需的护理专业知识和工作技能，加强护士行业准入控制、从源头上保证护士队伍整体素质。而护士获得执业资格是具有从事护士工作的基本理论和实践能力水平的标志。

（一）考试组织管理

《护士执业资格考试办法》（以下简称办法）第二条规定，卫生部负责组织实施护士执业资格考试。

1．卫生部和人力资源社会保障部成立全国护士执业资格考试委员会。主要职责是：①对涉及护士执业资格考试的重大事项进行协调、决策；②审定护士执业资格考试大纲、考试内容和方案；③确定并公布护士执业资格考试成绩合格线；④指导全国护士执业资格考试工作。全国护士执业资格考试委员会下设办公室，办公室设在卫生部，负责具体工作。

2．护士执业资格考试考务管理实行承办考试机构、考区、考点三级责任制。

（1）承办考试机构具体组织实施护士执业资格考试考务工作。主要职责是：①组织制定护士执业资格考试考务管理规定，负责全国护士执业资格考试考务管理；②组织专家拟定护士执业资格考试大纲和命题审卷的有关规定并承担具体工作；③负责护士执业资格考试考生信息处理；④组织评定考试成绩，提供考生成绩单和护士执业资格考试成绩合格证明；⑤负责考试结果的统计分析和考试工作总结，并向护士执业资格考试委员会提交工作报告；⑥负责建立护士执业资格考试命题专家库和考试题库；⑦指导考区有关考试的业务工作。

（2）各省、自治区、直辖市及新疆生产建设兵团设立考区。省、自治区、直辖市人民政府卫生行政部门及新疆生产建设兵团卫生局可根据实际情况，会同人力资源社会保障部门成立护士执业资格考试领导小组。省、自治区、直辖市人民政府卫生行政部门及新疆生产建设兵团卫生局负责本辖区的考试工作。其主要职责是：①负责本考区护士执业资格考试的考务管理；②制定本考区护士执业资格考试考务管理具体措施；③负责审定考生报名资格；④负责指导考区内各考点的业务工作；⑤负责处理、上报考试期间本考区发生的重大问题。

（3）考区根据考生情况设置考点，报全国护士执业资格考试委员会备案。考点设在设区的市。考点的主要职责是：①负责本考点护士执业资格考试的考务工作；②执行本考点护士执业资格考试考务管理具体措施；③受理考生报名，核实报名材料，初审考生报名资格；④负责为不能自行上网打印准考证的考生打印准考证；⑤处理、上报本考点考试期间发生的问题；⑥发给考生成绩单和护士执业资格考试成绩合格证明。

3．军队有关部门负责军队人员参加全国护士执业资格考试的报名、成绩发布等工作。

（二）申请参加考试条件

2010年5月，卫生部、人力资源和社会保障部共同出台的《办法》第十二条规定，凡申请参加护士执业资格考试必须具备两个基本条件：

1．专业实践要求。必须接受过护理或者助产专业教育，即在中等职业学校、高等学校完成国务院教育主管部门和国务院卫生主管部门规定的普通全日制3年以上的护理、助产专业课程学习，包括在教学、综合医院完成8个月以上护理临床实习；

2．学历要求。必须取得普通中等卫（护）校的毕业文凭或高等医学院校大专以上毕业文凭。

（三）申请参加考试材料

《办法》规定，凡申请参加护士执业资格考试的人员，应当在公告规定的期限内报名并提交以下材料：

1．护士执业资格考试报名申请表；

2．本人身份证明；

3．近6个月2寸免冠正面半身照片3张；

4．本人毕业证书；

5．报考所需的其他材料。

（四）申请参加考试流程

《办法》第三条规定，护士执业资格考试实行国家统一考试制度。统一考试大纲，统一命题，统一合格标准。护士执业资格考试遵循公平、公开、公正的原则。护士执业资格考试原则上每年举行一次，具体考试日期在举行考试3个月前向社会公布。凡符合条件的可以按以下流程报名

1．网上报名　先登录中国卫生人才网（http://www.21wecan.com/）进行网上报名，报名步骤：

（1）考生在中国卫生人才网上查看报名声明，阅读并同意后点击进入报名流程。

（2）查看报名流程，了解报名顺序及注意事项后点击开始报名，进入报名页面。

（3）进入网络报名系统，注册并填写网上报名申报表。考生可以在报名后，凭借个人证件编号及个人密码，登录网站查询、修改个人报名信息或填报个人报名信息。考生确认、保存报名信息后，系统提示“报名成功”。

（4）考生确认填报信息无误后，可以打印《护士执业资格考试报名申请表》（以下简称报名表）

（5）考生再登录所在地的卫生人才网（如湖北考生就登录湖北卫生人才网），注册并上传报考相关证件（毕业证、相片等），取得报考审核编号，并将该编号填写在报名表的右上角空白处，完成网上报名。

2．单位审核　完成网上报名的考生持《报名表》及相关证件（毕业证、身份证、照片），送至所在单位报名管理部门审核；应届毕业生的报名单位为所在学校，社会人员的报考单位为档案托管的人事档案代理机构。

3．现场确认　考生带上打印出来的《报名表》、实习手册、身份证、相片等相关材料到

本人所在地的医师学会去现场确认，交纳报名费用，并在每年的5月份上中国卫生人才网打印准考证。

知识链接

CGFNS

1997年由美国护理协会（ANA）和美国全国护士联合会（NIN）联合创建了一个海外护士资格认证机构Commission on Graduates of Foreign Nursing Schools International，简称CGFNS International。CGFNS考试申请条件：①国际注册护士或执业护士，能出具国家颁发的注册护士执照。②在国家注册的护士专业院校获得专业文凭。③在医疗单位从事护理工作。CGFNS每年举行三次考试，分别在3月、7月和11月举行。CGFNS考试资格申请由申请人通过网上或书面直接向CGFNS递交，审核通过后，将被告之具体的考试时间和地点。考试结果由CGFNS直接通知考生。全世界40多个地方所有考场在同一时间使用同一试题考试，考试的题目为四选一的选择题，共有260道。分为上午、下午考两部分。在英文能力鉴定方面，CGFNS已经授权给ETS，用托福（TOEFL）成绩取代。

（五）考试内容

护士执业资格考试包括专业实务和实践能力两个科目。一次考试通过两个科目为考试成绩合格。考试成绩合格者，才可申请护士执业注册。为加强对考生实践能力的考核，原则上采用“人机对话”考试方式进行。考试由国家医学考试中心具体组织实施，地、市级以上卫生行政部门的医政部门承担本地区的考试实施工作。考试采用标准化考试模式，考试内容涉及专业知识、专业实践能力两个科目，包括基础护理学、内科护理学、外科护理学、妇产科护理学、儿科护理学、护理伦理学、护理心理学、卫生法等课程。

（六）护士执业证书获得程序

《办法》第二条规定：具有护理、助产专业中专或大专学历的人员，参加护士执业资格考试并成绩合格，可取得护理初级（士）专业技术资格证书；护理初级（师）专业技术资格按照有关规定通过参加全国卫生专业技术资格考试取得。

具有护理、助产专业本科以上学历的人员，参加护士执业资格考试并成绩合格，可以取得护理初级（士）专业技术资格证书；在达到《卫生技术人员职务试行条例》规定的护师专业技术职务任职资格年限后，可直接聘任护师专业技术职务。

护士执业资格考试成绩于考试结束后45个工作日内公布。凡符合《办法》规定的参加护士执业考试成绩合格者，由省、自治区、直辖市卫生行政部门发给《中华人民共和国护士执业证书》，该证书在全国范围内有效。取得护士执业证书，即获得了在中国境内从事护士执业活动的基本资格。

二、护士执业注册的制度规定

《护士执业注册管理办法》（以下简称《办法》）第二条规定，护士经执业注册取得《护士执业证书》后，方可按照注册的执业地点从事护理工作。未经执业注册取得《护士执业证书》者，不得从事诊疗技术规范规定的护理活动。由此确认了我国实行护士执业注册许可制度，它包括：注册管理机构、注册原则、注册条件、注册材料、注册程序、再次注册、重新注册、变更注册、注销注册、不予注册。

（一）注册管理机构

1．卫生部负责全国护士执业注册监督管理工作。

2．省、自治区、直辖市人民政府卫生行政部门是护士执业注册的主管部门，负责本行政区域的护士执业注册管理工作。省、自治区、直辖市人民政府卫生行政部门结合本行政区域的实际情况，制定护士执业注册工作的具体办法，并报卫生部备案。护士执业注册应当向拟执业地省、自治区、直辖市人民政府卫生主管部门提出申请。

（二）注册原则

1．申请原则　护士执业注册是依当事人申请而进行的行为。

2．合格原则　申请护士执业注册的人员必须是参加全国统一的护士执业资格考试并成绩合格的人员。

3．注册执业原则　凡是经过依法注册者方可从事护理工作，未经护士执业注册者不得从事护理工作。

4．不间断原则　护士执业注册期满应当及时再注册，凡是中断注册达到一定期限时，必须按规定参加临床实践后才能再向注册机关申请注册。

5．普遍原则　境外人员申请在中华人民共和国境内从事护理工作的，必须依条例的规定通过执业资格考试，取得中华人民共和国《护士执业证书》并办理注册。

（三）注册条件

《办法》第五条规定，申请护士执业注册，应当具备下列条件：

1．具有完全民事行为能力；

2．在中等职业学校、高等学校完成教育部和卫生部规定的普通全日制3年以上的护理、助产专业课程学习，包括在教学、综合医院完成8个月以上护理临床实习，并取得相应学历证书；

3．通过卫生部组织的护士执业资格考试；

4．申请护士执业注册，应当符合下列健康标准：①无精神病史；②无色盲、色弱、双耳听力障碍；③无影响履行护理职责的疾病、残疾或者功能障碍。

（四）注册材料

《办法》第七条规定，护士申请注册必须填写《护士注册申请表》，缴纳注册费，并向注册机关提交下列材料：

1．护士执业注册申请审核表；

2．申请人身份证明；

3．申请人学历证书及专业学习中的临床实习证明；

4．护士执业资格考试成绩合格证明；

5．省、自治区、直辖市人民政府卫生行政部门指定的医疗机构出具的申请人6个月内健康体检证明；

6．医疗卫生机构拟聘用的相关材料。

（五）注册程序

1．申请

护士执业注册申请，应当自通过护士执业资格考试之日起3年内向拟执业地省、自治区、直辖市人民政府卫生主管部门提出；逾期提出申请的，除本办法第七条规定的材料外，还应当提交在省、自治区、直辖市人民政府卫生行政部门规定的教学、综合医院接受3个月临床护理培训并考核合格的证明。

2．受理、审核

省、自治区、直辖市人民政府卫生行政部门受理申请者申请，并应当自受理申请之日起20个工作日内，对申请人提交的材料进行审核。审核合格的，准予注册，发给《护士执业证书》；对不符合规定条件的，不予注册，并书面说明理由。《护士执业证书》由卫生部统一印制，应当注明护士的姓名、性别、出生日期等个人信息及证书编号、注册日期和执业地点。

（六）再次注册

护士执业注册有效期为5年。护士执业注册有效期届满需要继续执业的，应当在有效期届满前30日，向原注册部门申请延续注册。

1．护士申请延续注册，应当提交下列材料：

（1）护士延续注册申请审核表；

（2）申请人的《护士执业证书》；

（3）省、自治区、直辖市人民政府卫生行政部门指定的医疗机构出具的申请人6个月内健康体检证明。

2．注册部门自受理延续注册申请之日起20日内进行审核。审核合格的，予以延续注册。有下列情形之一的，不予延续注册：

（1）不符合本办法第六条规定的健康标准的；

（2）被处暂停执业活动处罚期限未满的。

（七）重新注册

1．有下列情形之一的，拟在医疗卫生机构执业时，应当重新申请注册：

（1）注册有效期届满未延续注册的；

（2）受吊销《护士执业证书》处罚，自吊销之日起满2年的。

2．重新申请注册的，按照本办法第七条的规定提交材料；中断护理执业活动超过3年的，还应当提交在省、自治区、直辖市人民政府卫生行政部门规定的教学、综合医院接受3个月临床护理培训并考核合格的证明。

（八）变更注册

1．护士在其执业注册有效期内变更执业地点等注册项目，应当办理变更注册。但承担卫生行政部门交办或者批准的任务以及履行医疗卫生机构职责的护理活动，包括经医疗卫生机构批准的进修、学术交流等除外。

2．护士在其执业注册有效期内变更执业地点的，应当向拟执业所在地注册主管部门报告，并提交下列材料：

（1）护士变更注册申请审核表；

（2）申请人的《护士执业证书》。

3．注册部门应当自受理之日起7个工作日内为其办理变更手续。护士跨省、自治区、直辖市变更执业地点的，收到报告的注册部门还应当向其原执业所在地注册部门通报。省、自治区、直辖市人民政府卫生行政部门应当通过护士执业注册信息系统，为护士变更注册提供便利。

（九）注销注册

护士执业注册后有下列情形之一的，原注册部门办理注销执业注册：

1．注册有效期届满未延续注册；

2．受吊销《护士执业证书》处罚；

3．护士死亡或者丧失民事行为能力。

（十）不予注册

护士执业注册有下列情形之一的，注册部门不予注册：

1．护士执业注册申请人隐瞒有关情况或者提供虚假材料申请护士执业注册的；

2．服刑期间；

3．因健康原因不能或不宜执行护理业务；

4．违反条例被中止注册或取消注册；

5．其他不宜从事护士工作的。

第三节　护士执业的权利和义务

案例 11-3

怀孕护士被打致先兆流产

一女子带小孩到某县人民医院门诊输液室输液，输完液后护士朱某给孩子拔针时针孔出血，家长马上与护士理论，并开始踢护士的肚子，揪着她头发不放。这时旁人劝架告知该护士已怀孕，患者家属回应："怀孕了算什么？"说罢继续扭打，并不停辱骂。当医院内保卫科和警卫处赶到事发现场时，打骂已经结束。随后相关人员被带到医院辖区西城派出所做笔录。护士朱某已怀孕40多天，但如今已有流产迹象，不得不住院保胎中。当天下午5点半左右，打人女子丈夫提着水果去了朱某的病房看望。但被打护士的丈夫吉某称："他没有说一句道歉的话。反过来教育我们，从事服务行业受点气是应该的，理所当然的。"

思考：如何评价患者家属及其丈夫的行为？

护士是与医师并肩工作的伙伴，随着人们健康需求的不断提高，护士的工作越来越重要，越来越体现出其价值。然而护士工作环境与压力需改善与减缓的地方也越显紧迫，加上当前医患关系紧张，医患矛盾比较突出，通过法律赋予护士应享有的权利，规定必须履行的义务显得愈发重要。

一、护士执业权利

护士执业权利是指取得护士资格依法注册的护士在执业活动中依法享有的权利。

1．人格尊严权　人格权是基本人权，是宪法赋予每个公民的基本权利，如人格权得不到应有的尊重，则其他的权利也无从正常行使。因此，护士在执业过程中享有人格尊严不受侵犯的权利，任何单位和个人都不得以任何方式来干扰护士执业，诋毁其人格，护士的工作应当受到全社会的尊重。

2．获取报酬权　护士执业，有按照国家有关规定获取工资报酬、享受福利待遇、参加社会保险的权利。任何单位或者个人不得克扣护士工资，降低或者取消护士福利等待遇。

3．安全保障权　护士执业，有获得与其所从事的护理工作相适应的卫生防护、医疗保健服务的权利。从事直接接触有毒有害物质、有感染传染病危险工作的护士，有依照有关法律、行政法规的规定接受职业健康监护的权利；患职业病的，有依照有关法律、行政法规的规定获得赔偿的权利。有力地保护了护士的人身与财产安全，为护士的工作提供了安全可靠的护理环境。

4．职业发展权　护士有按照国家有关规定获得与本人业务能力和学术水平相应的专业技术职务、职称的权利；有参加专业培训、从事学术研究和交流、参加行业协会和专业学术团体的权利。

5．医疗护理权　护士有获得疾病诊疗、护理相关信息的权利和其他与履行护理职责相关的权利，可以对医疗卫生机构和卫生主管部门的工作提出意见和建议。

（1）自主治疗权。医疗过程中，护士享有独立护理操作与处置的权利。

（2）医学研究权。护士在临床医学实践过程中，有对疾病的治疗与预防进行研究的权利。

（3）医疗强制权。护士在护理工作实践中，有基于防治疾病的需要而迫不得已限制患者的人身自由或获知患者的隐私的权利。

（4）医疗监督权。护士发现医嘱违反法律、法规、规章或者诊疗技术规范规定的，应当及时向开具医嘱的医师提出；必要时，应当向该医师所在科室的负责人或者医疗卫生机构负责医疗服务管理的人员报告。

二、护士执业义务

护士执业义务是指护士在执业过程中必须履行的责任。

1．依法执业义务 《条例》第十六条规定，护士执业，应当遵守法律、法规、规章和诊疗技术规范的规定。

2．先行处置义务 护士在紧急情况下为抢救垂危患者生命，若医生不在场无法联系时，应当先行实施必要的紧急救护，为挽救患者生命争取宝贵的救助时间。这一义务赋予了护士更高的执业要求，拓展了护士的工作内涵。

3．告知义务 护士在护理工作过程中，应当及时告知患者所需的信息例如患者的病程及治疗方案、护理措施、医疗费用等。告知要全面、客观，同时也因人、因病情而异，切忌告知对患者产生不利后果。例如在患者身体、心理、精神状态较差时，暂缓告知或先对其家属进行告知，防止简单的告知给患者造成不良影响；护士在执业活动中，除履行告知病患信息义务，如发现患者病情危急，还应当立即通知医师。

4．保护患者隐私义务 《条例》第十八条规定，护士在执业过程中应当尊重、关心、爱护患者，保护患者的隐私。

5．参与公共卫生与疾病防控义务 护士有义务参与公共卫生和疾病预防控制工作。发生自然灾害、公共卫生事件等严重威胁公众生命健康的突发事件，护士应当服从县级以上人民政府卫生主管部门或者所在医疗卫生机构的安排，参加医疗救护。

第四节 违反护士管理制度的法律责任

案例 11-4

未做皮试致患者死亡

林某，女，36 岁，上午 10 时许到某医院门诊部就诊。接诊医师检查后诊断为上呼吸道感染。予以口服感冒冲剂，肌内注射青霉素等治疗。当日下午 16 时许，林某自带青霉素针剂找到与其相熟的护士刘某，一起到门诊部要求不作皮试注射青霉素，遭到值班医师拒绝。林某又找到刘某，说自己怕痛，以前也未作皮试注射过青霉素。刘某碍于情面，为林某直接注射青霉素。注射过程中，林某当即出现过敏反应，刘某立即停止注射，报告医师，采取肌内注射肾上腺素、洛贝林等抢救措施。科主任和其他医师闻讯赶到，经全力抢救无效死亡。患者家属异常震惊和悲愤，认为是由于医务人员违章而致的严重医疗事故，强烈要求处理责任人，并给予经济赔偿。

思考：如何评价护士刘某的护理操作行为？

一、卫生主管部门的工作人员的法律责任

卫生主管部门的工作人员未依照《条例》规定履行职责，在护士监督管理工作中滥用职权、徇私舞弊，或者有其他失职、渎职行为的，依法给予行政处分；如给当事方造成民事损害的，应当承担民事法律责任例如停止侵害、排除妨碍、消除危险、返还财产、恢复原状、赔偿损失、消除影响、赔礼道歉等；如构成犯罪的，依法追究刑事责任。

二、医疗机构及工作人员的法律责任

1．医疗卫生机构有下列情形之一的，由县级以上地方人民政府卫生主管部门依据职责分工责令限期改正，给予警告；逾期不改正的，根据国务院卫生主管部门规定的护士配备标准和在医疗卫生机构合法执业的护士数量核减其诊疗科目，或者暂停其 6 个月以上 1 年以下执业活动；国家举办的医疗卫生机构有下列情形之一、情节严重的，还应当对负有责任的主管人员和其他直接责任人员依法给予处分：

（1）违反本条例规定，护士的配备数量低于国务院卫生主管部门规定的护士配备标准的；

（2）允许未取得护士执业证书的人员或者允许未依照本条例规定办理执业地点变更手续、延续执业注册有效期的护士在本机构从事诊疗技术规范规定的护理活动的。

2．医疗卫生机构有下列情形之一的，依照有关法律、行政法规的规定给予处罚；国家举办的医疗卫生机构有下列情形之一、情节严重的，还应当对负有责任的主管人员和其他直接责任人员依法给予处分：

（1）未执行国家有关工资、福利待遇等规定的；

（2）对在本机构从事护理工作的护士，未按照国家有关规定足额缴纳社会保险费用的；

（3）未为护士提供卫生防护用品，或者未采取有效的卫生防护措施、医疗保健措施的；

（4）对在艰苦边远地区工作，或者从事直接接触有毒有害物质、有感染传染病危险工作的护士，未按照国家有关规定给予津贴的。

3．医疗卫生机构有下列情形之一的，由县级以上地方人民政府卫生主管部门依据职责分工责令限期改正，给予警告：

（1）未制定、实施本机构护士在职培训计划或者未保证护士接受培训的；

（2）未依照本条例规定履行护士管理职责的。

4．医疗卫生机构及工作人员如果违反了法律、法规、规章和诊疗护理规范、常规，造成患方人身损害的，医疗机构及工作人员依侵权责任法应当承担民事法律责任。医疗损害承担民事责任的方式有停止侵害、排除妨碍、消除危险、返还财产、恢复原状、赔偿损失、消除影响、赔礼道歉等，主要的责任方式是赔偿损失，也包括精神损害赔偿。

三、护士的法律责任

1．护士在执业活动中有下列情形之一的，由县级以上地方人民政府卫生主管部门依据职责分工责令改正，给予警告；情节严重的，暂停其 6 个月以上 1 年以下执业活动，直至由原发证部门吊销其护士执业证书：

（1）发现患者病情危急未立即通知医师的；

（2）发现医嘱违反法律、法规、规章或者诊疗技术规范的规定，未依照本条例第十七条的规定提出或者报告的；

（3）泄露患者隐私的；

(4) 发生自然灾害、公共卫生事件等严重威胁公众生命健康的突发事件，不服从安排参加医疗救护的。

2．护士在执业活动中造成医疗事故的，依照医疗事故处理的有关规定承担行政法律责任。

3．护士如果违反了法律、法规、规章和诊疗护理规范、常规，造成患方人身损害的，护士依侵权责任法应当承担民事法律责任。如停止侵害、排除妨碍、消除危险、返还财产、恢复原状、赔偿损失、消除影响、赔礼道歉等，主要的责任方式是赔偿损失，也包括精神损害赔偿。

4．依照《刑法》第三百三十五条规定，护士由于严重不负责任，造成就诊人死亡或者严重损害就诊人身体健康的后果，则构成医疗事故罪，处三年以下有期徒刑或者拘役。

四、阻碍护士依法执业的法律责任

扰乱医疗秩序，阻碍护士依法开展执业活动，侮辱、威胁、殴打护士，或者有其他侵犯护士合法权益行为的，由公安机关依照治安管理处罚法的规定给予行政处罚；构成犯罪的，依法追究刑事责任。

案例 11-5

拔针慢护士被打

2016 年 7 月 4 日中午，某市附院门诊楼四楼，一名护士为输完液的孩子拔针。一位患儿家属嫌护士拔针慢，跳上门诊大厅的椅子，对护士打头掐脖。护士说自己是孕妇，打人者仍不停手，引起了现场其他患儿家长的公愤，纷纷站起来喝止和劝阻。辖区派出所根据《治安管理处罚法》，对打人者吴某处以行政拘留 10 天的处罚，如果护士的伤情鉴定为轻伤以上，还将追究打人者刑事责任。

思考：如何评价吴某的行为？

本章小结

1．护士管理法律包括护理立法的发展概况、护士执业资格考试和注册管理的各项法律规定与要求、护士执业过程中享有的权利与履行义务的法律规定、护士执业过程中，违反护士管理法律制度常见的法律责任等方面规定。要掌握护士执业过程中享有的权利与必须履行的义务，熟悉违反护士管理法律制度常见的法律责任。

2．护士执业的顺利开展，离不开护士管理法律、法规的学习与掌握。护理工作人员要熟悉护理管理方面的法律、法规规定，培养护理职业法律意识，提升护理职业素养。

思考题

1．护士执业过程中依法享有哪些权利和依法履行哪些义务？

2．护士在执业过程中违反护士管理法律制度，依法须承担的法律责任有哪些？

3．2014 年 2 月 24 日晚，南京某医院告知患者董某某（女）有重症抢救患者需要住进其病房，在该患者住进后，董某某觉得患者及照料者皆为男性，多有不便，于是联系父母。其父母董某某和袁某某在电话联系院方协调未果后，来到医院，他们先到女儿病房了解情况，后找到病区护士站。当时袁某某隔着护士工作台使用折叠伞打了护士陈某某肩部和腰背部各一下，并走进护士站抓住护士陈某某衣领，将其拉出护士站。董某稍后赶到，与前来制止的医护人员发生推搡，后被人劝开。

思考：案例中患方是否侵犯了护士陈某某的执业权利？为什么？如有侵犯，侵犯了什么执业权利？

（姜小燕）

第十二章 与护理活动相关的卫生法律制度

学习目标

识记：

说出传染病防治法、精神卫生法、献血法、母婴保健法的具体法律制度概述及法律责任的相关规定。

理解：

1．说明传染病防治法关于传染病的法定分类以及传染病预防和控制措施的法律规定。

2．说明精神卫生法中精神障碍的预防、治疗和康复以及精神障碍患者权益的法律规定。

3．说明献血法关于采供血和临床用血管理的法律规定，以及献血相关的法律责任。

4．说明母婴保健法的有关婚前保健和孕产期保健的法律规定。

应用：

掌握传染病防治法、精神卫生法、献血法、母婴保健法中与护理实践相关的具体法律规定，能运用相关法律规定解决护理实践中涉及的具体法律问题。

第一节 传染病防治的卫生法律制度

案例 12-1

2017 年以来，全国共有 16 个省份报告人感染 H7N9 禽流感病例。其中，1 月份报告病例 192 例，死亡 79 例。与 2016 年 12 月份数据相比，2017 年 1 月的 H7N9 疫情明显上升，但疫情总体特点未发生改变，防控救治工作正积极开展。

感染 H7N9 禽流感的症状一般表现为发热（38℃以上）、咳嗽、少痰等呼吸道感染症状，可伴有头痛、肌肉酸痛和全身不适。预防 H7N9 禽流感的措施有：吃熟食，病毒 100℃中 1 分钟即可灭活；特别注意尽量避免直接接触病死禽、畜；注意保持个人卫生，勤洗手、室内勤通风换气；若有发热及呼吸道症状，戴上口罩，尽快就诊。

思考：结合本案例讨论学习传染病防治法的重要意义。

一、传染病防治法律制度概述

（一）传染病防治法的概念

传染病防治法是调整预防、控制和消除传染病的发生、流行，保障人体健康和公共卫生活动中产生的各种社会关系的法律规范的总称。本法的立法目的是为了预防、控制和消除传染病的发生与流行，保障人体健康和公共卫生。

《中华人民共和国传染病防治法》经 1989 年 2 月 21 日第七届全国人民代表大会常务委员会第六次会议通过，并于同年 9 月 1 日施行。2003 年初暴发的传染性非典型肺炎暴露了传染病防治法律制度中的诸多问题，为适应新形势，2004 年 8 月 28 日第十届全国人民代表大会常务委员会第十一次会议修订通过《中华人民共和国传染病防治法》，并于 2004 年 12 月 1 日起施行。本次修订突出了传染病的预防和控制，强调早发现、早诊断、早隔离、早治疗、预防传染病扩散。2013 年 6 月 29 日第十二届全国人民代表大会常务委员会第三次会议对《中华人民共和国传染病防治法》部分条款作出修改。

（二）传染病的法定分类

根据传染病的传播方式、传播速度、流行强度以及对人体健康、对社会的危害程度，分为甲、乙、丙三类。

1．甲类传染病

甲类传染病是指：鼠疫、霍乱。此类传染病传播速度快，可能危及社会安全，所以也称强制管理传染病。

2．乙类传染病

乙类传染病是指：传染性非典型肺炎、艾滋病、病毒性肝炎、脊髓灰质炎、人感染高致病性禽流感、麻疹、流行性出血热、狂犬病、流行性乙型脑炎、登革热，炭疽、细菌性和阿米巴性痢疾、肺结核、伤寒和副伤寒、流行性脑脊髓膜炎、百日咳、白喉、新生儿破伤风、猩红热、布鲁氏菌病、淋病、梅毒、钩端螺旋体病、血吸虫病和疟疾。

3．丙类传染病

丙类传染病是指：流行性感冒、流行性腮腺炎、风疹、急性出血性结膜炎、麻风病、流行性和地方性斑疹伤寒、黑热病、包虫病、丝虫病、手足口病，以及除霍乱、细菌性和阿米巴性痢疾、伤寒和副伤寒以外的感染性腹泻病。

上述规定以外的其他传染病，根据其暴发、流行情况和危害程度，需要列入乙类、丙类传染病的，由国务院卫生行政部门决定并予以公布。

2008 年 5 月 2 日，卫生部将手足口病列入传染病防治法规定的丙类传染病进行管理。2013 年 11 月 4 日，国家卫生计生委网站发布《关于调整部分法定传染病病种管理工作的通知》，根据《中华人民共和国传染病防治法》相关规定，将人感染 H7N9 禽流感纳入法定乙类传染病；将甲型 H1N1 流感从乙类调整为丙类，并纳入现有流行性感冒进行管理；解除对人感染高致病性禽流感采取的传染病防治法规定的甲类传染病预防、控制措施。

对乙类传染病中的传染性非典型肺炎、炭疽中的肺炭疽，采取《传染病防治法》所称的甲类传染病预防、控制措施。

对传染病实行分类管理，有利于根据不同类别传染病对人体健康的危害程度，采取相应的预防控制措施，达到及时有效控制传染病传播、流行的目的。

二、传染病预防、公告和控制

（一）传染病预防

传染病预防是传染病防治法的重要内容，国家对传染病实行预防为主的基本方针，确立了预防为主、防治结合、分类管理、依靠科学、依靠群众的五项基本原则。预防为主既可以有效地保护人们的健康，又可以节约大量的卫生资源，是最经济、最有效的做法。

1．开展卫生健康教育　各级人民政府组织开展群众性卫生活动，进行预防传染病的健康教育，倡导文明健康的生活方式，提高公众对传染病的防治意识和应对能力，加强环境卫生建设，消除鼠害和蚊蝇等病媒生物的危害。

2．开展爱国卫生运动 开展群众性的以除害灭病为中心的爱国卫生运动，发动全体公民和社会各部门共同参与。各级政府组织开展爱国卫生活动。

3．建设和改造公共卫生设施 地方各级政府应当有计划地建设和改造公共卫生设施，改善饮用水卫生条件，对污水、污物、粪便进行无害化处置。

4．实行有计划的预防接种制度 预防接种是贯彻预防为主方针的一项重要工作。有计划地进行预防接种，建立人群的免疫屏障，从而达到预防、控制和消除传染病的目的。国家对儿童实行有计划的预防接种制度。

5．严格执行各项卫生制度 健康检查制度、消毒管理制度、医疗机构防止传染病的医源性感染和医院内感染的消毒隔离制度等等。

6．传染病监测和预警制度 传染病监测是对特定环境、人群进行流行病学、血清学、病原学临床症状及其他影响因素的调查研究，预测有关传染病的发生、发展和流行，并采取必要的预防性措施。国家建立传染病监测制度。

国家建立传染病预警制度。国务院卫生行政部门和省、自治区、直辖市人民政府根据传染病的发生、流行趋势，及时发出传染病预警，根据情况予以公布。

（二）传染病疫情的报告和公布

1．疫情报告人 《传染病防治法》第三十条规定，疾病预防控制机构、医疗机构和采供血机构执行职务的人员发现本法规定的传染病疫情或者发现其他传染病暴发、流行以及突发原因不明的传染病时，应当遵循疫情报告属地管理原则，按照国务院规定的或者国务院卫生行政部门规定的内容、程序、方式和时限报告。

2．疫情的公布 《传染病防治法》第三十八条规定，国家建立传染病疫情信息公布制度。公布传染病疫情信息应当及时、准确。国务院卫生行政部门定期公布全国传染病疫情信息。省、自治区、直辖市人民政府卫生行政部门定期公布本行政区域的传染病疫情信息。传染病暴发、流行时，国务院卫生行政部门负责向社会公布传染病疫情信息，并可以授权省、自治区、直辖市人民政府卫生行政部门向社会公布本行政区域内的传染病疫情信息。公布传染病疫情信息应当及时、准确。

（三）传染病疫情控制

传染病疫情控制是指在传染病暴发流行时，政府及有关部门为防止传染病扩散和蔓延而采取的控制措施。

1．控制传染源 传染病的传染源是指传染病患者、病原携带者及人畜共患传染病的染疫动物。

2．切断传播途径 主要包括采取隔离措施、采取紧急措施、宣布疫区、交通卫生检疫、尸体处理五种措施。

3．保护易感人群 包括紧急调集物资及人员、保证药品和医疗器械供应两种措施。

三、传染病防治的法律责任

《传染病防治法》规定，违反《传染病防治法》，情节严重，构成犯罪的，依法追究刑事责任。

《刑法》第三百三十条规定，违反《传染病防治法》的规定，有下列情形之一，引起甲类传染病传播或者有传播严重危险的，处三年以下有期徒刑或者拘役；后果特别严重的，处三年以上七年以下有期徒刑。

1．供水单位供应的饮用水不符合国家规定的卫生标准的。

2．拒绝按照疾病预防控制机构提出的卫生要求，对传染病病原体污染的污水、污物、粪便进行消毒处理的。

3．准许或者纵容传染病患者、病原携带者和疑似传染病患者从事国务院卫生行政部门规定禁止从事的易使该传染病扩散的工作的。

4．拒绝执行疾病预防控制机构依照《传染病防治法》提出的预防、控制措施的。

《刑法》第三百三十一条规定，从事实验、保藏，携带、运输传染病菌种、毒种的人员，违反国务院卫生行政部门的有关规定，造成传染病菌种、毒种扩散，后果严重的，处三年以下有期徒刑或者拘役；后果特别严重的，处三年以上七年以下有期徒刑。

《刑法》第三百六十条规定，明知自己患有梅毒、淋病等严重性病而卖淫、嫖娼的，处五年以下有期徒刑、拘役或者管制，并处罚金。

第二节　精神障碍患者的卫生法律制度

案例 12-2

2016 年 3 月 9 日，李某的妻子吕某到济南一精神病院称其丈夫有精神病，并为丈夫办理了住院手续，交纳了 3000 元住院押金。第二天，精神病院 4 名工作人员乘出租车到李某家，欲将其带往医院治疗。由于李某拒不前往，并极力反抗，精神病院工作人员采取了用约束带捆绑的方式，将其从家中强行带出，欲将其塞入出租车带往医院。在此过程中，李某极力反抗，引来部分群众围观。后吕某打电话报警，公安民警到达现场后，精神病院工作人员解开了捆绑李某的约束带。

思考：根据《精神卫生法》的相关规定，这家精神病院侵犯了患者的什么权利？

一、精神卫生法律制度概述

精神卫生法是指调整在开展维护和增进公民心理健康、预防和治疗精神障碍、促进精神障碍患者康复的活动中形成的社会关系的法律规范的总称。

《中华人民共和国精神卫生法》经 2012 年 10 月 26 日第十一届全国人民代表大会常务委员会第二十九次会议通过，自 2013 年 5 月 1 日起施行。本法的立法目的是为了发展精神卫生事业，规范精神卫生服务，维护精神障碍患者的合法权益。

二、精神障碍的预防、治疗与康复

（一）精神障碍的预防

精神障碍的预防是精神卫生工作中非常重要的一环，因此应坚持预防为主的方针，坚持预防、治疗和康复相结合的原则。精神障碍的预防具体可以从以下几个方面着手：

1．在突发事件应急预案中增加心理援助内容。

2．建立心理援助专家库。

3．开展心理健康教育。

4．建立精神卫生监测网络。

（二）精神障碍的治疗

《精神卫生法》第二十六条规定，精神障碍的诊断、治疗，应当遵循维护患者合法权益、尊重患者人格尊严的原则，保障患者在现有条件下获得良好的精神卫生服务。

1．住院自愿原则 精神障碍的住院治疗实行自愿原则，但精神障碍患者的诊断结论、病情评估表明，就诊者为严重精神障碍患者并有下列情形之一的，应当对其实施住院治疗：

（1）已经发生伤害自身的行为，或者有伤害自身的危险的。

（2）已经发生危害他人安全的行为，或者有危害他人安全的危险的。

2．监护人决定原则

伤害自身或者有伤害自身危险的精神障碍患者，经其监护人同意，医疗机构应当对患者实施住院治疗；监护人不同意的，医疗机构不得对患者实施住院治疗。监护人应当对在家居住的患者做好看护管理。

（三）精神障碍的康复

大部分精神障碍患者是慢性疾病，并有可能导致某种程度的残疾，因此预防和康复是更为重要的环节。精神障碍康复指对提高精神障碍患者活动能力，改善生活自理能力，促使其重新参加社会活动并提高生活质量。

我国精神障碍康复的法律规定：

1．社区康复机构提供场所和条件。

2．医疗机构提供技术指导和支持。

3．村民委员会、居民委员会提供帮助。

4．残疾人组织或康复机构提供帮助。

5．监护人协助患者康复。

6．用人单位保障患者劳动权利。

三、精神障碍患者的权益

精神障碍患者同其他公民一样，享有人身权、财产权、以及教育、劳动、医疗、从国家和社会获得物质帮助等方面的合法权益。

（一）精神障碍患者的人格尊严不受侵犯

精神障碍患者的人格尊严受法律保护，任何组织或者个人不得歧视、侮辱、虐待精神障碍患者。禁止对精神障碍患者实施家庭暴力，禁止遗弃精神障碍患者。

（二）精神障碍患者的人身自由不受侵犯

精神障碍患者的人身自由受法律保护，不得非法限制精神障碍患者的人身自由。除急性发病期或者为了避免妨碍治疗外，不得限制患者的通讯和会见探访者等权利。

（三）精神障碍患者的隐私权不受侵犯

政府部门、医疗机构、与精神卫生工作相关的其他单位及其工作人员应当依法保护精神障碍患者的隐私权。未经精神障碍患者及其近亲属或监护人同意，不得对精神疾病患者录音、录像、摄影或者播放与该精神障碍患者有关的视听资料。因学术交流等原因需要在一定场合公开精神障碍患者病情资料的，应当隐去能够识别该精神障碍患者身份的内容。

（四）精神障碍患者的基本药物维持治疗权不受侵犯

医疗机构应当为在家居住的严重精神障碍患者提供精神科基本药物维持治疗，并为社区康复机构提供有关精神障碍康复的技术指导和支持。

（五）精神障碍患者教育和劳动就业权不受侵犯

精神障碍患者教育和劳动等方面的合法权益受法律保护。精神障碍患者享有参加与身体、精神状况相适应的生产劳动并取得相应劳动报酬的权利。根据精神障碍患者的实际情况，用人单位应当安排患者从事力所能及的工作，保障患者享有同等待遇。精神障碍患者康复后，依法享有教育、就业等方面的权利。

知识链接

精神障碍患者教育和就业权利的保障

精神障碍患者在日常教育、就业中很容易遭到歧视和阻碍，《中华人民共和国精神卫生法》第四条、第七十条就保障精神障碍患者享有的各项权益、包括受教育和就业的权利作了具体规定。

1. 国家保障精神障碍患者享有平等受教育的权利

义务教育是我国统一实施的公益性事业，精神障碍儿童及少年与正常儿童少年一样享有接受义务教育的权利。我国精神障碍儿童、少年义务教育发展的基本格局是以随班就读和特教班为主体，以特殊教育学校为骨干。政府将采取更多有效措施，如社区教育、送教上门、跨区域招生、建立专门学校、建设儿童福利机构特教班等形式，解决精神障碍儿童、少年就学的实际困难，保障其按时接受教育。

2. 国家保障精神障碍患者依法享有劳动就业的权利

劳动是公民的基本权利，依照精神卫生法第四条第二款、第七十条第一款规定，县级以上政府及相关部门有责任采取有效措施，扶持有劳动能力的精神障碍患者从事力所能及的劳动，并为已康复人员提供职业指导、职业介绍和培训等服务。

四、精神障碍患者的法律责任

医疗机构及其工作人员的违法情形主要有：

（一）拒绝对送诊的疑似精神障碍患者作出诊断的

本法第二十八条第三款规定，医疗机构接到送诊的疑似精神障碍患者，不得拒绝为其作出诊断。作为医疗机构，应当让精神障碍患者得到基本的尊重和善待，使其得到良好的治疗和护理，尽可能消除精神障碍患者给社会或者自身带来的安全隐患，避免发生意外。

（二）对依照本法第三十条第二款规定实施住院治疗的患者未及时进行检查评估或者未根据评估结果作出处理的

第三十条第二款规定，诊断结论、病情评估表明，就诊者为严重精神障碍患者并有下列情形之一的，应当对其实施住院治疗：已经发生伤害自身的行为，或者有伤害自身的危险的；已经发生危害他人安全的行为，或者有危害他人安全的危险的。

（三）违反本法规定实施约束、隔离等保护性医疗措施的

禁止利用约束、隔离等保护性医疗措施惩罚精神障碍患者。约束、隔离等保护性医疗措施涉及患者的人身自由，医疗机构及其工作人员在实施时应当严格遵守本法对医疗机构及其工作人员实施约束、隔离等保护性医疗措施的条件、情形、标准、规范、程序和禁止性规定，不符合法律规定的情形实施，不遵循诊断标准和治疗规范实施，实施后未告知患者监护人，利用约束、隔离等保护性医疗措施惩罚精神障碍患者等均属于违法行为。

（四）违反本法规定，强迫精神障碍患者劳动的

本法第四十一条规定，医疗机构不得强迫精神障碍患者从事生产劳动。《联合国保护精神病患者和改善精神保健的原则》中提出，患者应绝对免于强迫劳动。在合乎患者需要和医院管理方要求的范围内，患者应能选择希望从事的工作。实践中，有的医疗机构存在强迫精神障碍患者从事生产劳动从而获取收益的行为，精神障碍患者享有劳动的权利，但不应当被强迫实施，任何强迫精神障碍患者劳动的行为都是违法的，应当承担相应的法律责任。

（五）违反本法规定，对精神障碍患者实施外科手术或者实验性临床医疗的

本法第四十三条规定，医疗机构对精神障碍患者实施导致人体器官丧失功能的外科手术和与精神障碍治疗有关的实验性临床医疗的，应当取得患者的书面同意；无法取得患者意见的，应当取得其监护人的书面同意，并经本医疗机构伦理委员会批准。实施导致人体器官丧失功能的外科手术因情况紧急查找不到监护人的，应当取得本医疗机构负责人和伦理委员会批准。禁止对精神障碍患者实施与治疗其精神障碍无关的实验性临床医疗。外科手术和实验性临床医疗与患者的人身权利和生命健康紧密相关，应当严格遵守法律规定的条件和程序，违反有关规定的，依法追究法律责任。

（六）违反本法规定，侵害精神障碍患者的通讯和会见探访者等权利的

本法第四十六条规定，医疗机构及其医务人员应当尊重住院精神障碍患者的通讯和会见探访者等权利。除在急性发病期或者为了避免妨碍治疗可以予以暂时性限制外，不得限制患者的通讯和会见探访者等权利。医疗机构及其工作人员如果随意剥夺患者的通讯和会见权利，应依法承担法律责任。

（七）违反精神障碍诊断标准，将非精神障碍患者诊断为精神障碍患者的

本法第二十七条第一款规定，精神障碍的诊断应当以精神健康状况为依据。第三十九规定，医疗机构及其医务人员应当遵循精神障碍诊断标准和治疗规范制订治疗方案。国务院卫生行政部门组织制定精神障碍分类、诊断标准和治疗规范，医疗机构及其工作人员在作出是否为精神障碍患者的诊断时，应当根据患者的精神健康状况，严格遵循诊断标准。违反精神障碍诊断标准，将非精神障碍患者诊断为精神障碍患者的，应当依法承担法律责任。

医疗机构及其工作人员有上述七种违法情形的，应当承担相应的法律责任，由县级以上人民政府卫生行政部门责令改正，对直接负责的主管人员和其他直接责任人员依法给予或者责令给予降低岗位等级或者撤职的处分；对有关医务人员，暂停六个月以上一年以下执业活动；情节严重者，给予或者责令给予开除的处分，并吊销有关医务人员的执业资格证书。

医疗机构及其工作人员违反本条规定的情形，情节严重，触犯刑法规定的禁止性规范，构成犯罪的，依法追究刑事责任。

第三节　献血法相关的卫生法律制度

案例 12-3

怀孕三个月的赵某因脾破裂做腹腔手术急需大量A型血，卫生院与市中心血站取得联系，告知血液将在一小时内送到。情况紧急之下，医生王某一边给赵某进行手术，一边打电话催促血站送血，由于天黑路远，加之有一段路正在整修须绕行，血站的血迟迟未到。赵某的弟弟见情况紧急两次提出要给姐姐献血，均被医院拒绝。当血站的送血员赶到时，赵某已因失血过多身亡。

思考：临床紧急用血时，根据临时采集血液的相关法律规定，如何处理患者生命权与健康权冲突？

一、献血法概述

献血法是调整在保证临床用血需要和安全，保障献血者和用血者身体健康活动中产生的各种社会关系的法律规范的总称。

《中华人民共和国献血法》经 1997 年 12 月 29 日第八届全国人民代表大会常务委员会第二十九次会议通过，该法自 1998 年 10 月 1 日起施行。

献血法以法律形式确立了我国临床用血实行无偿献血制度，国家提倡 18 周岁至 55 周岁的健康公民自愿献血。他们是无常献血的主体。提倡个人、家庭、亲友、单位及社会互助献血。《献血法》对公民用血、献血、血站采血、储血、供血，以及医疗机构临床用血等活动作了规范，标志着我国无偿献血工作走上了法制化轨道。

二、采血与供血管理

（一）血站和血液的概念

血站是指不以营利为目的，采集、制备、储存血液，并向临床提供血液的公益性卫生机构。血站分为血液中心、中心血站、基层血站或中心血库等，负责指定服务区域的采供血工作。

医学上使用的血液是指用于临床的全血和成分血。

（二）血站的设置审批

血站是按照地区的行政区域来设置的。直辖市、省会城市、自治区设血液中心；设区的市设中心血站；县及县级市可以设基层血站或者中心血库。血液中心或中心血站因采供血需要，经过省、自治区、直辖市人民政府卫生行政部门批准，在辖区内设立血站分站或采血点（室），隶属于血液中心或中心血站。血液中心的设置必须经国务院卫生行政部门批准，中心血站、基层血站或中心血库的设置必须经省、自治区、直辖市人民政府卫生行政部门批准。

（三）血站的执业注册

血站或中心血库的采供血业务必须经过执业验收和注册登记，并分别领取《血站执业许可证》或《中心血库采供血许可证》。未经验收合格的血站不得执业。血站执业以及中心血库开展采供血业务还必须经注册登记。血站注册登记机关为批准其设置的人民政府卫生行政部门。

（四）采血管理

血站必须按照注册登记的项目、内容、范围，开展采供血业务，必须严格遵守各项技术操作规程和制度，为献血者提供各种安全、便利、卫生的条件，必须遵守以下采血原则：

1．健康检查　血站在采血前须免费对献血者进行必要的健康检查，身体状况不符合献血条件的，血站应当向其说明情况，不得采集血液。

2．采集血液量和间隔　血站对献血者采集血液量每次一般为 200 ml，最多不得超过 400 ml。两次采集时间间隔期不少于 6 个月。严禁对献血者超量、频繁采集血液。

3．严禁采集冒名顶替者的血液　血站应禁止采集冒名顶替者的血液。血站采集血液后，对献血者发给《无偿献血证》。《无偿献血证》由国务院卫生行政部门制作，任何单位和个人不得伪造、涂改、出卖、转让、出借。

4．原始记录保存　采供血和检测的原始记录必须保存 10 年。血清标本的保存期应在全血有效期满后半年；血液检验（复检）的全血标本的保存期应当在全血有效期内。

（五）供血管理

血液的包装、储存、运输须符合要求，包装袋上须标明：

1．血站的名称及其许可证号。

2．献血者的姓名（或条形码）、血型。

3．血液品种。

4．采血日期及时间。

5．有效期及时间。

6．血袋编号（或条形码）。

7．储存条件。

另外，血站应当保证发出的血液质量、品种、规格、数量无差错，未经检验或者不合格的血液，不得向医疗机构提供。

三、临床用血管理

（一）临床用血概念

临床用血是指医疗机构将血站依法采集的供血者的血液或血液成分输注给患者进行抢救、治疗的医疗行为的总称。临床用血包括用于临床的全血、成分血。血站、医疗机构不得将无偿献血的血液出售给单采血浆站或血液制品生产单位。无偿献血的最终目的是将血液应用于临床，不得买卖，以挽救伤病患者的生命，维护其健康。

（二）临床用血管理

卫健委负责全国医疗机构临床用血的监督管理。县级以上地方人民政府卫生行政部门负责本行政区域医疗机构临床用血的监督管理。医疗机构法定代表人为临床用血管理第一责任人。

1．二级以上医院和妇幼保健院应当设立临床用血管理委员会，负责本机构临床合理用血管理工作。

2．医疗机构应当根据有关规定和临床用血需求设置输血科或者血库，配备与输血工作相适应的专业技术人员、设施、设备，负责本单位临床用血的计划申报，储存血液，承担医疗机构交办的有关临床用血的任务。

3．医疗机构作为用血单位，其临床用血，应当使用卫生行政部门指定血站提供的血液，并对血液预订、接收、入库、储存、出库及库存预警等进行管理。

4．医疗机构应当建立临床用血申请管理制度。同一患者一天申请备血量少于 800 毫升的，由具有中级以上专业技术职务任职资格的医师提出申请，上级医师核准签发后，方可备血；同一患者一天申请备血量在 800 毫升至 1600 毫升的，由具有中级以上专业技术职务任职资格的医师提出申请，经上级医师审核，科室主任核准签发后，方可备血；同一患者一天申请备血量达到或超过 1600 毫升的，由具有中级以上专业技术职务任职资格的医师提出申请，科室主任核准签发后，报医务部门批准，方可备血。

5．医疗机构应当根据国家有关法律、法规和规范建立临床用血不良事件监测报告制度。

6．医疗机构应当建立临床用血医学文书管理制度，确保临床用血信息客观真实、完整、可追溯。临床输血治疗知情同意书、输血记录单等随病历保存。

7．医疗机构应当建立培训制度，加强对医务人员临床用血和无偿献血知识的培训，将临床用血相关知识培训纳入继续教育内容。

8．医疗机构应当建立科室和医师临床用血评价及公示制度。将临床用血情况纳入科室和医务人员工作考核指标体系。禁止将用血量和经济收入作为输血科和血库工作的考核指标。

（三）临床用血费用

公民临床用血时只需交付用于血液的采集、储存、分离、检验等费用。这主要是指公民临床需要用血的费用，是血液从采集到临床用血的一切消耗成本费用，需要用血人支付。

无偿献血者临床需要用血时，免交上述规定的费用。主要是指已履行无偿献血义务的公民本人临床需要用血时，不需要支付血液采集、储存、分离、检验等费用。凭本人的“无偿献血证”在医疗机构用血，免交费用。如无偿献血者因病在其他省用血，临床用血的费用先垫付，然后向献血所在地献血办公室结算。

无偿献血者的配偶和直系亲属临床需要用血时，可以按照省、自治区、直辖市的规定免交或减交上述规定的费用。

（四）临时采集血液

在一般情况下，除医疗机构开展的患者自身储血、自体输血外，医疗机构临床用血，由县级以上人民政府卫生行政部门指定的血站供给。但为保证应急用血，医疗机构在符合法定条件，确保采血、用血安全的前提下可以临时采集血液。

2012 年 3 月颁布、同年 8 月 1 日实施的《医疗机构临床用血管理办法》规定，为保证应急用血，医疗机构可以临时采集血液，但必须同时符合以下条件：

1．危及患者生命，急需输血。

2．所在地血站无法及时提供血液，且无法及时从其他医疗机构调剂血液，而其他医疗措施不能替代输血治疗。

3．具备开展交叉配血及乙型肝炎病毒表面抗原、丙型肝炎病毒抗体、艾滋病病毒抗体和梅毒螺旋体抗体的检测能力。

4．遵守采供血相关操作规程和技术标准。

医疗机构应当在临时采集血液后 10 日内将情况报告县级以上人民政府卫生行政部门。以上条件必须同时具备，否则属于违法采血，将承担相应的法律责任。

知识链接

临床应急用血相关规定

《献血法》第十五条规定：“为保障公民急救用血，国家提倡并指导择期手术的患者自身储血，动员家庭、亲友、所在单位以及社会互助献血。为保证应急用血，医疗机构可以采集血液，但应当依照本法规定，确保采血用血安全。”

《医疗机构临床用血管理办法》自 2012 年 8 月 1 日起施行。规定医疗机构在具备以下条件时可以采集血液：

1．危急患者生命，急需输血。

2．边远地区的医疗机构和所在地无血站（或中心血库）无法及时提供血液，而其他医疗措施所不能替代输血治疗。

3．具备开展交叉配血及快速诊断方法检验乙型肝炎病毒表面抗原，丙型肝炎病毒抗体、艾滋病病毒抗体的条件。

四、献血相关的法律责任

（一）民事责任

《献血法》规定，血站违反有关操作规程和制度采集血液，给献血者造成损害的，应当依法赔偿。医疗机构的医务人员将不符合国家规定标准的血液用于患者，给患者健康造成损害的，应当依法赔偿。

（二）刑事责任

《刑法》第三百三十四条第一款对非法采集血液做了明确规定：“非法采集、供应血液或者制作、供应血液制品，不符合国家规定的标准，足以危害人体健康的，处五年以下有期徒刑或者拘役，并处罚金；对人体健康造成严重危害的，处五年以上十年以下有期徒刑，并处罚金，造成特别严重后果的，处十年以上有期徒刑或者无期徒刑，并处罚金或者没收财产。”

《刑法》第三百三十三条规定：“非法组织他人出卖血液的，处五年以下有期徒刑，并处罚金；以暴力、威胁方法强迫他人出卖血液的，处五年以上十年以下有期徒刑，并处罚金。有前款行为，对他人造成伤害的，依照本法第二百三十四条的规定定罪处罚”。

《刑法》第三百三十四条第二款明确规定：“经国家主管部门批准采集、供应血液或者制作、供应血液制品的部门，不依照规定进行检测或者违背其他操作规定，造成危害他人身体健康后果的，对单位判处罚金，并对其直接负责的主管人员和其他直接责任人员，处五年以下有期徒刑或者拘役。”此外，《献血法》《血站管理办法》《血液制品管理条例》等分别规定，向医疗机构提供不符合国家规定标准的血液，情节严重，造成经血液途径传播的疾病传播、人身伤害等危害，构成犯罪的，要依法追究刑事责任。

《刑法》第三百三十五条规定：“医务人员由于严重不负责任，造成就诊人死亡或者严重损害就诊人身体健康的，处三年以下有期徒刑或者拘役。”

第四节　母婴保健法律制度

案例 12-4

《母婴保健法》第十二条规定：“男女双方在结婚登记时，应当持有婚前医学检查证明或者医学鉴定证明。”

《母婴保健法实施办法》第十六条规定：“在实行婚前医学检查的地区，婚姻登记机关在办理结婚登记时，应当查验婚前医学检查证明或者母婴保健法第十一条规定的医学鉴定证明。”

《婚姻法》于 2001 年 4 月 28 日修改，第七条第二项规定：“患有医学上认为不应当结婚的疾病”的，禁止结婚。第十条第三项规定：“婚前患有医学上认为不应当结婚的疾病，婚后尚未治愈的”，婚姻无效。

2003 年 10 月 1 日实施新的《婚姻登记条例》颁布实施，明确了把婚检从“强制”改为“自愿”。改为“自愿”后，婚检人数急剧下降，与此同时，夫妻相互传染疾病、新生儿出生缺陷率却大幅上升。报道称，必要婚检缺失是导致出生缺陷率上升的一个重要原因。

思考：1.“实行自愿婚检，这是社会进步和法治人性化的体现。”这种说法对吗？为什么？

2. 不强制婚检不等于不婚检，怎样看待婚前检查的重要性？

一、母婴保健法律制度概述

母婴保健法是指在调整和保障母亲和婴儿健康，提高出生人口素质活动中产生的各种社会关系的法律规范的总称。

《中华人民共和国母婴保健法》于 1994 年 10 月 27 日第八届全国人民代表大会常务委员会第十次会议通过，自 1995 年 6 月 1 日起施行。为了更好地贯彻实施《母婴保健法》，2001 年 6 月国务院颁布了《中华人民共和国母婴保健实施办法》。修订后《中华人民共和国母婴保健法》于 2017 年 11 月 4 日第十二届全国人民代表大会常务委员会第三十次会议通过。

（一）婚前保健

婚前保健是指医疗保健机构对准备结婚的男女双方，在结婚登记前所提供的保健服务，包括婚前卫生指导、婚前卫生咨询和婚前医学检查三项内容。根据《母婴保健法》及实施办法的规定，医疗保健机构应当为公民提供婚前保健服务。

1．婚前保健的内容

（1）婚前卫生指导。指对准备结婚的男女双方进行的以生殖健康为核心、与结婚和生育有关的保健知识的宣传教育。主要包括有关性卫生的保健和教育、新婚避孕知识及计划生育指导、受孕的准备、环境和疾病对后代影响等孕前保健知识、遗传病的基本知识、影响婚育的有关疾病的基本知识和其他生殖健康知识。

（2）婚前卫生咨询。指医疗保健人员针对有关婚配、生育保健等问题对服务对象提出的具体问题进行解答、提供医学意见，为服务对象提供科学的信息，对可能产生的后果进行指导，提出适当的建议，以帮助其作出科学的决定。

（3）婚前医学检查。指医疗保健机构对准备结婚的男女双方可能患有的影响结婚或生育的疾病进行医学检查，主要包括严重遗传性疾病、指定传染病及有关精神病的检查等内容。

2．婚前医学检查意见

经婚前医学检查，医疗保健机构应当向当事人说明情况，提出医学意见，如实填写“婚前医学检查证明”并对有关人员进行医学指导，提出预防、治疗及采取相应医学措施的建议。婚前医学检查意见一般包括下列几种：

（1）禁止结婚。《中华人民共和国婚姻法》规定，直系血亲和三代以内的旁系血亲禁止结婚。

（2）暂缓结婚。患指定传染病在传染期内或者有关精神病在发病期间内的，准备结婚的男女双方应当暂缓结婚。

（3）可以结婚不宜生育。经婚前医学检查，对诊断患医学上认为不宜生育的严重遗传性疾病的，应当向男女双方说明情况，提出医学意见。经男女双方同意，采取长效避孕措施或者施行结扎手术后不生育的，应当予以证明。这类情况可以结婚。

（4）可以结婚。无上述三种情况的，可以结婚。

2003年10月1日起施行的《婚姻登记条例》，我国婚姻登记机关不再将婚前医学检查证明作为结婚登记的必备材料，这实际上取消了过去带有“强制性”嫌疑的婚前医学检查，但取消的只是“强制”而不是“婚检”本身。婚姻当事人的健康状况如何以及是否进行婚前医学检查都成为不影响结婚登记的纯粹个人私事，这是充分尊重个人隐私权的表现。婚前医学检查以科学为依据，对公民提出要求，有限制但不强制，它对促进婚姻美满、家庭幸福、预防和减少严重先天病残儿的出生具有重要意义。为对方负责，对后代负责，卫生专家呼吁广大婚姻当事人自觉进行婚前医学检查。

（二）孕产期保健

孕产期保健一般是指从怀孕开始到产后42天内医疗保健机构为孕产妇及胎儿、婴儿提供的医疗保健服务。做好孕产期保健工作是保障母婴健康的重要环节。

1．孕产期保健的内容　《母婴保健法》规定，医疗保健机构应当开展母婴保健指导、孕产妇保健、胎儿保健和新生儿保健，为育龄妇女提供有关避孕、节孕、节育、生育、不育和生殖健康的咨询和医疗保健服务。

母婴保健指导，是指通过系列保健服务，提供母婴保健指导，对如何孕育健康后代及严重遗传性疾病的发病原因、治疗和预防方法提供医学意见。

在孕产妇保健方面，为孕产妇提供卫生、营养、心理等方面的咨询和医学指导，建立保健手册，定期进行产前检查，为孕产妇提供安全分娩技术服务等医疗保健服务。

在胎儿保健方面，对胎儿生长发育进行监护，提供咨询和医学指导。

新生儿保健的内容包括：开展新生儿先天性、遗传性代谢病筛查、诊断、治疗和监测，为新生儿生长发育、哺乳和护理提供医疗保健服务。

2．医学指导和医学意见

（1）医学指导。在孕产期保健工作中，医疗保健机构发现孕妇患有严重的妊娠合并症或者并发症、严重的精神性疾病或者国务院卫生行政部门规定的严重影响生育的其他疾病或者接触物理、化学、生物等有毒、有害因素，可能危及孕妇生命安全或者可能严重影响孕妇健康和胎儿正常发育的，应当对孕妇进行医学指导和必要的医学检查。

（2）医学意见。发现或者怀疑育龄夫妻患有严重遗传性疾病的，应当提出医学意见；限于现有医疗技术水平难以确诊的，应当向当事人说明情况。育龄夫妻可以根据医学意见选择避孕、节育、不孕等相应的医学措施。经产前检查，胎儿可能患有严重遗传性疾病或者有严重缺陷，或因患严重疾病，继续妊娠可能危及孕妇生命安全或者严重危害其健康的，医疗保健人员应说明情况并提出终止妊娠的医学意见。孕产妇有接受孕产期保健服务的权利和执行医学意见的义务。

3．新生儿出生医学证明　新生儿出生医学证明是依据《母婴保健法》出具的、证明婴儿出生状态、血亲关系以及申报国籍、户籍取得公民身份的法定医学证明。医疗保健机构和从事家庭接生的人员应当按照国务院卫生行政部门的规定，出具统一制发的《新生儿出生医学证明》。《新生儿出生医学证明》由国家卫生健康委员会统一印制，以省、自治区、直辖市为单位统一编号，不得跨省使用或借用。必须由批准开展助产技术服务并依法取得《母婴保健技术服务许可证》的医疗保健机构签发。严禁任何单位和个人伪造、倒卖、转让、出借、私自涂改或使用非法印制的出生医学证明。《母婴保健法》规定，医疗保健机构和从事家庭接生的人员，应当按照卫生部的规定向卫生行政部门报告产妇、婴儿死亡以及新生儿出生缺陷的情况。

4．严禁采用技术手段对胎儿进行性别鉴定　《母婴保健法》规定，严禁采用技术手段对胎儿进行性别鉴定。但医学上确有需要的除外。对怀疑胎儿可能患伴性遗传病，需要进行性别鉴定的，由省、自治区、直辖市人民政府卫生行政部门指定的医疗、保健机构按照国务院卫生行政部门的规定进行鉴定。

知识链接

非法鉴定胎儿性别入刑要提速

出生人口性别比失衡，非法胎儿性别鉴定和选择性别的流产、引产是重要原因。目前，对这类行为通常以《刑法》第336条规定的“非法行医罪”或“非法进行节育手术罪”定罪处罚。但是，此条并没有列出“非医学需要的胎儿性别鉴定”和“非医学需要的选择性别的人工终止妊娠”。而且，“非法行医罪”和“非法进行节育手术罪”，都是专指未取得执业医师资格的人实施的非法行为。按此设置，根据罪刑法定原则，对于医疗卫生、计划生育技术服务机构的人员或者其他取得执业医师资格的人实施非医学需要的胎儿性别鉴定和选择性别人工终止妊娠行为，无法追究刑事责任。

出生人口性别比持续在高位徘徊，将对人口结构产生重大负面影响。当务之急是应尽快修改《刑法》，增加“非法组织胎儿性别鉴定罪”。“非法组织胎儿性别鉴定”入刑，应该提上议事日程了。

二、母婴保健监督管理

《母婴保健法》在强调国家和政府对母婴保健责任的同时，确立了多项严格的管理监督制度。规定县级以上地方人民政府卫生行政部门负责本行政区域内的母婴保健监督管理工作。省级人民政府卫生行政部门指定的医疗、保健机构负责本行政区域内的母婴保健监测和技术指导。实行母婴保健监督员制度。

（一）母婴保健工作管理机构及其职责

1．国务院卫生行政部门及其职责

国务院卫生行政部门主管全国母婴保健工作，根据不同地区情况提出分级分类指导原则，并对全国母婴保健工作实施监督管理。

国务院其他有关部门在各自职责范围内，配合卫生行政部门做好母婴保健工作。其主要职责是：

（1）制定母婴保健法及其实施办法的配套规章和技术规范。

（2）按照分级分类指导的原则，制定全国母婴保健工作发展规划和实施步骤。

（3）组织推广母婴保健及其他生殖健康的适宜技术。

（4）对母婴保健工作实施监督。

2．县级以上地方人民政府卫生行政部门及其职责

县级以上地方人民政府卫生行政部门管理本行政区域内的母婴保健监督管理工作。其主要职责是：

（1）依照母婴保健法及其实施办法以及国务院卫生行政部门规定的条件和技术标准，对从事母婴保健工作的机构和人员实施许可，并颁发相应的许可证书。

（2）对母婴保健法及其实施办法的执行情况进行监督检查。

（3）对违反母婴保健法及其实施办法的行为，依法给予行政处罚。

（4）负责母婴保健工作监督管理的其他事项。

（二）母婴保健监督员

县级以上地方人民政府卫生行政部门可以设立母婴保健监督员。其主要职责是：

1．监督检查《母婴保健法》及其实施办法的执行情况。

2．对违反《母婴保健法》及其实施办法的单位和个人提出处罚意见。

3．对母婴保健工作提出改进意见。

4．完成卫生行政部门交给的其他监督管理任务。

母婴保健监督人员在执行职务时，应当出示证件。监督人员可以向医疗、保健机构了解情况，索取必要的资料，对母婴保健工作进行监督、检查，医疗、保健机构不得拒绝和隐瞒。监督人员对医疗、保健机构提供的技术资料负有保密的义务。

本章小结

1．传染病防治法中的传染病的法定分类，把握近年来卫生行政部门对传染病种类的调整，以便根据不同类别传染病对人体健康的危害程度，采取相应的预防控制措施，及时有效地控制传染病的传播和流行。理解传染病预防、公告和控制的规定，重点把握传染病预防和控制措施的法律规定。

2．精神卫生法中精神障碍的预防、治疗和康复的法律规定，其中预防和康复是更为重要的环节。因为大部分精神障碍患者是慢性疾病，并有可能导致某种程度的残疾。重点把握精神障碍患者权益的法律规定，以便更好地帮助患者维护自身的合法权益。

3．献血法关于采供血和临床用血管理的法律规定，重点把握献血相关的法律责任。

4．母婴保健法关于婚前保健和孕产期保健的规定，以及严禁采用技术手段对胎儿进行性别鉴定的相关法律规定。

思考题

1．传染病防治法中的传染病的法定分类以及预防和控制措施有哪些？

2．精神卫生法中精神障碍的预防、治疗和康复以及精神障碍患者权益的法律规定有哪些？

3．违反《献血法》的相关法律责任有哪些？

（秦晓慧）

第十三章　医疗事故处理法律制度

学习目标

识记：

1. 说出医疗事故的概念、构成、分级。
2. 说出医疗事故的相关法律责任。

理解：

1. 说明医疗事故的预防与处置
2. 说明医疗事故的技术鉴定过程

应用：

能在医疗工作实践中，从自身做起，预防医疗事故发生，依法科学处置医疗纠纷，维护和谐、健康的医患关系。

医疗事故处理法律制度是调整在处理医疗事故过程中医患关系的法律规范的总和。学习医疗事故处理法律制度，我们首先要明确医疗事故的概念、构成、分级，是学习医疗事故处理法律制度的基础；其次熟悉医疗事故的相关法律责任，是进行医疗损害赔偿的客观需要；再次要了解医疗事故的预防与处置，是降低医疗事故发生率和减少医疗事故所造成的损害的重要保证。

为了正确处理医疗事故，维护医患双方的合法权益，保障正常的医疗秩序和社会稳定，国务院于 1987 年 6 月 29 日颁布了《医疗事故处理办法》，这是我国第一个处理医疗事故的专门法规，随后卫生部根据该法规陆续制定了若干部门规章，并对执行中遇到的若干具体问题进行了行政解释，从医疗事故认定、赔偿、处罚等不同方面对医疗事故处理进行规范。近年来，医疗纠纷成为社会的热点、焦点，无论是立法机关、司法机关、行政机关、医疗机构还是患者，都对完善医疗事故处理法律制度给予了高度的重视和寄予了厚望。1997 年 3 月 14 日，八届全国人大第五次会议修订通过的《中华人民共和国刑法》对发生严重医疗事故的医务人员作出了刑事处罚规定；1998 年 6 月 26 日九届全国人大常委会第三次会议通过的《中华人民共和国执业医师法》对造成医疗责任事故的医生作出了明确的行政处罚规定。2002 年 2 月 20 日国务院第 55 次常务会议通过了《医疗事故处理条例》（以下简称《条例》），该条例于 2002 年 4 月 4 日由中华人民共和国国务院令第 351 号公布，2002 年 9 月 1 日起实施，这是一部专门规定医疗事故处理方面的行政法规；同年，卫生部还制定了《医疗事故技术鉴定暂行办法》《医疗事故分级标准（试行）》等法规。

第一节　医疗事故概述

案例 13-1

未做皮试注射链霉素，患者死亡

患者，女，34 岁。因咳嗽、发热 2 天，到卫生院就诊，经诊断为上呼吸道感染，未做皮试的情况下，即给予肌内注射链霉素 0.5 g。10 分钟后，患者面色苍白，呼吸急促，继而抽搐、昏迷，即行紧急抢救，40 分钟后，呼吸、心搏停止。患者死后，其家属认为该院未对患者作皮试就行注射，是院方责任。

思考：院方是否应该承担责任？为什么？

一、医疗事故的概念

《医疗事故处理条例》第二条规定，医疗事故是指医疗机构及其医务人员在医疗活动中，违反医疗卫生管理法律、行政法规、部门规章和诊疗护理规范、常规，过失造成患者人身损害的事故。

二、医疗事故的构成

1．从行为主体上看，医疗事故的行为人必须是医疗机构及医务人员　医疗机构是指依法定程序设立，取得《医疗机构执业许可证》的从事疾病诊断、治疗活动的卫生机构。医务人员是指依法定程序经过考核和卫生行政机关批准或承认，经注册取得执业资格的各级各类卫生专业技术人员。首先，除医务人员外，与诊疗护理有关的行政管理人员、工程技术人员和后勤人员，他们不具有从事医疗护理的执业资格，故不能成为该责任的行为主体。其次不具有行医资格的人在行医时造成患者人身损害的，即非法行医所造成的损害，也不能产生医疗事故责任。对此，《条例》第六十一条规定，非法行医，造成患者人身损害，不属于医疗事故。触犯刑律的，依法追究刑事责任；有关赔偿由受害人直接向人民法院提起诉讼。

2．从主观上看，医疗事故的行为人必须有诊疗护理的过失　医务人员没有这种过失的，不构成医疗事故责任。所谓医疗过失是指在医疗过程中，医方因疏忽和懈怠违反了法律法规所规定的注意义务与说明义务而造成患方损害的行为。这种过失行为分为两种：第一种是疏忽大意所引起的过失。这是在医疗事故发生中，根据行为人相应职称和岗位责任制要求，应当预见和可以预见到自己的行为可能造成患者的危害结果，因为疏忽大意而未预见到、并致使危害发生的；第二种是由于过于自信引起的过失。这是指行为人虽然遇见到自己的行为可能给患者导致危害的结果，但是轻信借助自己的技术、经验能够避免，因而导致了判断上和行为上的失误，致使危害发生的。具体地讲，具有下列情形之一的，应当认定医疗人员具有医疗过失行为：

（1）未尽到必要注意义务。在医疗活动中，医疗机构及医务人员违反一般注意义务或具体注意义务即为有过失。

知识链接

一般注意义务与具体注意义务

1．诊断行为的注意义务

①问诊；②合理地选择及实施检查项目。

2．治疗行为的注意义务

①对资质与具体医疗行为是否有相应的自识；②按当时技术标准施行；③对医疗条件与具体医疗行为是否有相应的自识。

3．手术行为的注意义务

①合理选择手术术式及时机；②充分必要的术前准备；③手术中及术后的充分注意及合理处理。

4．注射行为的注意义务

①严格无菌（包括制剂、注射器和注射部位）；②严格遵循医嘱和“三查七对”制度；③注射部位的准确性（避免神经损伤）；④注射器具的完好性检查。

5．输血行为的注意义务

①血液无病毒及细菌的检查；②血型及配血的检验；③输血反应处理。

6．病情的观察与紧急处置及报告义务

知识链接

说明义务内容

医务人员的说明内容随着医学的进步与社会经济、文化的发展也将不断变化与丰富，其基本的事由则主要有如下内容

1．说明病状诊察结果；

2．采取医疗行为之理由的充分说明（包括利与弊）；

3．可能发生的危险，医疗行为需取得患者同意（尤指书面同意）的充分要素的说明；

4．有无其他可代替的医疗方式；

5．医疗行为人所具备的技术能力与经验状况及转诊必要的说明；

6．相应的医疗费用发生的说明；

7．相关医疗制度的说明；

8．后续医疗保健与康复治疗及指导的说明。

（2）未尽到必要说明义务。《条例》第十一条规定，在医疗活动中，医疗机构及医务人员应当将患者的病情、医疗措施、医疗风险等如实告知患者，及时解答其咨询。如果医疗机构及其医疗人员在医疗活动中没有尽到必要的说明义务，即为有过失。

知识链接

说明义务免除

根据对患者健康影响的具体情况和患者的认识能力，在一定条件下，可以免除医务人员的说明义务。

1．医疗服务接受者表示无需医务人员说明

医疗行为的目的在维护并增进健康，但对医疗服务接受者的轻微侵害，已成为医疗默契，在较通常的治疗侵害范围内，当为医疗服务接受者所能理解。

2．保护性医疗行为

保护性医疗行为免除医务人员对医疗服务接受者的说明义务，但仍得向医疗服务接受者的亲属或代理人及所属单位负责人说明。

3．紧急医疗行为

因抢救生命垂危的患者等紧急情况，可免除对医疗服务接受者的说明义务。

4．强制性医疗行为

法律法规赋予医疗机构及医务人员强制治疗权。

3．从性质上看，构成医疗事故过失行为必须具有违法性 其违法性表现在医疗机构及医务人员的医疗护理行为违反了医疗卫生管理法律、行政法规、部门规章和诊疗护理规范、常规。《条例》第五条规定，医疗机构及医务人员有严格遵守医疗卫生管理法律、行政法律、部门规章和诊疗护理规范、常规的义务。

4．从时间上看，必须发生在医疗活动中 《条例》第二条规定，医疗事故是指在医疗活动中，因医务人员诊疗护理过失造成的后果。“在医疗活动中”是医疗事故发生的时间特征。相反，在医疗活动之外，均不应认定为医疗事故。

5．从结果上看，必须造成患者的人身损害 医疗事故所侵害的是患者的人身权。因此，只有造成患者的人身损害，才能产生医疗事故责任。即《条例》第四条规定，对患者人身造成的损害分四级：造成患者死亡、重度残疾的；造成患者中度残疾、器官组织损伤导致严重功能障碍的；造成患者轻度残疾、器官组织损伤导致一般功能障碍的；造成患者明显人身损害的其他后果的。达不到法定的损害程度，不能认定为医疗事故。

6．从关系上看，医疗行为与损害结果之间存在因果关系 医疗行为是导致患者人身损害发生的原因。在医疗事故责任中，因果关系的认定与医疗过失的认定一样，须采用举证责任倒置的方法。即由医疗机构举证证明医疗行为与患者人身损害之间不存在因果关系。如果不能证明，即应认定两者之间具有因果关系。如果对于医疗行为与患者人身损害之间是否存在因果关系有争议的，可以通过负责医疗事故技术鉴定工作的医学会组织鉴定。

案例 13-2

寻找真相

2004 年 6 月，患者梁某因患肿瘤等多种疾病住进了山西某医院，家属为他请了陪护人员进行专门陪护，2005 年患者的病情加重，诊断为小肠癌晚期，肿瘤广泛转移，梁某因无法忍受疾病的折磨以及手术的痛苦，2005 年 8 月 12 日，趁人不备，从所住病房的 10 层窗口跳下，当即身亡。

思考：本案是否构成医疗事故？为什么？

知识链接

不属于医疗事故的情形

1. 在紧急情况下为抢救垂危患者生命而采取紧急医学措施造成不良后果；
2. 在医疗活动中由于患者病情异常或患者体质特殊而发生医疗意外；
3. 在现有医学科学技术条件下，发生无法预料或不能防范的不良后果；
4. 无过错输血感染造成不良后果；
5. 因患方原因延误诊疗导致不良后果；
6. 因不可抗力造成不良后果的。

知识链接

医疗纠纷

医疗纠纷是指发生在医疗卫生、预防保健、医学美容等具有合法资质的医疗企事业法人或机构中，一方（或多方）当事人认为另一方（或多方）当事人在提供医疗服务或履行法定义务和约定义务时存在过失，造成实际损害后果，应当承担违约责任或侵权责任，但双方（或多方）当事人对所争议事实认识不同、相互争执、各执己见的情形。除了由于医疗过错和过失引起的医疗纠纷外，有时，医方在医疗活动中并没有任何疏忽和失误，仅仅是由于患者单方面的不满意，也会引起纠纷。医疗纠纷，涵盖了医疗事故、医疗差错、医疗意外、并发症和产品质量、疾病自然转归等，而医疗事故是主要构成部分。

三、医疗事故的分级

科学、准确、合理的医疗事故分级是公正、公平处理医疗事故的依据、关键。《条例》第四条规定，根据对患者人身造成的损害程度，医疗事故分为四级：

一级医疗事故：造成患者死亡、重度残疾的；

二级医疗事故：造成患者中度残疾、器官组织损伤导致严重功能障碍的；

三级医疗事故：造成患者轻度残疾、器官组织损伤导致一般功能障碍的；

四级医疗事故：造成患者明显人身损害的其他后果的。

第二节　医疗事故的预防和处置

在医疗工作实践中，针对医疗事故，医疗机构及医务人员应当坚持“预防为主、依法及时处置”的原则，关键是切实采取有效措施防止医疗事故的发生，做到以事前防范为主，防患于未然。一旦发生，要明确处置机制中各成员部门及其人员的组成、具体职责、工作措施以及相互之间的协调关系，要做到依法、科学、及时、有效的处置，有效地降低医疗事故对患方造成的伤害，切实维护好当前已十分脆弱的医患关系。

一、医疗事故的预防

（一）加强对医疗机构及医务人员的培训和教育

1．各级医疗机构及其医务人员在医疗活动中必须遵守医疗卫生管理法律、行政法规、部门规章和诊疗护理规范、常规。

2．加强对医疗机构及医务人员进行法制教育和职 业道德教育

（1）广泛开展普法宣传教育。组织医疗机构及医务人员学习医疗法律基本知识，提高法律意识。

（2）加强医疗职业道德教育。法律规定了医疗机构及医务人员“救死扶伤、忠于职守、爱岗敬业、满腔热忱、开拓进取、精益求精、乐于奉献、文明行医”的行业风尚。《中华人民共和国执业医师法》提出了“医师应当具备良好的职业道德和医疗职业水平，发扬人道主义精神，履行防病治病、救死扶伤、保护人民健康的神圣职责”。医疗机构要建立职业道德考核与评价制度、方法，并将其作为一个重要指标纳入岗位目标管理。

（3）加强医疗机构及医务人员诊疗护理操作规范和常规的培训。

3．加强医务人员业务知识学习，改善诊疗技术，提高医疗质量，减少医疗事故发生。

4．加强对医疗机构质量监控、接受患者投诉、提供咨询服务

（1）医疗机构必须设置医疗服务质量监控部门。质量监控的重点应当放在具体的医疗工作环节上，注重工作流程过程中的质量监督。

（2）接受患者投诉并及时受理投诉。它可以有效缓和甚至化解医患矛盾，避免医患纠纷。

（3）耐心细致地向患者提供咨询服务。

（二）加强医疗服务监督

《条例》第七条规定，医疗机构应当设置医疗服务质量监控部门或者配备专（兼）职人员，具体负责监督本医疗机构的医务人员的医疗服务工作，检查医务人员执业情况，接受患者对医疗服务的投诉，向其提供咨询服务。职能部门应认真履行相应的职责。

医疗机构中设置的医疗服务质量监控部门如医务处（科）或质控处（科）等，要制定医疗机构质量监控工作计划和工作制度，建立医疗质量监控指标体系和科学的评价方法，加强对医疗服务质量的日常监控，定期组织进行检查、考核、评价，保证责任落实到部门、落实到人头，确保医疗工作正常运转和医疗安全；随时监督医疗机构和医务人员对各项医疗卫生法律、法规、规章、诊疗护理规范、常规的执行情况，对医疗机构负责人和各科室提出合理化建议，以促进医疗质量的提高；接受患者投诉并及时受理投诉，有效缓和甚至化解医患矛盾，避免激化医患纠纷；监督部门应该耐心细致地向咨询患者提供有关医疗及医疗事故处理程序等有关知识的服务。

与此同时，医疗机构要建立对医务人员的医疗职业道德考核与评价制度，制定医疗职业道德考核评价标准及考核评价办法，定期对医务人员进行医疗职业道德的考核评价，并将其作为一个重要指针纳入岗位目标的管理。

（三）强化病历资料管理

病历资料既是医学科学教学与科研的第一手资料，同时从法律的角度讲，又是判断医疗活动与损害后果之间是否有因果关系的重要证据，在发生医疗事故争议时，由医疗机构保管的病历资料就是医疗事故技术鉴定中记录医疗行为和医疗过程的重要文书，在证据上具有重要意义，例如门诊病历、住院病历等。关于病历资料的管理，主要包括以下几个方面：

1．强调病历的书写与保管　根据卫生部发布的病历书写规范，制定医疗机构病历书写与评价标准，把病历书写质量纳入质量监控体系。《条例》第八条规定，急诊抢救病历，要求医师在抢救结束后6小时内及时补记并说明抢救完成时间和补记时间。医疗机构要有专职人员负责病历资料的管理。

2．病历资料要真实与完整　《条例》第九条规定，严禁涂改、伪造、隐匿、销毁或者抢夺病历资料。

3．保障患者可以获得病历资料，并复印或复制客观性病历资料　《条例》第十条规定，患者有权复印或者复制其门诊病历、住院志、体温单、医嘱单、化验单（检验报告）、医学影像检查资料、特殊检查同意书、手术同意书、手术及麻醉记录单、病理资料、护理记录以及国务院卫生行政部门规定的其他病历资料。患者依照前款规定要求复印或者复制病历资料的，医疗机构应当提供复印或者复制服务，并在复印或者复制的病历资料上加盖证明印记。复印或者复制病历资料时，应当有患者在场。医疗机构应患者的要求，为其复印或者复制病历资料，可以按照规定收取工本费。具体收费标准由省、自治区、直辖市人民政府价格主管部门会同同级卫生行政部门规定。

案例 13-3

谁的错

某医院为一位食管癌患者做手术，术后2个月发生吻合口瘘，但未能及时诊断，后并发严重肺内感染和多脏器衰竭而死。家属对治疗过程不满，于是偷偷将全部病案复印后提出医疗争议，并在办理了医疗事故鉴定申请手续后，又通过代理律师复印了全部病历，结果发现一些重要的内容都被做了修改。庭审时，原告向法院出示了两份不同的病案复印件，要求被告解释其中原因，被告的解释不能自圆其说，最终败诉。

思考：医院为什么败诉？

4．主观性病历资料　在发生医疗事故争议时，死亡病例讨论记录、病例讨论记录、上级医务人员查房记录、会诊意见、病程记录等主观性病历资料应当在医患双方在场的情况下封存与启封。

知识链接

病历的证据意义

我国法律一般的侵权诉讼要求“谁主张，谁举证”，但医疗事故的处理中，《条例》明确规定，由医方举证。即发生医疗诉讼时，如果医方不能证明自己无过错，即推定其有过错。所以保存的病历资料是判定医疗事故责任的重要法律证据。

二、医疗事故的处置

医疗事故发生或发现后，应及时按照法律规定的程序启动医疗事故处理预案，有利于及时采取积极有效措施，防止对患者损害后果的扩大，减少给患者造成的损失。

（一）报告

1．医疗机构的内部报告　发生或者发现医疗事故、可能引起医疗事故的医疗过失行为或者发生医疗事故争议时，医务人员应立即向所在科室负责人报告，科室负责人应及时向医疗服务质量监控部门或专（兼）职人员报告。然后，由质量监控部门或专（兼）职人员向医疗机构负责人报告。对有可能导致医患矛盾激化，危及医疗安全的大事件，还要立即向所在地卫生行政部门或公安机关报告。

2．医疗机构的外部报告　发生下列重大医疗过失行为时，医疗机构要在12小时内向所在地的卫生行政部门报告：①导致患者死亡或者可能为二级以上的医疗事故；②导致3人以上人身损害后果；③国务院卫生行政部门和省、自治区、直辖市人民政府卫生行政部门规定的其他情形。由于这些情况处理难度大，应及时向所在地卫生行政部门报告，有利于卫生行政部门及时掌握医疗事故发生情况，对医疗事故争议作出正确处理。

（二）阻止危害扩大

发生或者发现医疗过失行为，医疗机构及其医务人员应当立即采取有效措施，避免或者减轻对患者身心健康的损害，防止损害扩大，这是医院作为专业机构应尽的义务。在发生医疗过失行为后，及时采取措施防治损害的扩大，其后果是完全不同的，如果不采取措施造成了比初始过失行为更大的损害，医疗机构及医务人员将承担更为严重的行政甚至刑事法律责任；对于患者及其家属而言，医疗机构如果及时采取了措施，防止了不良后果的发生，也能缓解患者及家属的紧张状态，缓和医患关系，避免发生医疗纠纷。

（三）病历资料和现场实物的封存

发生医疗事故争议时，主观性病历资料如死亡病例讨论记录、疑难病例讨论记录、上级医师查房记录、会诊意见、病程记录应当在医患双方在场的情况下封存和启封，在场的医患双方当事人应具有完全民事行为能力。封存的病历资料可以是复印件，由医疗机构保管。疑似输血、输液、注射、药物等引起不良后果的，医患双方应当共同对现场实物进行封存和启封，双方在封存条上签字，封存的现场实物由医疗机构保管；需要检验的，应当由双方共同指定的、依法具有检验资格的检验机构进行检验；双方无法指定时，由卫生行政部门指定。疑似输血引起不良后果，需对血液进行封存保留的，医疗机构应当通知提供该血液的采供血机构派员到场。

（四）尸检、尸体存放和外理

尸检是指对死亡的机体进行解剖、检查，以便明确死亡原因的一种医学手段，尸检对于解决死因不明或者对死因有异议而发生的医疗纠纷时具有无法替代的作用。《条例》规定患者死亡，医患双方当事人不能确定死因或者对死因有异议的，应当在患者死亡后48小时内进行尸检；具备尸体冻存条件的，可以延长至7日。尸检应当经死亡近亲属同意并签字。

尸检应当由按照国家有关规定取得相应资格的机构和病理解剖专业技术人员进行。承担尸检任务的机构和病理解剖专业技术人员有进行尸检的义务。

医疗事故争议双方当事人可以请法医病理学人员参加尸检，也可以委派代表观察尸检过程。拒绝或者拖延尸检，超过规定时间，影响对死因判定的，由拒绝或者拖延的一方承担责任。

患者在医疗机构内死亡的，尸体应当立即移放太平间，死者尸体存放时间一般不得超过2周。逾期不处理的尸体，经医疗机构所在地卫生行政部门批准，并报经同级公安部门备案后，由医疗机构按照规定进行处理。

第三节　医疗事故的技术鉴定

近年来我国医疗纠纷发生率逐年上升，患者向法院提起医疗损害赔偿诉讼案件也逐渐增多。由于医疗行业专业技术性较强，因此，医疗事故鉴定是明确医患双方责任最重要的证据之一，在医疗事故纠纷的解决中具有举足轻重的地位和作用。建立一个科学、完善、公信力高的医疗事故技术鉴定制度是社会各界非常关注的问题，是人们争论的焦点，也是医疗司法实践中的难点。2002年2月，国务院出台了《医疗故处理条例》，同年卫生部发布了《医疗事故技术鉴定暂行办法》《医疗事故等级标准（试行）》等规章，对1987年颁布《医疗事故处理办法》中的医疗事故鉴定制度进行了重大改革，力求使其更加符合我国医疗实践中的司法实际，更加具有便利性、操作性，能公正、合理地解决医疗事故纠纷，维护医疗当事双方的合法利益。

医疗事故技术鉴定是对发生的医疗事件，通过调查研究，收取物证（包括尸检结果），查阅书证（病历等病案资料），听取证人证言，当事人、受害人或其家属陈述，分析原因，依据法定标准，判定事件性质，作出是否属医疗事故及何类、何级、何等事故的科学鉴定结论的过程。

一、鉴定的组织

医疗事故技术鉴定组织的设置，直接关系到医疗事故的鉴定能否真正体现出公平、公正、公开的现代法治精神，直接关系到鉴定结论的公信力。直接关系到医疗损害的受害者的合法权益能否得到切实的保障。因而它是医疗事故技术鉴定制度中的关键环节。

（一）医疗事故技术鉴定组织

《条例》第二十条规定，卫生行政部门接到医疗机构关于重大医疗过失行为的报告，或者医疗事故争议当事人要求处理医疗事故争议的申请后，对需要进行医疗事故鉴定的，应当交由负责医疗事故鉴定工作的医学会组织鉴定；医患双方协商解决医疗事故争议，需要进行医疗事故鉴定的，由双方当事人共同委托负责医疗事故鉴定工作的医学会组织鉴定。

由此可见，负责医疗事故技术鉴定工作的组织是医学会。

医学会是依照《社会团体登记管理条例》的规定，经县级以上地方人民政府民政部门审查同意而成立的非营利性的医学社会组织。同其他社会团体一样，应当具备社团法人成立的条件，即有规范的名称和相应的组织机构，有固定的场所，有与其业务活动相适应专职人员，有合法的财产与经费来源，有独立承担民事责任的能力。根据《条例》规定，从事医疗事故技术鉴定工作的医学会，可分为以下四级：

第一，设区的市级地方医学会；

第二，省、自治区、直辖市直接管辖的县或者县级市地方医学会；

第三，省、自治区、直辖市医学会；

第四，中华医学会。

设区的市级地方医学会和省、自治区、直辖市直接管辖的县或者县级市地方医学会均负责组织本地区内医疗事故争议的首次技术鉴定，省、自治区、直辖市医学会负责本行政区内当事人因对医疗事故争议首次鉴定不服而提起的再次鉴定，中华医学会主要负责属于疑难的、复杂的、在全国具有重大影响的医疗事故争议和必要时由其负责鉴定的医疗事故争议。但是，中华医学会在组织医疗事故的技术鉴定上享有特殊的权力，它不受鉴定级别的限制，可以组织首次鉴定，也可以组织再次鉴定。

（二）医疗事故技术鉴定专家组

1．建立

（1）专家库的建立。各级医学会要承担医疗事故技术鉴定工作，首先必须依法建立适应鉴定工作需要的鉴定专家库。根据《条例》第二十三条规定，能够进入专家库的专家鉴定人员有两类：一是具有良好的业务素质和专业品德，而且受聘于医疗卫生机构或者医学教学、科研机构并担任相应专业高级技术职务3年以上的医疗卫生专业人员；二是具有良好的业务素质和职业道德，并具备高级技术任职资格的法医。为了保证专家的素质，医学会在聘请专家时可以不受行政区域的限制。

（2）专家鉴定组的产生。按照《条例》第二十四条的规定，参加医疗事故技术鉴定的相关专业的专家由医患双方在医学会的主持下从专家库中随机抽取。特殊情况下，医学会根据医疗事故技术鉴定工作的需要，可以组织医患双方在其他医学会建立的专家中随机抽取相关专业的专家参加鉴定或者函件咨询。同时，《条例》第二十五条规定，专家鉴定组人数为单数，涉及主要学科的专家一般不得少于鉴定组成人员的二分之一；涉及死因、伤残等级鉴定的，应当从专家库中随机抽取法医参加。

2．工作任务　医疗事故技术鉴定组的任务首先是查明损害事实，再对损害结果进行原因分析与责任分析。患者是否存在损害事实，这是判断医疗损害的前提。在此前提条件下，再进行原因分析。原因分析是指对造成医疗损害后果的可能性因素进行判断，最后得出医疗损害形成的最大可能性的肯定答案。责任分析是指在原因分析的基础上对医疗行为进行评价，判断其医疗行为是否有过失，其行为过失与医疗损害结果之间是否存在因果关系，如有因果关系，则必须判断其医疗行为过失对医疗损害形成的作用力的大小，是主要因素还是次要因素，从而确定医疗损害责任人及其责任的性质和大小。

3．工作原则 为了保证鉴定结论的公正性和科学性，专家鉴定组的工作必须遵循一定的工作原则且其原则又必须以制度化的形式使其得以保证被贯彻在具体的鉴定过程中。

（1）合议原则。《条例》第二十五条规定，专家鉴定组进行医疗事故技术鉴定适用合议制度。所谓合议，是指医疗事故技术鉴定中，在充分讨论的基础上，通过表决，以专家鉴定组过半数成员的意见作为鉴定结论。合议不仅是医疗事故技术鉴定工作的基本制度，还是一项工作程序。

（2）回避原则。《条例》第二十六条规定，专家鉴定组成员有下列情形之一的，应当回避；当事人也可以口头或书面的方式申请其回避：①是医疗事故争议当事人或者当事人的近亲属；②与医疗事故争议有利害关系的；③与医疗事故争议当事人有其他关系，可能影响公正鉴定的。

（3）独立鉴定原则。《条例》第二十七条规定，专家鉴定组依照医疗卫生管理法律、行政法规、部门规章和诊疗护理规范、常规，运用医学科学原理和专业知识，独立进行医疗事故技术鉴定，对医疗事故进行鉴别和判定，为处理医疗事故争议提供医学依据。独立性表现在其鉴定程序和结论不受外界力量左右，坚持以事实为依据、以科学技术标准为准绳的原则，努力作出客观、公正的鉴定结论。

二、鉴定的程序

为了保障医疗事故技术鉴定结论的科学性、公正性，医疗事故技术鉴定需要遵循一定的程序。

（一）启动

1．由卫生行政部门移交医学会组织鉴定 它适用于两种情况：即医疗机构发生重大医疗过失行为后的移交鉴定和医患任何一方当事人要求卫生行政部门处理的移交鉴定。这种启动方式由卫生行政部门审查确定，对需要进行医疗事故技术鉴定的，才向医学会移交。这样有利于及时解决医患纠纷，降低解决医疗纠纷的成本，加强行政监督与管理。

2．由医患双方共同委托医学会组织鉴定 医患双方同意在医疗事故鉴定的基础上协商解决医疗损害赔偿争议。

3．法院委托启动鉴定 当医疗行为损害赔偿争议进入诉讼程序后，可经法院委托启动鉴定程序，对此最高人民法院《关于参照〈医疗事故处理条例〉审理医疗纠纷民事案件的通知》（2003年1月6日）第二条中作了明确规定。

（二）审查

审查是指专家鉴定组对医疗双方当事人提交的材料进行真实性、完整性、关联性和合法性检查与核定的行为。

（三）调查

调查是指专家鉴定组为查明事实，在鉴定过程中就有关的问题向医患双方进行询问、了解，并对医患双方的陈述及答辩进行核实和取证的行为。医患双方当事人的陈述和辩解是对病历资料等静态证据的一种补充和印证，有利于专家鉴定组全面、细致地查明事实。

（四）结论

通常情况下，当事人一方或双方对医学会的鉴定结论不服时，不服一方或双方可以自收到医疗事故鉴定结论之日起 15 日内，向医疗机构所在地卫生行政部门申请再次鉴定。《条例》的规定实际上是实行“两鉴终鉴制度”。

如果当事人对经过两次鉴定所得出的鉴定结论依然不服时，当事人还可以向人民法院起诉。如果当事人对法院委托的鉴定部门作出的司法鉴定结论仍有异议时，根据最高人民法院《关于民事诉讼证据的若干规定》第二十七条的规定，当事人可以提出重新鉴定。提出证据证明存在下列情形之一的人民法院应予准许：①鉴定机构或者鉴定人员不具备相关的鉴定资格的；②鉴定程序严重违法的；③鉴定结论明显依据不足的；④经过质证认定不能作为证据使用的其他情形。对于有缺陷的鉴定结论，可以通过补充鉴定、重新质证或者补充质证等办法进行补充处理，以满足诉讼法上证据效力的要求。

三、鉴定的费用

《条例》第三十四条规定，医疗事故技术鉴定可以收取鉴定费用。经鉴定，属于医疗事故的，鉴定费用由医疗机构支付；不属于医疗事故的，鉴定费用由提出医疗事故鉴定申请的一方支付。鉴定费用标准由省、自治区、直辖市人民政府价格主管部门会同同级财政部门、卫生行政部门规定。一般情况下，鉴定费用支付遵循“谁申请，谁先付”的原则和不交费不鉴定的原则。

第四节　医疗事故的法律责任

一、医疗事故的行政责任

行政责任是指卫生行政部门、医疗机构和其他有关人员因违反法律上的义务而应当承担的法定的后果。处罚的形式有：警告、罚款、没收违法所得、没收非法财物、责令停产停业、暂扣或者吊销许可证、暂扣或者吊销执照、行政拘留及法律、行政法规规定的其他处罚。

（一）医方行政责任

1．卫生行政部门工作人员的行政责任　卫生行政部门的工作人员在处理医疗事故过程中违反《条例》的规定，利用职务上的便利收受他人财物或者其他利益，滥用职权，玩忽职守，或者发现违法行为不予查处，造成严重后果的，尚不够刑事处罚的，依法给予降级或者撤职的行政处分。

2．卫生行政部门的行政责任　卫生行政部门违反《条例》的规定，有下列情形之一的，由上级卫生行政部门给予警告并责令限期改正；情节严重的，对负有责任的主管人员和其他直接责任人员依法给予行政处分：①接到医疗机构关于重大医疗过失行为的报告后，未及时组织调查的；②接到医疗事故争议处理申请后，未在规定时间内审查或者移送上一级人民政府卫生行政部门处理的；③未将应当进行医疗事故技术鉴定的重大医疗过失行为或者医疗事故争议移交医学会组织鉴定的；④未按照规定逐级将当地发生的医疗事故以及依法对发生医疗事故的医疗机构和医务人员的行政处理情况上报的；⑤未依照《条例》规定审核医疗事故技术鉴定书的。

3．医疗机构及其负有责任的相关人员应承担的行政责任

（1）医疗机构发生医疗事故的，由卫生行政部门根据医疗事故等级和情节，给予警告；情节严重的，责令限期停业整顿直至由原发证部门吊销执业许可证，对负有责任的医务人员尚不够刑事处罚的，依法给予行政处分或者纪律处分。

(2) 医疗机构违反《条例》的规定，有下列情形之一的，由卫生行政部门责令改正；情节严重的，对负有责任的主管人员和其他直接责任人员依法给予行政处分或者纪律处分：①未如实告知患者病情、医疗措施和医疗风险的；②没有正当理由，拒绝为患者提供复印或者复制病历资料服务的；③未按照国务院卫生行政部门规定的要求书写和妥善保管病历资料的；④未在规定时间内补记抢救工作病历内容的；⑤未按照《条例》的规定封存、保管和启封病历资料和实物的；⑥未设置医疗服务质量监控部门或者配备专（兼）职人员的；⑦未制定有关医疗事故防范和处理预案的；⑧未在规定时间内向卫生行政部门报告重大医疗过失行为的；⑨未按照《条例》的规定向卫生行政部门报告医疗事故的；⑩未按照规定进行尸检和保存、处理尸体的。

(3) 医疗机构或者其他有关机构违反《条例》的规定，有下列情形之一的，由卫生行政部门责令改正，给予警告；对负有责任的主管人员和其他直接责任人员依法给予行政处分或者纪律处分；情节严重的，由原发证部门吊销其执业证书或者资格证书：①承担尸检任务的机构没有正当理由，拒绝进行尸检的；②涂改、伪造、隐匿、销毁病历资料的。

4．参加医疗事故技术鉴定工作的人员应承担的行政责任 违反《条例》的规定，接受申请鉴定双方或者一方当事人的财物或者其他利益，出具虚假医疗事故技术鉴定书，造成严重后果的，尚不够刑事处罚的，由原发证部门吊销其执业证书或者资格证书。

（二）患方行政责任

以医疗事故为由，寻衅滋事、抢夺病历资料，扰乱医疗机构正常医疗秩序和医疗事故技术鉴定工作，尚不够刑事处罚的，依法给予治安管理处罚。

二、医疗事故的民事责任

（一）种类与方式

医疗事故的民事责任主要有侵权责任和违约责任，承担责任的方式主要是赔偿损失、恢复原状、恢复荣誉、赔礼道歉等。

（二）承担医疗事故民事责任情形

1．患者在诊疗活动中受到损害，医疗机构或者其医务人员有过错的，由医疗机构承担赔偿责任。

2．医务人员在诊疗活动中应当向患者说明病情和医疗措施。需要实施手术、特殊检查、特殊治疗的，医务人员应当及时向患者具体说明医疗风险、替代医疗方案等情况，并取得其明确同意；不能或者不宜向患者说明的，应当向患者的近亲属说明，并取得其明确同意。

医务人员未尽到前款义务，造成患者损害的，医疗机构应当承担赔偿责任。

3．医务人员在诊疗活动中未尽到与当时的医疗水平相应的诊疗义务，造成患者损害的，医疗机构应当承担赔偿责任。

4．因药品、消毒产品、医疗器械的缺陷，或者输入不合格的血液造成患者损害的，患者可以向药品上市许可持有人、生产者、血液提供机构请求赔偿，也可以向医疗机构请求赔偿。患者向医疗机构请求赔偿的，医疗机构赔偿后，有权向负有责任的药品上市许可持有人、生产者、血液提供机构追偿。

5．医疗机构及其医务人员违反诊疗规范实施不必要的检查，造成患者损害的，医疗机构应当承担赔偿责任。

6．患方干扰医疗秩序，妨碍医务人员工作、生活，侵害医务人员合法权益并造成损失的，应当依法承担赔偿责任。

7．患者在诊疗活动中受到损害，有下列情形之一的，医疗机构不承担赔偿责任：

(1) 患者或者其近亲属不配合医疗机构进行符合诊疗规范的诊疗；

(2) 医务人员在抢救生命垂危的患者等紧急情况下已经尽到合理诊疗义务；

(3) 限于当时的医疗水平难以诊疗。

前款第一项情形中，医疗机构或者其医务人员也有过错的，应当承担相应的赔偿责任。

8. 医疗机构及其医务人员应当对患者的隐私和个人信息保密。泄露患者的隐私和个人信息，或者未经患者同意公开其病历资料的，应当承担侵权责任。

知识链接

医疗事故损害赔偿项目

1. 医疗费：医疗事故对患者造成的人身损害进行治疗所发生的医疗费用。
2. 误工费。
3. 住院伙食补助费。
4. 陪护费。
5. 残疾生活补助费。
6. 残疾用具费：因残疾需要配置补偿功能器具的，凭医疗机构证明，按照普及型器具的费用计算。
7. 丧葬费：按照医疗事故发生地规定的丧葬费补助标准计算。
8. 被扶养人生活费。
9. 交通费。
10. 住宿费。
11. 精神损害抚慰金。

三、医疗事故的刑事责任

刑事责任是指依照刑法规定，医疗实践过程中行为人实施刑法禁止的行为所必须承担的法律后果。

(一) 医方刑事责任

1. 卫生行政部门工作人员的刑事责任　卫生行政部门的工作人员在处理医疗事故过程中违反本条例的规定，利用职务上的便利收受他人财物或者其他利益，滥用职权，玩忽职守，或者发现违法行为不予查处，造成严重后果的，依照刑法关于受贿罪、滥用职权罪、玩忽职守罪或者其他有关罪的规定，依法追究刑事责任：

(1) 卫生行政部门工作人员在处理医疗事故过程中利用职务上的便利，索取他人财务，或者非法收受他人财务，为他人谋取利益的，依《刑法》第三百八十五条规定以受贿罪追究刑事责任。

(2) 负责处理医疗事故的卫生行政人员超越职权范围或者违背法律授权的宗旨，违反《条例》规定的处理程序行使职权，造成重大损失的，依《刑法》第三百九十七条规定以滥用职权罪追究刑事责任。

(3) 负责处理医疗事故的卫生行政人员严重不负责任，不履行或者不正确履行《条例》规定的正确、及时的处理医疗事故的职责，造成重大损失的，依《刑法》第三百九十七条规定以玩忽职守罪追究刑事责任。

2．医务人员的刑事责任 医务人员由于严重不负责任，造成就诊人死亡或者严重损害就诊人身体健康，即构成医疗事故罪。根据《刑法》第三百三十五条规定，可依法判处3年以下有期徒刑。

3．参加医疗事故技术鉴定工作的人员应承担的刑事责任 参加医疗事故技术鉴定工作的人员违反本条例的规定，接受申请鉴定双方或者一方当事人的财物或者其他利益，出具虚假医疗事故技术鉴定书，造成严重后果的，依照刑法关于受贿罪的规定，依法追究刑事责任。

（二）患方刑事责任

以医疗事故为由，寻衅滋事、抢夺病历资料，扰乱医疗机构正常医疗秩序和医疗事故技术鉴定工作，依照刑法关于扰乱社会秩序罪的规定，依法追究刑事责任。

案例 13－4

大卡车堵门，重症监护室烧纸钱

某县人民医院某医疗区发生一起大规模医闹事件。医院的正常秩序受到干扰，事件发生起因系患者因在住院过程中突发急症，手术治疗后突感身体不适，经抢救无效死亡，患者家属由此与医院发生冲突。次日，院方曾与患者家属进行协商，但并未收到效果。现场照片显示，在院方与患者家属进行沟通时，场面一度混乱，有人站在会议室的桌子上发生冲突。参与人员在医院内摆放花圈、设置灵堂，在重症监护室内烧纸钱，甚至用大卡车堵在医院大门前。参与人员从50名增长到300名，并有医护人员在冲突中受伤，医院分管副院长被打。事件发生后，当地公安机关介入，将孟某某等5人抓获并以聚众扰乱社会秩序，依法刑事拘留。

思考：如何评价本案中患方的行为？

本章小结

1．医疗事故处理法律制度包括医疗事故的概念、构成、分级法律规定，医疗事故的预防与处置法律规定，医疗事故技术鉴定法律规定，医疗事故法律责任等。要掌握医疗事故的构成要素，熟悉医疗事故的预防与处置，学会正确处理医患关系。

2．护理工作人员要熟悉医疗事故方面的法律、法规规定，学会如何在护理工作实践中树立医疗事故处理法律意识，预防医疗事故发生，明确医患双方在医疗事故中的法律责任，构建和谐健康的医患关系。

思考题

1．医疗事故的构成要件有哪些？

2．浙江省某医院检验科主管技师赵某某在医院“封闭抗体治疗”服务项目培养室独自收集、提纯培养后的整批共34份男性淋巴细胞时，未认真做操作前的检查、准备工作，在操作开始后发现备用的一次性吸管不够的情况下，抱持侥幸心理，严重违反相关法规制度关于“一人一管一抛弃”的规定，重复使用同一根吸管交叉吸取、搅拌、提取上述培养后的淋巴细胞，致使该批次淋巴细胞被交叉污染。随后，赵某某将受污染的淋巴细胞交由护理部医护人员对该34名男性的配偶实施皮内注射。致5名妇女感染HIV病毒，其中两人已怀孕。

思考：案例中医院检验科主管技师赵某某的行为是否构成医疗事故？为什么？

3．刘某，女，28岁，以“孕36周+2先兆子痫”为主诉于2006年5月28日急诊入某妇幼保健院，入院后医生行急诊剖腹手术，因术中出血较多病情危重，医生给患者输血400毫升，该400毫升全血系中心血站提供，有全套血液七项检验合格的结果。刘某母子平安顺利出院，出院后一个月刘某感到乏力、厌油腻，到市人民医院就医，经化验被确诊为“急性丙型肝炎”，住院治疗三个月。刘某认为自己患上急性丙型肝炎为接受剖宫产时医院输血所致，因而将某妇幼保健院和中心血站一并作为被告，向人民法院提起诉讼，要求两被告赔偿自己因输血而患丙型肝炎所导致的损失。诉讼过程中，妇幼保健院提供了记载详尽的从中心血站进血的记录资料，中心血站也提供了所供应血液的全套七项检验合格的结果记录。经查，妇幼保健院和中心血站所提供的证据真实合法有效。

思考：本案情况是否构成医疗事故？为什么？

（黄　鑫）

参考文献

1．徐桂莲，高玉萍．护理伦理与法律法规（临床案例版）．武汉：华中科技大学出版社，2016．

2．伦理学编写组．伦理学．北京：高等教育出版社，人民出版社，2012．

3．曹志平．护理伦理学．2版．北京：人民卫生出版社，2011．

4．秦敬民．护理伦理与法律法规．北京：人民卫生出版社，2014．

5．黄秀凤．护理伦理学．北京：中国医药科学出版社，2016．

7．李玲，杨金奎．护理伦理学基础．北京：人民卫生出版社，2016．

8．刘俊荣，张拥娥．护理伦理学．北京：人民卫生出版社，2014．

10．崔香淑，苏碧芳．护理伦理与法律法规．北京：人民卫生出版社，2016．

12．姜小鹰，刘俊荣．护理伦理学．2版．北京：人民卫生出版社，2017．

13．袁丽容．护理伦理学．北京：科学出版社，2012．

14．赵爱英．护理伦理与护理法规．武汉：华中科技大学出版社，2012．

15．郭淑英，任秋爱．护理伦理学．郑州：郑州大学出版社，2014．

17．李中琳．医学伦理学与卫生法学．北京：人民军医出版社，2004．

18．李前华，王翠玲，王世芳．卫生法律法规．武汉：湖北科学技术出版社，2013．

19．李建光．卫生法律法规．2版．北京：人民卫生出版社，2011．

20．徐玉梅，梅金娇．护理伦理学．北京：科学出版社，2013．

21．王峰．卫生法律法规．2版．北京：人民卫生出版社，2011．

22．高玉萍．护理伦理与法规．北京：高等教育出版社，2009．

23．韦献飞．卫生法学．北京：人民卫生出版社，2013．

24．王明丽，付伟韬．护理伦理与法律法规．北京：科学出版社，2015．

25．张德林．法理与卫生法律法规．北京：人民卫生出版社，1999．

26．刘耀光．护理伦理学．长沙：中南大学出版社，2008．

27．罗卫群．卫生法律法规．3版．北京：人民卫生出版社，2017．

28．白昕．护理与法．北京：人民军医出版社，2011．

29．尹梅．护理伦理学．北京：人民卫生出版社，2012．

30．孙宏玉，唐启群． 护理伦理学．北京：北京大学医学出版社，2015．

31．余敏．出版集团研究．2版．北京：中国书籍出版社，2001．

32．谢志青．器官移植的伦理问题探析．中国医学伦理学，2005，18（6）：23-24．

33．卫生部办公厅关于启动心脏死亡捐献器官移植试点工作的通知．实用器官移植电子杂志，2013，1（1）：8．

34．刘泽军．对器官移植资源分配的伦理反思．中国医学伦理学，2007，20（2）：115-117．

35．翁开源，蔡维生．卫生法学．2版．北京：科学出版社，2017．